新时代

高校思想政治教学常见话题探研

范文明◎著

中国纺织出版社有限公司

内 容 提 要

本书以话题的形式，讨论了多媒体和新式软件视阈下的思政课建设、影响大学生思政课学习兴趣的原因、传统文化与思政课关系等五个课堂教学问题，以及三个实践教学问题和三个大学生思政教育问题。每个话题都以话题导引、话题分析、话题小结的结构安排，既回答了提问式教学法、启发式教学法等传统教学方法如何适应新型多媒体环境的问题，也从培养兴趣的角度，探讨了新时代大学生对思政课的新式要求，还分析了实践教学体系的架构、现状、困境及改进措施。另外，本书也对党史教育、红色文化教育、生态文明教育在新时代大学生中的进一步开展做了一定程度的探讨。对于大学生努力学习思政课及各门专业文化知识，对于增强他们实现中国梦的信心和动力，有积极的推动作用。

图书在版编目（CIP）数据

新时代高校思想政治教学常见话题探研 / 范文明著
. -- 北京：中国纺织出版社有限公司，2020. 10（2022. 8 重印）
ISBN 978-7-5180-8094-6

Ⅰ. ①新… Ⅱ. ①范… Ⅲ. ①高等学校－思想政治教育－教学研究－中国 Ⅳ. ① G641

中国版本图书馆 CIP 数据核字（2020）第 209645 号

责任编辑：顾文卓　　特约编辑：徐　洪
责任校对：高　涵　　责任印制：储志伟

中国纺织出版社有限公司出版发行
地址：北京市朝阳区百子湾东里A407号楼　邮政编码：100124
销售电话：010—67004422　传真：010—87155801
http://www.c-textilep.com
中国纺织出版社天猫旗舰店
官方微博 http://weibo.com/2119887771
佳兴达印刷（天津）有限公司印刷　各地新华书店经销
2020年10月第1版　2022年8月第2次印刷
开本：710×1000　1/16　印张：15
字数：198千字　定价：68.00元

小序
PREFACE

习近平在学校思想政治理论课教师座谈会讲话中指出："思政课是落实立德树人根本任务的课程，思政课作用不可替代，思政课教师队伍责任重大。"这就明确指出思政课、青少年、思政课教师在增强中华民族创新创造活力、实现中华民族伟大复兴过程中的重要意义。大学阶段是世界观形成的重要时期，对大学生进行正确的思想政治教育历来是高等教育工作的重中之重，而大学生思政课堂的教学效果历来是教改的重要内容，而影响大学生思政课堂教学效果的课堂现象、课堂心理等，却远没有得到足够的重视。很多看似老生常谈，已经解决的实际课堂问题，伴随着新式科技软件的出现，又衍生出新的教学问题。很多思政课教学工作者，经常谈论教学效果问题，也不时发出感慨和建议，言语词汇间经常流露着自己从教的经验和看法。

作为一名多年从教的思政课教师，我常常情不自禁地想，能否把我们自己的亲身体会写成一本小册子，供我们自己不断地思考或反思，或许裨益于思政课教学？在大学工作十余年，我虽然讲授历史课程，但是由于《中国近现代史纲要》课程本身的定位原因，因而这门课实际上是一门思想政治教育课。除此之外，我还讲授过《毛泽东思想和中国特色社会主义理论体系概论》。从自己的教学经验而言，俨然更像一位思政课教师，而不是一位历史专业的工作者。本着教书育人、报效祖国的心理，这几年自己勤勤恳恳工作着，尽自己最大的努力做好本职工作。2016 年，习近平在全国高校思想政治工作会议上发表重要讲话，2019 年 3 月 18 日，他又主持召开了学校思想政治理论课教师座谈会。两次会议都发表了对学校，特别是对高校思想政治教育、思政课教师的重要内容，对高校思政课教师的工作起到很大的鼓舞作用。本书正是在自己十多年大学授课经历的基础上，对教学经验的反思和总结，其间有很多都是自己的亲身体会，几年前曾在自己记录的"教学日记"里出现过，这次一并拿出来，扩充成小话题，或许对自己今后的思政课教学有所帮助。从内心而言，这些都是自己的真心话，是亲身感受，是自己经常反思的问题，所以写起来格外亲切，真有回忆往事的感觉。

为了阅读方便，我特意将这些问题归纳为课堂教学、实践教学、思政教育三大类，以十一个话题的形式（注：这些话题只有大概的分类，每个话题可以看作独立的小论文，前后之间并没有无可更改的逻辑顺序），从回答问题的角度，对思政课中常见却又未曾深入探讨的新老问题作一浅显回顾，期冀为高校思政课教学效果的提升助一臂之力。

范文明

2020 年 8 月

目录

CONTENTS

课堂教学篇

实践教学篇

思政教育篇

课堂教学篇

话题一：多媒体视阈下传统教学方法的教学效果

【话题导引】本话题涉及的是几个传统的教学方法，这些方法几乎所有教师耳熟能详，但是在多媒体和其他现代软件的冲击效应之中，又展现出前所未有的新的活力。我的个人体会是：这些话题我们可能谈论过，但是不一定认真探讨过。那么，如何将传统的教学方法与新式软件、现代媒体完美结合？如何使传统方法在新式多媒体软件中焕发出新的生机和活力，产生更好的教育效果？或许本话题能提供一些线索。

2019 年 3 月 18 日，习近平在学校思想政治理论课教师座谈会的讲话中，就谈到教学方法和教学手段问题，他认为，“思想政治理论课要在改进中加强、在创新中提高，要及时更新教学内容、丰富教学手段”，“鼓励探索不同方法和路径”。“要在教学过程中进行多样化探索，通过多种方式实现教学目标”。这就需要思政课教师在教学方法上下功夫，这一功夫，要求思政课教师既要有学习新式教学方法的本领，也要有善于改进、完善和加强原有教学方式，使其适应新时代大学生心理的能力。而就目前教学而言，多媒体应用可谓方兴未艾的新式教学方法，如何将其与原有传统教学方法进行有效链接，有机融合，爆发出新的教学效果，这显然对高校思政教师是一个有意义的考验。

一、多媒体视阈下的提问式教学法

好问题的第一个标准就是能开启新的思维，在一堂思政课上，一个漂亮的问题，常常是特别吸睛或诱饵的开端，也常常是提升教师形象的重要砝码，因为它的出现，常常为学生展现创新性的场景和思维。众所周知，提问式教学法是最为传统的教学方法之一，曾经在一段时期为教师所喜爱。但斗转星移，其时效性受到人们的质疑。然而在今天，当多媒体教学兴起后，这一教学方法又重现出勃勃生机。首先，多媒体改变了以往枯燥的单一提问，正向刺激了学生的感觉器官，调动了他们的积极性。例如：雨课堂软件下的随机点名，每次都充满了悬念，不仅认真听课的学生感受到自己被突然点到的刺激，未认真听课的学生也担心突然被点到后的尴尬场面，所以大家都会认真听课，久而久之，认真听课的风气就慢慢形成了。其次，提问的数量明显增加，扩充了学生的知识量。多媒体最大的特点之一，就是一次性同时直接呈现教师提出的问题，节省了教师在黑板上写字的时间，教师就在多媒体中大量穿插相关要点，知识量扩展，短时间供给学生海量的知识信息。同时，教师可以随时用课件上的某个知识点增加提问次数，不仅增加了学生的知识，也锻炼了学生回答问题的能力。最后，多媒体图片的美感助益于学生对思政课的兴趣。与课堂内容相关的精美图片、动画录像，常常是大学生课堂上的视觉盛宴，大学生从审视画面的动感和魅力中，悄无声息地将知识融入脑海。

鉴于，提问式教学法种类很多，依笔者的经验和习惯，常采用以下几种：

第一，“分配式”提问法。这似乎是最为传统的一种方法，就是教师指名道姓让某个同学回答问题。部分教师认为该方法较为呆板，不可常用。但在实际教学中，依照具体情况，该方法能起到除提问与回答之外的意外效果，使其照样成为调动学生积极性、激发学生思维火花的好方法。

（1）变相点名。按照花名册指定学生回答问题，某种意义上就是点名，但教师一定要有目标性和针对性，因为学生个性各异、兴趣迥然。教师要提前了解本班班情，对学生知识储备有个大概了解，然后在多媒体课件中有针对性地设立提问信息。同时，教师准备的问题要难易适度，有的放矢。当然，从心理学角度而言，教师从学生的表情，可以大概判断出哪些同学能够说出正确答案，尽量营造课堂回答踊跃的气氛，也可以课前指定班干部准备，某些同学带头回答问题等，最后再指名回答，名义上是带动学生积极回答问题，实际上是在点名。如在《纲要》绪论中，讲到鸦片战争前中华文明的灿烂辉煌时，我们可以不妨让学生举出相应的例证。这个问题看似简单，但是回答出既快又准又新颖的例证，却没那么容易。因为大部分学生很可能想到四大发明，其余新颖的例证很多同学就感到吞吞吐吐。所以，为了求得好的课堂氛围，教师不妨让学生提前准备，利用多媒体的功能，不断弹出新的问题，点名学生回答问题。

（2）烘托气氛。为了制造气氛，教师可以提前在多媒体上首先显示上半部分内容，让学生回答下半部分内容。虽然该方法并非新颖，但是如果教师能够恰当把握学生回答的时机、表情等，点面结合，因势利导，就会引导学生得出正确的答案。学生大胆回答，答对鼓励，答错无责，竭尽全力引导学生寻找问题的依据或答案。例如：在讲到义和团口号“扶清灭洋”“助清灭洋”“兴清灭洋”的共同点时，大部分同学只能回答“灭洋”是共同点，而对于“扶清”“助清”“兴清”的回答，学生们或者支吾难答，或者不敢正面回答。这就要求老师在学生回答完“灭洋”后，及时利用多媒体容量大的特点，在课件上解释“扶清”“助清”“兴清”的共同点是对待清王朝“不消灭”，其不同点只是对待清王朝“帮扶”的程度不同而已。如此多的信息同时和盘托出，这是板书效果达不到的。而且，这样既加深了知识的印象，也活跃了整个课堂的气氛。

第二，家乡情结法。对家乡炽热的爱，是每个人产生于内心的一种自发情感，是爱国情感的具体化，是爱家情感的具象表达形式。热爱家乡的

情结是一种真诚、博爱、乐观的情愫。每个人都有本能的热爱自己家乡的情愫。因而，在课堂上注入家乡元素，利用学生对家乡的情感，最能激起学生对知识探讨的能动性，从而唤醒学生对思政课的热爱，由此建立起课内与课外的联系，课堂与生活经历的桥梁，既激发学生对家乡美好生活的回忆，也加深了他们热爱思政课的感情。如果在思政课堂上能把所列举案例与某些学生的家乡连接在一起，教师往往会发现这些同学的眼睛总是比别的学生更加发亮。例如：讲到义和团为什么在山东爆发时，老师提前应该了解到课堂上可能有山东的学生，老师会在多媒体课件中展示山东的画面。同时，不妨先提问一下山东的同学，请他们谈谈对义和团在山东爆发的看法。尽管学生的答案可能不会尽如人意，但是该问题一般对其心理上有很大刺激，往往会造成心灵的震撼；同样，讲到辛亥革命时，作为湖北高校的老师，可以鼓励学生谈谈自己家乡的辛亥革命故事，或者从自己家老人听来的故事，这对学生触动是很大的。记得有一次讲到同盟会与辛亥革命时，学生中有人非常激动，我就让她谈谈对同盟会的看法，其中就说到田桐是她的亲戚，其他学生们也兴趣很大，这样整个课堂生机盎然。

第三，兴趣刺激法。莎士比亚说："学问必须合乎自己的兴趣，方才可以得益。"对于思政课教师而言，创设有兴趣的课堂教学环境，点亮学生的兴趣点，是其教学的重要手段。刺激可以分为直接刺激和间接刺激。直接刺激有快马加鞭、立竿见影之效果，而间接刺激法则有春风化雨、润物细无声的感觉。根据经验，我在上课时采取了分数刺激法和他山之石可以攻玉的方法。首先是分数刺激法，这是一种直接的鼓励。众所周知，平时成绩是学生学科成绩的重要组成部分，部分考试心理不太过硬学生，平时学习认真，但是考试却成绩平平，甚至不及格。所以，他们的最终成绩就是靠平时成绩提上来的。因而，我在上课时，特别提醒学生，上课要多注意多媒体课件，并认真听课。如果上课关注课件多，回答问题好，到课率高的同学，可以在期末时，主动到老师这里申请一个比较好的平时成绩。这样的方法果真刺激了相当一部分学生，他们在思政课堂上积极回答问题，倍加关注课件，带动了整个课堂氛围。例如：讲授太平天国的意义时，内容较为枯燥，但是由于我提前宣布可以申请平时成绩，并且在课件上做了精心布置，有几位学生带头回答问题。他们就“太平天国撼动清政府的统治”这一观点，谈了自己的看法，还举出了一些例证证明自己的观点，这一行为深深影响了其他学生。其次是他山之石可以攻玉的方法，即用其他例子刺激学生的心理，尤其是刺激他们争强好胜的心理，调动他们自觉回答问题。例如：我给本校的外国留学生讲授《中国历史》，经常发现外国留学生回答问题的热情非常高。有一次讲到《夏小正》时，一位非洲留学生打断了我的讲课，问《夏小正》与中国今天的农历的关系，虽然这个问题并非课堂主要问题，只是课件上出现的小知识而已，但这位仔细的留学生还是注意到了这个细节，让我回答问题，这实际上是间接刺激了学生的兴趣。我感动这位非洲留学生对中国文化的兴趣，于是就耐心地回答他。果然，这个真实案例使中国学生的课堂气氛活跃起来。上课主动提问的频率很快提高。

第四，课件诱导法。现代教育已经不仅仅局限于对学生进行单纯的知识灌输，而是培养学生如何应用正确的方法对知识进行重新组合，从而得出自己的结论，进行知识的再创造。对于思政课而言，其最终目标是升华为对学生人格和世界观的培养。即以教师传授知识为本位转向调动学生的自我发展为本位。所以，教师在课堂上如何利用课件对学生进行诱导，关系到学生养成正确分析思政课问题的习惯，是培养思政课兴趣的重要环节。

（1）课件图片诱导法。课件不仅展示老师的讲授内容，更多也是触引学生回答问题积极性的重要方法。例如：在讲“义和团运动为什么在山东兴起”时，很多学生不能顿时给出答案。当我提供的以下三组课件映入学生眼帘时，大部分同学开始饶有兴趣地边看边动嘴说话了，而且答案基本正确。因为，他们看到日军登陆威海卫，联想到甲午战争；看到德国在胶州湾的建筑和英国强租威海卫，就想到了帝国主义在中国争抢势力范围，因此学生就自然联想到甲午战争受创、列强瓜分等概念，答案呼之欲出。最后是教师总结，教学效果显然不错。

1895年1月，日军在荣成湾登陆

1897年，德国在山东设置总督府

1898年，英国强租威海卫

（2）课件文字材料诱导法。人文学科的课件大多有不少文字材料，这些文字材料不能仅仅成为学生自己阅读，或者教师照本宣科的助手，而应该成为学生主动性发挥自己见解的重要起点。例如：在讲“清政府”对待义和团的态度时，我就让学生看了下面两则材料。

> 拳会蔓延，诛不胜诛，不如抚而用之，统以将帅，编入行伍，因其仇教之心，用作果敢之气，化私忿而为公义，缓急可恃，似亦因势利导之一法。
>
> ——军机大臣赵舒翘等人的奏报
>
> 此次义和团民之起，数月之间，京城蔓延已遍，其众不下十数万，自兵民以至王公府第，处处皆是，同声与洋教为仇，势不两立。剿之则即刻祸起肘腋……只可因而用之，徐图挽救。
>
> ——清政府致各省督抚电文

大部分学生看完这两则材料时，都能得出清政府准备利用义和团的结论。这种结论教师直接讲出来也未尝不可，但是如果以文字形式展现，启发学生自己阅读并总结，最后老师评判，效果当然会更好，不仅学生回答正确率较高，而且有利于培养学生分析问题的能力。另外，从心理学角度而言，提醒学生看屏幕，不仅让学生直观获取自己所需要的信息，也是减轻其压力、增强其自信心的重要手段。因而，教师在制作课件时，要有意设置一些所提问题的相关答案，设置一些悬念课件，增加学生上课的抬头频率，以达到集中学生注意力的效果，同时也为学生准确回答问题做准备，进而克服其因为一时的紧张而带来的恐惧或者消极回答情绪，在客观上也能调动他们学习思政课的积极性。

第五，原始材料分析法。以往思政课大多集中于老师讲授理论或原理，然后据理证明。其实，思政课也可以在课件中大量列举原始材料，证明授课的观点。例如：在讲授洋务运动兴办前后，人们态度的变化时，不妨用课件展示王韬的这段话，让学生先做简要分析，引导不同专业学生逐字逐句分析材料，然后说出自己的观点。通过自我分析，学生了解了人们对洋务运动由嘲笑到羡慕的发展过程，相比教师直接讲出这一过程，效果自然好很多，同时也锻炼了学生，增强了他们学习的主动性。

> 咸丰初元，国家方讳言洋务，若于官场言及之，必以为其人非丧心病狂必不至是，以是虽有其说，而不敢质之于人，不谓不及十年而其局大变也。今则几于人人皆知洋务矣，凡属洋务人员倒可获优缺，擢高官，而每为上游所器重，侧席諮求；其在同僚中亦以识洋务为荣，嚣嚣然自鸣得意，于是钻营奔竟，几以洋务为终南捷径。（王韬）

第六，案例引申教学法。典型案例教学并非新生事物，是长期以来教师一直使用的方法。不过，若要升华其效果，也并非易事。特别是思政课教师，既要避免生动案例少，课堂流于形式化，产生单纯背书、念书的弊端；又要避免举例生动，但废话太多，啰里啰唆，乃至露点跑题的尴尬局面。这就要求教师要认真备课，把一些生动案例加以延伸，从旧材料中提供给学生新鲜的知识和思维方式。例如：在讲授康有为关于《新学伪经考》《孔子改制考》的问题时，如果教师仅仅介绍这两个很熟的书名恐怕不够。如果教师能从中国传统文化的角度，解释什么是今文经学、古文经学、王莽改制、翁同龢批评这两本书是“经家一野狐也”等历史文化知识加以伸展，学生的兴趣明显提高，其表情反映说明他们对此知识的钟爱程度，学习主动性自然就高了。

二、多媒体视阈下的启发式教学法

“启发式教学是指教师引导学生积极思维，发展学生智慧的一种教学方法。”“其基本精神是要充分激发学生学习的内在动机，调动学生学习的主动性、积极性，促进学生积极思维，提倡学生自己动脑、动口、动手去获取知识。”[①] 启发互动式教学是传统教学中最常用的教学方法之一，它能启发学生思维，调动其学习热情，提升其智力，强化师生关系。

第一，激发学生的多维度想象。人不能没有想象，如果没有想象，人就没有思考，想象是人类区别于动物的最重要的特征。人们常常通过某一事物联想其他事物，进而得出很多解决问题的方法。多媒体教学中的启发式教学法，就是让学生通过精美的画面，提纲挈领的课件文字，在欣赏到画面之美的同时，更产生了无限遐想。这样特别有利于学生通过想象，采取多种方式，多角度、多侧面地进行思考，令其更容易找到问题的答案。同时，学生目测课件图片之异同，比之于单纯的语言授课，视觉刺激比听觉更容易产生联想，更容易产生多种答案选择，最终找到最佳的方案，正所谓“分散——集中——再分散——再集中”。一方面，学生能捕捉教师上课的内容核心，巩固和升华其知识，拓展了学生的思维空间。因此，多媒体视阈下的启发式教学方法，更能引动学生想象的翅膀。例如：在讲

① 罗强．启发式教学法在《多媒体技术及应用》教学中的应用[J]. 职教论坛，2004（10）：51-53.

授新文化运动中马克思主义传播时，如果把李大钊宣传马克思主义的图片与陈望道翻译《共产党宣言》的图片放在一起，就能产生不同比照联想效应，引发学生不同的想象和思考，产生较佳之记忆和教学效果。

第二，激刺学生的自主能动性。自主能动性是学生内在的心理动力，这种动力与外部条件共同构成学生主动学习的重要力量。在学习思政课过程中，如果能通过外部刺激调动学生的好奇心，引导学生对外部事物产生愿望，同样能够使学生认同教师讲授的命题，从而接受教师讲授的思政课概念。特别是思政课教师如果能把作业信息穿插于课件之中，使学生课后完成作业时有比较充实的表象回忆，这对于培养学生的自主能动性，调动他们的学习兴趣，有十分重要的意义。例如：在布置鸦片战争相关的作业时，教师不妨在课堂上先推荐一些鸦片战争的图片并且做简要介绍，就能激发学生课后回忆，更能刺激其学习热情和完成作业的主动性。

第三，培养学生的逻辑思维。大学生有从事复杂思维活动的能力，能够独立学习比较复杂且高深的理论知识和技术的生理基础。因此，思政课教学可以积极运用这一特点，满足大学生对知识的要求。尤其在当下，专题教学比较流行，专题教学注重知识点的深挖，客观上不利于学生逻辑顺序的形成。而在传统的思政课教学过程中，启发式教学只是一种点拨的手段，即通过老师语言的提示，唤醒学生对同类型知识的先前记忆，最终达到理解新概念的目的。然而，将多媒体与启发式教学相结合，就能综合传统教学与当下专题教学的优长，取得良好的教学效果。这就要求教师提前把相关的知识点、应用图片或者关键字词等要素，按照问题和内容展开的逻辑顺序，展示在屏幕上，既有利于学生对概念的理解，也有利于潜移默化中培养学生的逻辑思维能力，养成学生自己的逻辑性，塑造其逻辑思维模式。例如：在讲新文化运动的背景时，除去讲授军阀专权政治混乱、复古思潮乌烟瘴气外，不妨把林则徐、魏源的“师夷长技以制夷”思想、洋务运动的“中体西用”思想、戊戌维新的君主立宪思想、辛亥革命的民主共和思想等，用一条主线串起来联合讲授，这样就更有利于学生从逻辑推

理上理解新文化运动中，中国人更容易接受外来思想的缘由。

第四，发现学生的主体性。无论是哪个阶段的学生，学生的主体性发挥是教师加深授课效果的重要环节。大学生虽然年龄较大，有一定的独立性，但主体性的发挥仍然是不可或缺的重要问题。目前，在大学思政课讲授中，很多教师对思政课知识和概念的讲解、举例，特别是对理解难度较大的概念，多采用重复讲授的办法，忽视了大学生主体性的发挥。而多媒体教学的引入，就很好地解决了这一问题，即通过多媒体课件中渗入学生感兴趣的图片，在讲授正式内容前，先让学生自己猜测，鼓励学生大胆设想，原谅学生因猜测所犯的错误，这样学生常常因自己奋力猜中而爆发出对思政课强烈的兴趣。例如：在讲授《中国近现代史纲要》课程中，有些图片就最容易刺激学生的主体性发挥。在讲授“中国革命新道路探索”中，老师在未讲授正式内容前，就将“南昌起义”和“飞夺泸定桥”的图片挂在屏幕上，让学生根据图片内容猜测其所代表的历史事件。虽然，一些人将南昌起义的图片猜测为辛亥革命，但是因为这种刺激令他们激动，许多同学做了尝试，其他同学也怀着好奇的心理、观察别人的成就，最后教师简要点评，课堂效果当然不错。通过这种尝试，学生检验了自己的能力，其主体性得到发挥，他们以后更愿意进行类似的尝试，这样就带动其对思政课的兴趣。

第五，有利于进行开放式教学。开放式教学是指以知识教学为载体，把关注人的发展作为首要目标，通过创造一个有利于学生生动活泼、自主的教学环境，给予学生充分发展空间，从而促使学生在积极主动的探索过程中，各方面素质得到全面发展，可以说，开放式教学不仅是一种教学方法，更是一种教学理念，它的核心是以学生的发展为本。目前，利用多媒体教学，特别是利用雨课堂的弹幕功能，就是进行开放式教学的有效方法之一。雨课堂的弹幕功能让学生积极参与到课堂中来，使那些不善言辞的学生也能通过这种较为隐蔽的功能表达自己的想法，表达其对教师上课的期待。例如：在讲授新文化运动时，为了调动学生对新文化运动的理解，教师在课前提醒学生随时准备回答两个问题，即：十月革命后新文化运动的“新”表现在哪里？五四运动后，新文化运动的“新”表现在哪里？明确告诉学生，他们可以在讲课过程中随时打弹幕回答该问题。这样，许多学生在听课过程中，就及时将自己的答案打在弹幕上，其他同学则边听课也能看到答案。这种形式使得许多学生都能够参与进来，造成一个轻松愉快、畅所欲言的环境。不仅增加了回答问题的趣味性，也减少了学生当面起立回答问题的恐慌感。

第六，激发了学生的成就感。成就感是指一个人较好或者较顺利地完成某一件事情，并且基本达到自己预期目的时，他为自己的成功而感到愉悦的一种心理状态。成就感是理想愿望与现实达到平衡时产生的心理感受，是绝大多数人喜欢的一种心理体验，无论是内向型性格，抑或是外向型性格的学生，都希望自己在从事某事时有所成就，都十分欣赏自己的这种感觉。作为思政课教师，应该竭尽全力造就一种趋向成功的教学环境，鼓励学生积极融入这种环境，在环境氛围中全身心投入、克服困难、达到目标，产生成就感，最终激发对思政课的兴趣。例如：在讲授帝国主义在近代史上侵占中国领土最多的国家时，因为日本、英国、俄国都在近代史上不同程度地抢占过中国领土，老师可以在课堂上先讲授帝国主义国家如何抢夺中国领土，然后再让学生猜猜哪个国家占领的领土最多。特别是鼓励学生“愿赌服输”的勇气，所以有些学生是随意猜测，有些则依据事实，很快就出结果了。学生在竞猜的过程中获得很多乐趣，而猜对的学生很有成就感。如果课堂能进行适度的竞猜活动，学生的神经很快就会被调动起来。如果课堂有半数以上学生有一定的成就感，这样的课堂就显得很有活力了。

第七，激发学生对思政课价值的认识。党的十九大强调“青年兴则国家兴，青年强则国家强”，高校思政课关系到国家培养什么样的人，为谁培养人的问题。所以思政课的价值在哪里，如何使学生真正意识到学习思政课的意义，这是思政课教师的重要任务。“任何人的职责、使命、任务

就是全面地发展自己的一切能力，其中也包括思维能力。”[①] 如何引导学生认识思政课，这是启发式教学的重要任务之一。所以，教师要通过多媒体教学的图片展示，特别是相关理论图片的展示，培养大学生的判断力、选择力和创造力，使学生真正感受到思政课的意蕴所在，真正认识到思政课不仅要灌输理论知识，更有利于指导自己今后的工作和实践。例如：《法律基础与思想道德修养》课堂上，教师可以通过展示老一辈无产阶级革命家在特殊年月艰苦奋斗的感人事迹，教育学生真正体会到今天来之不易的生活，真正感受老一辈无产阶级革命家的伟大人格、坚定志向；通过叙述先辈们在困难环境中如何洁身自好，保持奋发向上的乐观主义精神，教会大学生如何关心人、理解人、开导人以及帮助人。最终证明思想政治理论课不是一门纯粹枯燥无味的理论课程，而是与现实紧密联系，指导实际生活的课程，这就是思想政治理论课的价值所在。

总之，多媒体视阈下的启发式教学，可以提高学生对思政课的学习兴趣，增强其参与教学的能力，对于学生、思政课本身，以及整个高校思政课的改革都有着十分重要的意义。

三、多媒体视阈下的参与式教学法

参与式教学是指通过教师安排和组织的教学“活动”形式，使学生处于教学活动的主体位置。鼓励学生积极参与到教学过程中，从而达到培养学生创造能力、发展能力的一种教学模式。也是一种让学生平等参与教学过程，使学生在亲身实践与体验之中真正感受学习的乐趣，实现知、情、意、行统一的教学方法。参与教学也可以帮助学生将自己所想直接诉诸实践活动，实现师生互相转换角色的作用。在此过程中，学生亲自参与教学，亲身体会教师授课时的心理感受。在大学生中进行参与式教学，有利

① 马克思恩格斯全集（第 1 卷）[M]. 北京：人民出版社，1960.

于扭转大学生源于中小学时期的缺陷，例如：我国中小学教学中普遍存在的“应试倾向”“片面发展”“忽视语言的交际功能”等较为典型的问题造成的学生缺乏学习积极性的弱点。特别是在科技发达的今天，多媒体教学融入大学生思政课堂中，参与式教学作用更应当被刮目相看。

第一，学生成为授课主体，积极性被充分调动。思政课教师在备课时要注意抓住那些能让学生亲自参与的教学案例，邀请学生主动亮相，甚至让学生登台亮相，讲述自己对思政课某个问题的感受和想法。这样，对于学生，特别是对于不太爱说话的中国学生而言，这不啻是一种大胆的锻炼方式，锻炼他们的胆量、增加他们的自信、增强他们的表达能力，使他们真正感受到这门课是专门为他们而设立的。特别是在讲授观点性的问题时，例如：讲授《马克思主义原理》《毛泽东思想和中国特色社会主义理论原理概论》等观点性比较强的课程时，要充分鼓励学生主动发言，教育他们不要担心自己语言不准确而造成的失误。只要本着实事求是、有理有据的心理发表自己的观点，即使说错，老师也会善意纠偏，而不求全责备。这样学生才能放下包袱、自由发言，对思政课产生一定的积极性。再例如：讲授《毛泽东思想和中国特色社会主义理论体系概论》时，讲到改革开放，涉及既要改革开放，但是又要防止西方自由化思潮的输入，这是一个矛盾问题。如何应用马克思主义的矛盾分析法，分析我国对外开放过程中，恰当处理好二者的关系，教师就应该鼓励学生大胆发言、各抒己见，创造有错则改、正确鼓励的情境，打消学生的思想顾虑，营造生动活泼、奋发向上的课堂氛围。

第二，学生与教师互换角色，体验对方的感受，即换位思考。换位思考是一种对人的心理体验过程，是要求人尽量处在对方的位置上体会对方的感受，从而达到理解至上的人际关系调节模式。它是取得人与人之间相互理解与信任的桥梁之一，是人与人之间互相宽容、理解的基础。它在客观上要求人们将自己的内心世界，放置于对方立场上思考问题，从而在思维方式、情感沟通等与对方联系起来，为双方的相互理解奠定基础。一方

面，让学生充当教师的角色。思政课教师经常讲授一些枯燥的概念，有时即使举例，学生也认为不脱离枯燥的语气和枯燥的氛围。所以，如何让学生感受教师的心境，最好是让学生站在讲台上尝试讲课。而实践教学中的一部分，就是让学生利用多媒体，亲自登台“献艺”。思政课的实践教学是目前大学生提高思政效果的重要组成部分，其中很多高校要求学生能够站在讲台上，利用多媒体讲授自己的实践内容，学生必须自己制作PPT，并讲授实践内容。例如：《中国近现代史纲要》课程，让学生到附近红色景点参观，提交实践报告的同时，还要自己制作PPT，在课堂上与其他同学和老师分享。从中可以看出，无论是学生的语言表达、教姿教态，还是课件制作、图片搭配、颜色布局等都会影响整个讲课效果。学生从中可以体会教师在课堂上、讲课前所进行的辛勤工作，许多同学亲自上台讲授自己的制作PPT，感慨教师在课堂上讲课的艰辛。因为通过实践，通过换位思考，他们才体会到：每一个小小的问题、小小的课件信息，也必须进行完整备课才能讲好。他们第一次体会到了教师工作的琐细和辛苦，对思政课教师的工作开始表示理解。对于思政课理论的“枯燥无味”多了一些情感，并且对思政课产生了一定的兴趣。另一方面，教师进入学生群体中，感受学生听课的心境。思政课教师如果经常互相听课，特别是进入思政课同事的课堂，作为学生的一员听课，那种当学生的感受也是从前未曾有过的。这时的教师就会感到，作为学生，老师的形象、仪态、黑板，特别是课件等不同要素与整个授课内容之间的关系，其中某一个要素稍有不慎，学生在心理上即刻产生不适应的反应，甚至老师不经意的手势、课件上每一个小小的错别字，都会引起学生整个课堂的骚动情绪。例如：讲授《中国近现代史纲要》时，许多教师喜欢把一些历史图片随便往上一堆，就不管是否与主题相符合；有的教师只堆图片，却不讲解图片，学生都表现出不愉快，这些都是学生的心理反应，都是作为学生才能体会到的，站在讲台上的教师大多没有体会。

第三，参与学生辩论，与学生进行心灵火化的碰撞。学生辩论本来是平常的事情，但是在多媒体教学情境中，如何利用现有科技素材对学生的辩论做深度的参与，就更能使学生理解教师授课的内容。这是一道相当有分量的难题。教师亲自参与学生的辩论之中，把自己当作学生，而学生则一边演示课件，一遍参与辩论。这时的老师会更加深切体会到学生把老师当作“学生”的情况下，学生发挥自己观点的自由度。教师将会深深体察到学生发言时，在估计多媒体要求、学生情绪、教师反映三者之间，学生的回答还是相当有难度的。例如：在《中国近现代史纲要》中，讲授洋务运动时，我安排了一场十分钟的学生讨论，教师参与到其中一方讨论小组，当屏幕上放出了洋务运动的相关图片，让学生在看着图片发挥自己的想象和知识积累，对洋务运动在中国历史上的作用进行讨论时，教师会觉得，如果没有教师的干预，学生对多媒体课件会做出很多自己意想之外的想法，尽管这些想法不一定正确，但恰恰折射出学生的思维多元性。这比单纯由教师给出题目，让学生进行讨论的效果更强。

第四，学生投入情感，有利于师生情感交流。作为现代高科技手段，多媒体课件可以通过放映录像、图片等，展现或模拟真实的生活场景，产生真实、生动、实用的效果，从而调动学生的真情实感。有时，教师不妨让学生跟随课件进行几分钟的小表演，便于学生将所学东西用语言、肢体表达出来，这样学生对语言材料的综合、课件图像的应用、课堂主题的发挥相结合，就克服了思政课枯燥的套路，有利于学生情感的沟通。例如：在讲授《中国近现代史纲要》的辛亥革命时，一方面，教师放映了一段武昌起义的视频，让学生感受身临其境的感觉，同时，教师可以拿出几分钟的时间，让学生随着课件的声光化电进行模仿表演，让学生感受到武昌起义的惊心动魄。这种情况下，多媒体课件比语言表达具有更加真实的效果。学生情感投入也相当的深入，在心理上造成的刺激也很难忘记。同时，在情境对话中，学生主动发言，有利于他们交际能力的提高。

第五，学生投入课堂活动，有利于放松师生身心。思政课是一门被学

生认为枯燥的课程，如果利用课件进行放松，同时又不脱离课堂主题，应该是一件事半功倍的事情。例如：雨课堂就有这样的效果，教师在讲课时，可以充分利用“随机点名”这一功能，调动学生的神经。因为雨课堂是学生扫描二维码才进去的，所以学生在网上的姓名、图标都能通过随机点名显示在屏幕上。当屏幕上的名字在选择过程中，学生们思维中充满了悬念，大家都盯着屏幕，看看是否自己“中标”，这个过程本身就充满了刺激和趣味；另外，被选中人的头像大多是具有一定个性的网络小图片，也使得这一过程充满了新鲜感，或者很搞笑，因而整个课堂处于放松、愉快的气氛中，多媒体确实给枯燥的课堂带来了无穷的乐趣。如果单凭教师的语言表达或者语言“游戏”，这样的效果是难以达到的。

第六，有利于调动学生感官，锻炼其反应能力。学生的听觉、视觉、运动、语言、感觉等各个感官的刺激，是学生学习知识的重要途径。以往教师只是通过语言传授知识，受到刺激的是学生的听觉系统，很少涉及视觉、触觉、味觉等感官。现在，通过多媒体教学，学生除听觉外，视觉效果的冲击是最大的，特别是一些表现战争场面的视频可以解决学生因为思政课枯燥而带来的烦闷，给学生以身临其境之感，从而调动学生的各个感触器官、深化思政课的教学效果。这在《中国近现代史纲要》等课程中尤其明显，特别是一些历史片段，在多媒体上的放映中，绝大部分学生被深深吸引，效果很好。

四、多媒体视阈下的课后作业辅导

随着多媒体的使用，课后作业辅导也变得丰富多彩了。如何利用好多媒体这一科学工具，也一直成为近年来高校教师教研探讨的话题。当然，从事物存在角度而言，任何事物的产生都有利有弊。众所周知，课后作业辅导具有巩固学生知识，督促学生温故而知新的作用，传统的课后作业只是单纯的布置、完成、检查的过程。而多媒体的使用，不仅加快了布置作业的速度，而且增加了作业的数量。多媒体应用的有利方面表现为：

第一，加快了师生信息交流的速度。教师布置的思政作业可以直接通过多媒体在课堂上完成，特别是填空、选择、简答题这样的问题，老师当堂布置，学生当堂回答，结果都在屏幕上显示。学生可以通过发信息的形式直接将答案发送到屏幕上，教师可以边授课边讲解学生答案。既可以检验学生课堂知识接受的程度，也可以了解上课的听课情况，一石二鸟，一箭双雕。

第二，增加了作业的数量。作业量的增加有利于扩展学生的知识视野。传统思政课布置作业通常是课后的问答题、简答题之类，教师在检查学生作业时，往往就像批改作文一样对学生的作业进行宏观把握，很多细节不可能完整地进行审视。但是在多媒体课件发达的今天，因为可以即时提问、即时回答，所以教师可以把很多问题的内容变成填空、选择、简答在课堂上当场完成，课后作业的数量明显减少或者变成其他形式。大部分学生在观摩其他同学抢答、填空、选择等问题时，很容记住知识点，他们的兴趣和积极性也随之提高。

第三，布置作业和作业反馈快捷。从目前布置作业的情况而言，许多思政课老师通过QQ、微信等通讯软件与学生沟通，时间短、见效快。师生在很短时间内，就能够准确沟通作业信息，包括文字、图片、声音甚至视频，作业问题很快就能反馈并得到指导。这在非多媒体时代是不可想象的。

第四，作业质量有所提升。由于网络传播的快捷性，师生很快就能进行作业信息交流，作业问题及时得到纠正；同时，多媒体本身含有很多软件，能够识别学生作业中的问题，不仅大大减轻了教师的负担，而且更加精准地发现学生作业中存在的问题等，这些都提升了学生作业的质量。

第五，师生积极性都很高。多媒体是新生事物，近年来受到师生的热烈欢迎。通过多媒体软件对学生布置作业，极大地提高了师生的积极性，

有利于强化思政课的教学效果。

从不利角度而言，多媒体也有以下缺点：

第一，学生从网上抄袭的可能性增大。多媒体最大的特点是可以互通有无，通过网络了解信息。因此，在完成作业的过程中，有部分同学就可能通过互联网，搜索并抄袭其他人的作业，极个别同学抄袭现象还非常严重。他们通过简单的粘贴和复制，就可以在短时间内完成作业。这给教师评分造成极大的困惑，某些程度上削弱作业的质量。

第二，容易养成学生懒惰的习惯。多媒体有快捷准确的特点，因此极容易养成学生懒惰的特性，特别是那些网络技术高超的学生，他们经常通过广博的网络知识、娴熟的网络技巧，瞬间就能搜索到自己所需要的作业信息，使得完成作业变成轻而易举的事情，养成学生懒惰和坐享其成的习惯。

第三，学生书法水平普遍下降。由于网络输入使用键盘打字，多数学生习惯用拼音打字法在键盘上操作。因此，在网络打字熟练的情况下，学生书法水平明显下降。很多学生只能保证自己的名字书写没有错误，其他诸如书写过程中的错字、别字数不胜数。这对于学生的汉字书写水平显然是一个极大的挑战。

小　结

本话题以提问式教学法、启发式教学法、参与式教学法等为例，说明传统教学方法，经历岁月的磨砺，其发散的教学效果仍然令教学工作者爱其有加、欲罢不能。虽然当今是多媒体时代，网络发达，但这些旧式的教学方法又以新的姿态，焕发出耀眼的光彩。提问式教学法与多媒体相结合，既能发挥传统的“师问生答”的传统优势，也能利用多媒体的功能烘托气氛，更能抓住学生的家乡情结而刺激其学习思政的兴趣；启发式教学法由传统的单维度调动学生想象，结合多媒体后，衍生出多维度想象、内外因结合刺激学生的自主能动性、塑造学生的逻辑思维、提升学生对思政课重要性的认识等效果；参与式教学法则在传统教学方法的基础上，更加注重学生主体性的发挥、师生角色的互换、学生情感的投入、学生反应能力的培养等；即使课后作业的布置与批改，也因为多媒体的介入而产生了快捷的连锁反应，师生信息交流速度、问题解决的方式等飞跃性发展，使如今大学生的课后作业不可能与传统的批改作业同日而语。尽管多媒体场域中的传统教学法仍然有待进一步提升，但是其喷薄欲出的发展态势，已经逐渐被教育同行所认可。我们有理由相信，在新时代中国特色社会主义思想的指引下，在高校思政工作者的努力之下，传统的优秀教学方法定能去粗取精、推陈出新、再创新高。

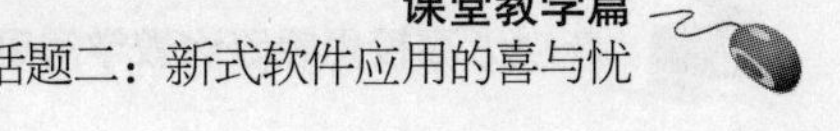

话题二：新式软件应用的喜与忧

【话题导引】新式软件介入教学改变了整个课堂运作的方式，多媒体课件的介入、慕课和微课软件的应用、雨课堂的推广，使大学思政课教学的方式方法增添了新鲜的血液，教学过程、教学效果发生前所未有的易位和变迁。然而，当我们冷静思考这种快速变化之时，却意外发现新式软件同样有利有弊。如何看待这些新式软件带来的利弊得失？如何分析新生事物前行过程中派生的问题与担忧？这是本话题着重探讨的主旨所在。

任何事物都要与时俱进才能不断发展和创新，保持永久的生命力。对于高校思政课的教学方法、方式也是这样。习近平在思政课教师座谈会上谈到教学目标的实现时，就认为教学目标、课程设置等要有统一要求，“但具体落实要因地制宜、因时制宜、因材施教，结合实际把统一性要求落实好”。所以，如何“因地”“因时”“因材”地为实现教学目标而努力，这是当前高校思政课教师的关键教学问题之一。那么，对于本话题探讨的各种新式软件而言，就是在利用新式软件方面，如何立足实际、细心体会、大胆应用，取得最佳综合效果。

一、多媒体课件的优势与不足

多媒体课件是近几年兴起的一种新的教学方式，其教学效果在话题一中也有所涉及。然而，对于多数思政课教师而言，多媒体课件的功能只有最基本的功能发挥效应，更深层次的功能还有待高校教师自己动手体验。但是，即使是最基本的功能应用，我们也可以找到其优劣短长，以为进一步提高多媒体课件的使用效率而做准备。

1. 多媒体课件之优势

第一，多媒体课件之特殊功能增加了思政课堂的趣味性。多媒体课件可以创造生动有趣的教学情境，许多原来语言描述的东西，进入多媒体中就成为生动活泼的声光化电，极大地刺激了学生的眼球。多媒体教学以传统教学，如板书等所未有的多样性，带给学生身临其境的感觉，很好地辅助了教学。例如：在多媒体课件中有很多绘制图片的工具，教师可以绘制一些特别精美的图片吸引学生的注意力；也可以根据课堂内容，寻找相关视频资料，在课堂上适时播放；也可以在多媒体课件中插入各种标志性符号，既能帮助教师记忆课件次序或内容，也能增加课堂的趣味性，以一种新的方式呈现给学生全新的视角，使学生能够很好地体会课堂内容所蕴含的情感、情境，使得思政课堂变得生动活泼。

第二，多媒体课件可以展示汉字的文化魅力。汉字是世界文化史上少有的独具文化魅力的一门传承体，特别是楷书的方形结构，匀称和谐，沉稳大方，线条顿挫与笔画婉转，充分体现了中华民族几千年来的优秀品格，从甲骨文到今天的文字，可以说是一脉相承。但是传统的板书很难体现这一特色，而多媒体课件软件中本身存有的这些字体写法，文字规范、格式整齐。教师可以充分利用这一资源，在授课的同时，适当变换字体，既能加深学生对课堂内容的记忆，也能让学生欣赏汉文化的魅力，学生在欣赏汉文字美感的同时，也深刻领会了思政课所传授的价值观。

第三，多媒体教学可以刺激学生的想象力。想象力是科学发明的翅膀，很多在世界上做出巨大贡献的人，其成功妙招之一，就是他们有丰富的想象力。因此，如何调动学生的想象力，对于学生学习思政课作用巨大。因为多媒体技术中常常涉及精美的图画和形象化的声音，能够帮助学

生树立形象思维，帮助他们更加顺利地记忆和理解课堂上的理论知识。多媒体课件还能以轻松活泼的气氛，推动学生去寻找、分析、概括、推理、判断，有助于学生思维能力的培养，真正调动了学生的眼、耳、鼻、舌、身等感觉器官，增加其动手动脑的能力。

第四，多媒体教学使整个课堂内容处置合理。多媒体功能可以在短时间内展示大量信息，也可以在瞬间消失大量信息。这就有利于教师根据课程、学生特点等要素，对所讲内容进行有效的详略讲授。特别是对思政课而言，有的课程，例如:《中国近现代史纲要》这门讲授内容时间跨度大的课程，单凭语言进行详略分组显然很有缺陷，只有通过多媒体课件进行分类，应该省略之处只让学生看一眼，应该详细之处可以给学生发挥讲授，从而达到既要全面讲授，又要抓住重点的效果，达到化繁为简、变难为易、抽象化为形象、重难点适当突出的良好教学效果，增强了学生积极学习的程度。

第五，多媒体教学扩展了学生的学习空间。多媒体教学的新颖性、趣味性、灵活性等特点，调动了学生自主探究学习内容的欲望，增强了他们学习的成就感。在教师方面，多媒体教学则迅速将大量信息展示给学生，节省板书，增加课堂容量。所以，多媒体教学为学生增加了大量的自主探索空间，丰富了学生想象，减少了学生对老师的依赖，形成学生分析思考问题的能力。特别是对于思政课中的理论问题，学生可以从课件中独立发现并解决问题，从而提高了思政课的教学质量，极大地推动了高校思政课的整体改进进程。

第六，多媒体增加了学生的信息量。传统板书空间有限，教师能够传达的信息量仅仅限于黑板这个狭小的空间，但是多媒体却能够通过大量的图片、文字、视频等多维度来传递信息。任何一个超级链接可以切换许多场景，同样一个电子软件，可以呈现多篇学术论文，既节省了大量教学资源，展现了海量的知识资源，又大大提高了教师的授课效果和学生的学习效率。

第七，多媒体实现了人机互动。互动在传统教学中本已有之，但是传统互动信息单一、信息量较少，是单向的人与人互动，但是多媒体实现了人机互动，即人与人及机器的互动。思政课教师可以根据自己对思政课的理解和内容，选择不同的内容，实现师生、机器之间的互动。特别是多媒体的预设性较强，教师往往在课前就已经制作好“动画式”教学内容，在课堂上传递给学生，增加了课程内容的美感，也就增加了课堂的趣味性，让学生在愉悦和趣味中体会知识带来的快乐。

2. 多媒体课件的不足

多媒体教学作为一门新兴的教学方式，它仍然处于不断完善之中，其瑕瑜互见、不足之处也是我们应该在教学中注意的问题。

第一，部分教师对多媒体教学的依赖。学生的主体作用和教师的主导作用是高校教师教学效果长盛不衰的话题，但是自从多媒体产生以来，很多人工的劳动和勤奋被多媒体代替，因而导致一些教师对这一科技的过分依赖。师生之间的互动减少，转而过多依赖人机互动，影响师生在互动过程中即兴思维的发挥和阐述。师生在教学与学习过程中临时爆发的灵感经常得不到应有的发挥，甚至有时学生有些基本问题，教师也没时间听，学生也无暇去说。另外，很多教师长时间依赖于多媒体，疏于汉字的书写，汉语书写能力下降，整整一节课，黑板上聊聊数个字，而且错字、别字时有发生；有的老师每天依靠多媒体授课，某天突然停电或多媒体故障，这些老师就不会讲课了，整堂课荒废。如此等等，影响了多媒体课堂的整体教学效果。

第二，多媒体的教学内容协调性较难把握。目前，多媒体的功能不断完善，出现所谓全媒体，即所谓全程媒体、全员媒体、全息媒体等多管齐下，各种信息无处不在、无所不及、无人不用。因此，很多学生通过课外媒体的信息，对多媒体的功能有了较为全面的了解，对于多媒体的审美程度也在不断提高，多媒体表现信息的协调性也备受学生的关注。思政课上，多媒体的协调性表现在外观和布局上面，多媒体的呈现很大程度上需

要教师有一定的审美能力，或者艺术想象力，但是，对于大多数非艺术类教师而言，他们没有更多的艺术审美思维，他们更多注重的是课堂内容的讲授，因而其展示的多媒体信息，只是相对于传播授课信息而言，是比较完整的，但对于多媒体而言，并未真实、立体、全面地发挥了多媒体的美化功能。这样学生在听课时，经常看着别扭和不协调的课件，视觉疲劳、心生厌恶、兴趣下降。如多媒体课件中的图文不配、背景和文本内容不和谐、视频音乐与图像相悖、课件的字太小看不清等现象，这些多媒体课件中教学内容布局的失误，有损于思政课的效果。另外，学生对思政课的“枯燥”本来就有先入为主的印象，而这些布局更影响了他们兴趣，妨碍其对信息的接受，从而影响了课堂效果。

第三，学生的思维与多媒体信息量的冲突。由于多媒体能够在短时间内展示很多内容，学生常常被海量的信息冲击眼球，影响了其思维的自由性，特别是部分老师屏幕文字很多，而且不能从大量的文字中标出重点内容，讲授时翻页又快，学生无暇去理解教学内容。这样，多媒体的应用反而成为学生学习的阻碍；与此相对应的是，教师讲解的内容与媒体展现的不一致。特别是思政课中，有的教师为了追求自己的“教学效果”，往往讲一些案例之类，在多媒体课件上配以一定的图片。但是我们会发觉，这些图片与其所讲授的生动案例无法配套，有时甚至张冠李戴，特别是部分老师想表达的立场、观点，与课件中的图片关系甚微或没有关系。按照常理，一个好的案例就像一个好的故事，需要形象的人物、生动的情节、和谐的场景、相关的图片才能成立，这是吸引学生进入真正课堂的重要因素。但是，有的老师却把课件变成炫酷奇异图片、任意摆放几何图形的工具，无论如何都不利于服务课堂内容的讲授。因而，有时会有如此场面，教学课件上的虚拟现实与教师的讲授互相扯皮、不相配套，无法营造出教师讲授中的虚拟场景，学生无法领会教师内容，教师不能营造预想的气场和氛围，思政课堂的效果大打折扣。更谈不上师生之间的心灵沟通、良性互动，难以引起学生的青睐和共鸣，所以也就无法谈得上思政课之思想入脑、入心的层面。

第四，讲授方式自相矛盾。多媒体为教师讲好思政课提供了条件。但是，作为一门思政课，良好的物质条件必须有优秀的讲课艺术才能实现。就像讲故事一样，需要人物、情节、场景等进行充分、恰当的设置和营造，在耐心讲授、娓娓道来的语气中，让学生听得进、听了信、记得住。这不仅要求教师能够讲授好，而且一定要把握自己的观点、说话的语气、课件内容和图片的有机统一，为学生营造出跨时空的课堂氛围。但是，部分老师在使用多媒体时，不注意自己的讲授方式，虽然他们口头上也讲大数据、人工智能、区块链等要素，但是如何借助跨媒体、融媒体、全媒体等这些现代要素服务其教学主题，却经常出现“驴头不对马嘴”的现象。因而，不能对学生产生吸引力、感染力，达不到提升学习的效果，无法表达自己的立场、观点。另外，在使用多媒体过程中，部分老师只注重寻找图片的精彩魅力，或者海量信息的展示，却不进行精心筛选和取舍，造成课件内容冗杂，漫无头绪，不利于学生接受课堂内容。更为严重的是，个别老师虽然找到了与课堂主题相关的图片，但自己对图片不甚了解，对图片的解释含糊其词，或者不求甚解，使这些图片成为摆设，或者出现学生提问、教师囫囵敷衍的尴尬场面。

第五，盲目追求感官刺激。多媒体最大的特点是在短时间内，传播大量信息，覆盖多个层面，造成虚拟现场，刺激学生的感官。这种刺激具有一定的公开性和广泛性，使学生在感官上得到刺激的同时，在心理上也得到一定的满足。正是基于此种特点，有的老师就竭尽全力去迎合学生的心理需求。部分教师在现代多媒体的特性上下工夫，有的为了追求学生的“抬头率”，盲目追求声光化电的刺激效果，学生上完一整节课，除了思维中留下乱哄哄的声音和刺激的镜头外，别无其他深刻的印象。课堂教学完全脱离思政课的目标，其实是一次失败的教学，也有损于学生的身体健康。同时，这么多课件的过度使用，也分散了学生的注意力，学生脑海中至多只留下图片的美丽倩影，真正的课堂内容却知之甚少。整个课堂偏离

思政课的主旨，无法给学生以内心的吸引力和感染力，也损毁了多媒体的形象，阻碍了师生之间的相互理解，影响了师生之情感。

二、慕课与微课平分秋色

慕课和微课是近年来新兴的两款教学软件，自产生以来，其受欢迎程度长久不衰。从功能上来讲，二者既有相同之处，也有相异之点，共同服务于信息传播和教学过程。因为二者受众广泛这一特点，所以我们将二者放在一起进行比较。我们先看慕课，慕课的英文简称是“MOOC”，全称为“Massive Open Online Course”，其中“Massive”代表大规模、大范围，是指与传统的十几个、几百个学生相比，一门慕课动辄上万人，最多达16万人；“Open”代表开放，只要有兴趣，都可以进来，条件限制很小，只需一个邮箱就可以加入使用；“Online”代表在线，学习在网上进行，无需出门，空间不受限制；“Course”代表课程。

因为本书探讨的是思政话题，因此，我们就先探讨慕课应用于思政课时表现的优劣长短。

1. 慕课应用于思政课的优点

第一，开放性。这是慕课最大的特点，由于宽带网、手机、移动技术的普及与提高，有大量的人群参与到慕课课堂中来。任何一个拥有这些技术的人都可以注册学习，这就增加了慕课的规模性和受众性。学习者的人数、学费都不像传统教学那样是应该考虑的问题。同时，课程入学条件少，门槛低，一台电脑就可以轻松解决很多问题，可以通过大量信息进行大量授课，可以在短时间内将大量知识传授给很多学生或者群体，短时间内使得知识广泛扩散。所以，作为大学生必修课的思政课，正需要这种能突破时空限制的开放型软件，为其正能量的扩大发挥作用。

第二，整体性。整体性强调一个系统内部各要素之间的相互联系及作用。慕课能很好地顾及思政课堂的整体性，特别是思政课内容、教师看问题的角度、教师的批判性思维、教师的课堂设计思维等，在慕课中都表现得十分清楚。学生可以通过教师的思维，找到师生之间的差别，从而从自己感兴趣的角度找到问题的切合点。一方面，有利于调动学生的积极性，因为学生从慕课中更加体会到自己的主体作用，自主意识驱使其主动思考和探究思政课堂提出的每一个问题。另一方面，增强了思政课的学习效果，学生积极参与，就会有很多新奇的思想和想法自然而然地从他们的脑海中迸发出来，尽管有些想法可能不是很成熟，但相比于学生完全被动接受的传统课堂，慕课显然有自己独特的优势。

第三，优质资源跨区域共享。跨区域资源共享是指可以通过网络享受自己原先注册区域之外的相关资料、资源等。在传统教学环境下，学生只能享受或接触到自己感觉器官周围的资源或资料，学生的想象空间明显缩小，但是在慕课环境之下，学生通过慕课的网络便捷性，不受区域限制地观察到自己原先注册区域之外的东西，拓宽了学生全面学习、终身学习和提高的渠道。同时，因为是跨区域知识的交流，学生的知识视野也得到全面扩展，给学生造成很多触类旁通的机会，增加了学生思想火花迸发的机率。

第四，透明性。因为学生可以根据自己的需要在不同时间、不同地点，根据不同兴趣学习自己所需要的课程。同时，学生可以通过慕课信息量大的优势，及时了解到优秀的思政课程，更加便捷地筛选自己喜欢的教师，然后完成注册，就可以在开放的时间内，观赏视频、提交作业、参与讨论、互评作业、参加考试，甚至可以获取证书和学分。所有的程序都是公开透明的。另外，因为公开透明，学生能够感受到自身的进步，也能够看到其他同学与自己的差距，学习就有一个更加明确的目标。

第五，及时调整性。由于慕课是基于大数据的学习分析，其技术成果可以及时反馈到教师，帮助教师在第一时间完善和改进教学内容，特别是思政课中那些与时事政治紧密相关的内容，师生之间可以及时互动、及时提醒，使得教师的讲课质量快速提高；同时也帮助学生及时调整学习计划和

学习方法，更加有效合理地利用自己的学习时间，提升学习见效的速度。

第六，学习共同体的建立。学习共同体是指一个由学习者（学生）和助学者（教师、专家、辅导者等）共同构成的团体。处于同一个氛围中的每个成员在学习过程中，相互交流、沟通情感、分享资源，目标都是为了完成共同的学习任务。正因为如此，学习共同体使得师生交流更加频繁和快捷，对于学习思政课而言，这一共同体促使学生及时了解当前时事及各地实际情况，有利于学生之间找到学习共性，相处更加和谐自然，成为促进师生关系的重要途径。同时，学生可以通过慕课获得世界顶尖级大学的优质课程，享受世界级名师的学术观点。学生也可以将自己的想法及时展现在慕课平台上，得到同行的指导和评价，促进学习兴趣和学习质量的提升。

第七，组织成本的低廉性。成本低廉是每一个生产者和消费者追求的事情。但是很多情况下，成本可以分为产品成本和组织成本，相比于传统教学而言，建设慕课网络的成本较高。但是，一旦建成网络，其组织实施的成本却大大低于传统教学，加之慕课的实施范围较大，这样就会使得慕课受益面增加，提高了教学投入的收益率。从这个意义上而言，慕课组织成本低廉大大弥补了建设慕课的成本，使得许多人能够从慕课中受益无穷，这就更加适合于思政课这样的人文学科的建设。

2. 慕课应用于思政课的缺点

金无足赤，人无完人。任何事物的发展不可能没有缺点。慕课在其应用过程中，也难免表现出这样那样的缺点。

第一，授课时间长。慕课虽然比传统教学时间短，但是比起微课而言，教学时间相对较长。这对于习惯短时间内处理问题的新一代大学生而言，他们可能更喜欢微课这样短小精悍的授课形式，微课使大学生在短时间内，随时随地进行学习，利用了很多碎片化的时间。这是慕课所不能比拟的。

第二，教学组织形式单一。教学组织形式简称“教学形式”，是教学活动的一定结构方式，它受教育普及程度、学科性质、教学任务的制约，其发展变化反映社会生产方式的要求。按组织结构分，有全班的、小组的和个别的三种教学组织形式；按师生交往分，有师生直接交往和师生间接交往两种形式。”[①] 慕课毕竟是机器在工作，它在很多方面其实是传统教学的翻版，教学设计简单。更为重要的是，它作为一种机械的软件和硬件组合，不可能具有传统教学中人力资源所具有的想象形式和灵活性，特别是既要有分类、分层的教学目标分析，也要有针对少数人的特殊要求，其教学组织结构、教学任务安排，都是事先有人来安排的。如果中间出现意外突发事件，慕课当然不可能像人类一样，灵活调整教学形式，它仍然按照安排好的教学模式进行授课。这样，在一定程度上，慕课显得呆板，遇有突发事件，往往不能及时变通，从而造成一定的教学损失。

第三，缺乏传统课堂的相互感染和互动气氛。传统课堂因为许多学生在一起而气氛热烈，许多不愿学习的同学常常因为课堂气氛的感染而自觉自愿地加入到学习的行列。而慕课却因为网络原因，许多人能够通过网络联系而不能见面，使得人们不能够感受轻松美好的人际气氛，更谈不上互相感染。所以，许多学员是冲着对某门课感兴趣而参加慕课，一旦他们发觉这门课程没有想象中那么有吸引力，特别是孤独感萦绕的时候，他们对这门课也就渐渐失去了兴趣。

第四，坚持上完课的学生少。传统课堂里学生都济济一堂，大家彼此能够看见摸着。但是慕课可以在自己家里上课，可以在家里边做家务边上课，没有任何约束。从心理学上来讲，人没有了约束，也就自然少了很多上进的动力。这样，真正上完慕课课程的人很少。绝大部分学生是半途而废，目前很少有人真正从心理学和教育学角度关心这大部分半途而废的慕课学生。同时，部分慕课教学方法也是非常传统的，其教学质量并不高。

相对于慕课，微课也有其优劣短长。微课是以教师在课堂教学中的某个教学点或教学环节为中心，以视频为主要载体对其进行记录的一种教学

---

① 顾明远 . 教育大辞典 [M]. 上海：上海教育出版社，1998.

活动。其构成要素是教师的课堂案例片段，同时涉及教学设计、教学反思、教学点评、学生反馈、练习测试等其他教学资源，这些要素以特定的方式，构成了一个别具特色的、主题型资源“微环境”。“微课”虽然是对传统单一资源的教学案例、教学反思继承之后发展出来的一种新型教学资源，但它与传统的单一性教学资源有着很大的区别。

3. 微课应用于思政课的优点

微课作为新生事物，其优点与缺点也十分明显。其优点在于：

第一，时空便捷性。由于微课是利用网络进行教学的视频课，大家可以在手机上观看。手机是现代大学生每日必备的生活用品，所以他们可以随时随地在有网络的地方随时学习、观赏思政课视频，不受时空的限制，非常便捷。

第二，微量性。微课的最大特点是微量性，时间少、内容精、见效快。微课根据自身的特点和学习规律，一般控制在 5 ～ 8 分钟左右，最长不宜超过 10 分钟。所以，它可以浓缩思政课中最主要的原理和经典案例，进行专门学习。相对于传统课程来说，其内容主要集中于课堂案例或者片段，问题意识更加明显，课堂教学环节中的重点更加精细化，道理更深刻，是实实在在的微课堂。正因如此，微课见效特别快，人们在短时间内就能够领略其迷人风采。

第三，精细化。微课要求在极端的时间内表现最重要、最精彩、最适当的问题，因此它可以聚焦思政课最突出的问题，经常把教学中的重点、难点、疑点，或者被忽视的某个环节、某个点、教学活动用最简洁的方式表现出来，充分显示其细微的特点。

第四，内存占用少。因为微课适合于在手机上看，所以，其占据手机容量较小。一般而言，微课视频及配套软件资源的容量就是大众能够接受的几十兆，视频格式为大众所喜欢的最普通的格式。因而，师生可以自由观赏思政课教案、查看课件、下载喜欢的资源并保存转移到电脑、iPad 等上面。真正让学生进入了流动课堂的世界。

第五，传播与反馈及时性。“传播是指两个相互独立的系统之间，利用一定的媒介和途径所进行的、有目的的信息传递活动。”①而反馈是系统与环境相互作用的一种形式。在系统与环境相互作用过程中，系统的输出成为输入的部分，反过来作用于系统本身，从而影响系统的输出。微课是师生之间的交往，离不开课堂相关信息的沟通和交流。微课使用各种传播软件，使得师生之间的意见、建议及时传递、交流、反馈到微课中来，大家在共同的平台上分享这些成果，对比得失，进步会更加快捷，特别是对思政课中那些大家关心的时事问题，可以通过微课，在双方沟通基础上取得理解和共识。同时，一些较难理解的概念原理等，也可以通过微课的沟通，得到多方面信息反馈，对师生都是十分有利的。

第六，解决突出问题。突出问题就是思政课中那些关系整个课程或者章节结构的重要问题，这些问题老师在课堂上常常解释很多次，总有学生感到模糊。而教师又不可能专门花时间去给个别学生解释。因此，可以通过微课视频的形式，以短小精悍的专题形式轻松解决，对课堂知识起到画龙点睛，课后补充的作用。

第七，趣味性足。趣味性的特点之一是引人入胜、生动风趣。微课最大的特点是短小精悍，简单快捷，人人都可以成为微课的创造者和开发者。微课的面对受众是教师和学生，这样就能够使开发者将思政课中较为有趣的教学内容，按照教学目标，以微课的教学手段表现出来，既增加了思政课的趣味性，也起到巩固课堂知识的作用。因为时间短、趣味性强，所以，学生乐意将其全部看完。

4. 微课应用于思政课的缺点

当然，任何事物都瑕瑜互见，不可能完美无缺。像其他课程一样，微课的缺点也是显而易见的。

第一，时间短，了解问题不全面。时间是一个较为抽象的概念，是物

① 吴长顺 . 营销学 [M]. 北京：经济管理出版社，2001.

质运动、变化的持续性、顺序性的表现。微课仅仅用短短几分钟的时间，就要讲清楚一个课堂问题。这种有限性，使得它只能局限于对某一个问题进行解释，而对思政课而言，大量的课堂原理问题不可能通过几分钟的短视频即刻解决。更主要的是，微课不具有一个问题所应该有的连续性和顺序性，常常给学生以问题断裂性的感觉，更不可能描述清楚一个问题发展的全过程。时间的过分短暂性，使得学生不能完整地掌握问题的整个面貌，不利于教学的连续性。

第二，不利于长期教学。教学过程是指师生在共同实现教学任务中的活动状态变换及其时间流程。由相互依存的教和学两方面构成。内部发展动力是教师提出的教学任务同学生完成这些任务的需要、实际水平之间的矛盾。《礼记·中庸》中提出的“博学之，审问之，慎思之，明辨之，笃行之”是对学习过程最早的概括。微课是短暂、瞬时间的课程，它不可能实现师生之间的互动和强烈的相互依存性。从根本上而言，它只能解决师生之间片段性的“教”与“学”的矛盾，对于整个教学而言，它也不可能解决教学任务同学生完成任务之间的矛盾，它不能反映师生的教与学的水平。

第三，无法有效地管理学生。微课由于是在网上教学，因而教师无法掌握学生是否在课堂上，学生的学习效果如何等。特别是学习效率，这是每个老师的心愿，更是学生及其家长追求的目标。而微课由于师生不同堂，教师无法了解学生的学习情况，更无法了解学生的学习方法、学习兴趣、学习思路等，当然更不可能采用有效的措施及时纠偏补错，最终导致微课课堂成为看时有趣，过目则忘的课堂。

第四，知识碎片化。微课因为量小时短，因而对思政课内容进行碎片化教学，这在方便学生学习的同时，也使得学生学习的知识成为一种零散的东西而无法将相关知识系统地联系起来，更难建立系统的学习体系，最终造成学生不能很好地有系统地掌握自己所学的知识。

第五，师生缺乏交流。适当而正确的师生交流有利于师生和谐相处，磨平师生之间的误解和代沟，促进学生心甘情愿去学习教师所讲授的内容。特别是在当今社会，交往和沟通是重要的学习手段，老师是学生知识的引路人，师生交流能很好地促进这一指引作用的实现。而微课是网络教学，虽然短小有趣，吸引学生，但是，因为师生不能见面，没有办法对学生进行进一步交流，教师也就失去引领者的角色。学生有任何问题，也不能及时得到老师现场指导，在某种程度上，师生之间的代沟更加明显，不利于课堂教学。

第六，信息量少。信息量是信息多少的量度。课堂信息量也是反映学生面对多少知识的问题。随着时代的进步，人的智力日趋发达，单纯的一点点信息已经不能满足学生的需要。所以，教师要尽可能多地在师生交流中灌输大量信息。但是微课堂因为量小时短，并不能充分满足学生对大量信息的需求，这样未必能满足学生的学习要求，从长时段而言，不利于调动学生的积极性。

第七，对学生身体有害。微课面临的问题就是学生长期盯着手机屏幕学习，其对身体、眼睛产生的危害也是不容争辩的事实。如果学生为了学习微课，长期盯着手机屏幕，影响其健康，明显违背学生学习的初衷。对于学生将来从事社会工作、为国家服务产生了消极影响。

总之，慕课和微课是现代高科技孕育出来的功能强大的软件。学生能从中感受到一些耳目一新的东西，它在很大程度吸引了学生的注意力，引起学生的兴趣。但是，作为新生事物，它们也有很多亟待完善的不足之处，因此，我们一定要善于处理慕课和微课之间的优缺点关系，让它们更好地服务于教学。

三、雨课堂效果简析

雨课堂是由学堂在线与清华大学在线教育办公室共同研发的智慧教学工具，它可以提升课堂教学体验，增加学生互动的机率，使课堂教学更加

便捷化。雨课堂利用手机将学生与老师紧密联系起来。其最大的益处是学生在自己手机上可以随时看到教师的课件，解决了学生上课仔细阅读课件的问题。同时，因为学生可以通过看手机提前将老师的当堂课件看完。所以，学生不容易错过知识点，也可随时记下老师的重要笔记。其次，雨课堂可以发弹幕，学生们通过发弹幕阐发其想法，避免因为害怕点名带来的不适感，或者担心别人嘲笑自己答错的紧张感。另外，雨课堂还有收藏和提问功能，学生可以通过这一软件将老师的 PPT 收藏起来，而对于自己不太明白的地方，学生可以随时进行提问。当然，雨课堂也像其他新式软件一样，利弊相伴，瑕瑜共生。

1. 雨课堂的优点

第一，及时互动，照顾到多类型性格的学生。一方面，雨课堂最大的特点是许多同学可以同时回答问题，他们同时将思政课的答案通过弹幕发到屏幕上，师生之间及时形成互动；另一方面，雨课堂还使得那些不愿意站立回答，或者内向而不愿抛头露面的同学也能通过弹幕表达自己的想法。这样，课堂提问就照顾到各种类型性格学生的回答心理，增强了课堂的互动性。

第二，学生兴趣大，方便学生反馈问题。雨课堂是一门新型软件，除了及时回答问题外，学生还可以通过弹幕及时提醒教师，哪些思政课内容不太合适，哪些内容没有听懂，增加了学生抒发自己内心想法的渠道，调动了学生的积极性。另外，对于想玩手机的学生而言，拿着手机回答问题，可以改掉他们用手机玩游戏、看小说的不良习惯。所以，学生对雨课堂兴趣很大，整个课堂鸦雀无声，大部分同学在忙着回答问题，或者欣赏其他同学回答问题。

第三，发挥学生的主体性，学生课堂纪律更好。由于雨课堂通过弹幕回答老师的提问，所以，教师以前那种思政课堂上个别提问的方法就可以适当少用。学生通过雨课堂打弹幕，畅所欲言的发表自己的想法和观点，不会害怕因为说错被同学取笑，他们及时表达自己心中的想法，心理上产生了满足感，课堂纪律明显好转。

第四，功能强大，课堂信息量大。雨课堂是基于 PowerPoint 和微信而建立的利于师生互动顺畅的软件，它具有课前、课上、课后三项重要的服务功能。在课前功能中，教师可以插入思政课教学讲义、视频、自由组合的教学方案，显示教师自己的教学设计，还可以在 PPT 增加语音提醒或指导，让学生边听边看。在课上，雨课堂设置的微信让学生扫描自动进入课堂，学生可以看到每一页的 PPT，让学生随时了解课件和课程回顾，学生既可以整理知识，也可以随时向老师发出提问；老师还可以在课堂上随时出题，发试卷等。在课后，老师可以自动从微信回复中，看到学生上课情况，帮助教师了解整堂课的教学效果。因为在课堂上学生回答问题的次数增加，教师可以设置更多的环节去考查学生，在无形之中增加了课堂的信息量。

第五，便于老师及时掌握上课情况。雨课堂软件可以让学生及时扫描二维码代替签到，软件及时显示当前上课的人数、回答问题次数、回答问题名单、回答问题时间。因而，教师不必每次上课查人数，就能够对学生的出勤情况有一个及时的了解。尤其是思政课，部分同学容易逃课，使用雨课堂后，可以节省出更多时间让教师进行教学工作。

第六，学生提前浏览教学课件内容。使用雨课堂上课，学生可以随时随地翻阅老师所讲的 PPT，也可以随时随地清楚地记下重要的笔记，不用担心错过了一些知识点。对于不懂的问题，学生可以提前有所准备，有针对性地听讲。对于教师在课件中的问题，学生也可以及时提出自己的看法，有利于教师及时修正自己的错误、改进教学；同时，学生随时翻看课件，有利于学生从整体上把握老师讲课的进度，有利于自己的学习。尤其是思政课的一些原理、概念等，提前阅读有利于学生提前发现自己的薄弱点，上课时更有目标性。另外，因为手机上可以看到课件，这就使得坐在最后排的同学也可以通过翻看手机看到老师的课件，避免了后排同学看不清楚的弊端，保证了课堂的正常秩序。

2. 雨课堂的缺点

雨课堂尽管有很多优点，但是它与其他软件一样，在应用过程中，也有如下缺点：

第一，不能及时回答大问题。由于采用弹幕提问，学生的问题比较集中，所以教师只可能部分回答，至于大问题，就更没有时间解决，这些问题必须采用传统的起立回答形式。同时，雨课堂是学生通过手机回答问题，由于手机面板较小，又是用单指输字，所以，它只适用于教师提问选择、填空之类的简答题。如果老师提问的是一个比较大问题，必须让学生分为几点进行大量的概括和总结，学生就不可能在手机上及时回答出来。因而，在回答大问题时，还应该采用传统的提问方式，教师只能让学生站起来回答问题。

第二，教师很难掌握上课认真回答问题和听课认真的同学的比例。在传统的授课教学中，老师可以通过学生的表情、回答问题情况认识哪些同学是认真听讲的学生，由此老师可以在平时成绩上倾向于这些好同学。但是在雨课堂中，很多同学是通过弹幕发送答案，而这些发送答案的学生固然是认真听讲的。但是教师最多知道学生的名字，无法知道哪个名字是哪张面孔，那些没有发送弹幕的学生，其认真程度却不被老师发现，因为老师总是盯着手机或者弹幕，有可能将平时成绩完全倾注在发弹幕的学生身上，这样对听课认真，但是没有及时回答弹幕的同学而言，无形之中被定性为不认真的同学，显然是不公平的。

第三，弹幕速度较快，教师很难及时一一解答。由于雨课堂是多人同时用手机发送答案，而检查答案者只有教师一人。因此，有时教师问题正好被同学们同时回答，教师很可能就应接不暇，特别是学生同时提出一些令老师必须回答的问题，教师个人的力量显然力不从心。如果不对学生的问题进行一一回应，势必伤害部分学生的学习积极性；如果一一回答，课堂时间又不允许。因此，这是在雨课堂上给老师提出的一个棘手的问题。另外，因为学生发弹幕是匿名的，有些学生就会发与课堂问题无关的内容，常常引起其他同学情绪的波动。

第四，教师不容易发现不认真听课的学生。使用雨课堂上课，让学生看手机，所以，一些不想听课的学生就会利用这一机会，在手机上看自己喜欢而与课堂无关的内容，而老师也不容易发觉。有的学生甚至利用自己能随便看手机的机会，在手机上玩起了游戏。由于学生过多频繁专注于手机，他们根本不注意黑板内容，严重影响了整个课堂的气氛，也影响了雨课堂在学生心目中的形象。

第五，讲课进度放慢。传统的讲课方式有照本宣科之嫌疑，固然受到人们的非议，但是其按计划完成教学进度却是一大优点。而雨课堂却不是这样，雨课堂因为有弹幕提问，教师一般情况下必须回答大部分学生的问题，否则会影响学生回答问题的积极性，这样一方面影响教学进度的进行，另一方面也影响教师上课思维的顺序，进而影响整个课堂的效果。如何处理好既要回答，又要不耽误教学时间的问题成了雨课堂遇到的又一难题。

第六，养成教师懒惰的习惯。雨课堂的一大优势就是学生可以随时进行自我操作，由于雨课堂可以让学生自己拿着手机进行操作，而操作必然要老师给学生足够的时间，这样部分老师很可能设置很多问题，让学生将很多时间花在他的问题上面，这样他自己就很可能剩余有很多时间，一些老师利用这段时间自己玩起了手机，容易滋生教师懒惰的习惯。

小　结

多媒体、慕课、微课、雨课堂都是教学领域的新生事物，它们各有其优缺点。多媒体课件有增加思政课趣味性、刺激学生想象、扩展学习空间、增加学生信息量等优点，但也有依赖性、信息冲突、感官刺激等缺陷；慕课和微课，既有开放性、整体性、跨区域性、透明性、便捷性、精细性等优点，也有教学形式单一、缺少气氛、不利于长期教学、知识碎片化等

缺陷；雨课堂既有及时互动、容易发挥学生主体性、功能强大等优势，也有回答问题不及时、弹幕速度太快、教学进度慢等缺陷。作为新的教学方式，它们各有自己的利弊短长。作为思政课教师，我们要有足够的头脑认识和分析这些软件的特点，积极利用这些现代高科技的成果为教学服务，扬长避短，因时制宜、因人制宜、因地制宜地应用好他们，使得思政课在新形势下能够进一步发挥其积极的效应。同时，作为新时代的教育工作者，也要积极面对新式科技带来的挑战，应该将其看作一次次提升自己的机遇，只有这样才能化腐朽为神奇，克服教学中不断出现的困难。

话题三：影响大学生思政学习兴趣的成因

【话题导引】学习兴趣本该属于传统的老话题，却因为时代的发展，又有了新的含义。新时代的大学生，他们不可能如我们所想象的那样，按照习惯性思维去养成自己的学习兴趣。所以，本话题着重讨论当前形势下，影响大学生思政课兴趣的成因。其中，既有传统的旧式原因，也有因操作新式高科技软件不当造成的消极影响。总之，本话题仍然是“旧话新意”，即老式话题却用新式方法去探讨。

思政课是大学生的必修课，是高校传播马克思主义的平台，是新时代中国特色社会主义思想的重要的宣传阵地，历来受到党和国家领导人的重视。作为一门思想教育课程，其教学效果更是受到许多教研和科研学者的长期钻研和探讨。长期的教学实践证明，影响大学生思政课学习兴趣的原因往往是新旧相因、纷繁复杂的。

一、旧式教学方法

思政课教师中采用旧式的教学法仍然是一种常态。特别是在部分老教师中仍然占有极其重要的比例，之所以流行于老教师的教学之中，主要原因如下：

（一）习惯性思维的影响

习惯性思维，是指人的思维模式具有了相对的稳定性，对人的思维活

动构成了一定的束缚，使人跳不出固有的模式。习惯性思维存在于任何一个领域，在教学领域通常表现为，教师坚持自己固有的教学思维模式，特别是原有的教学方法，无论在课前预习、课上授课、课后辅导等方面，都难以摆脱老式套路的影响。习惯性思维对教学有一定益处，例如：因为使用的长期性、熟练性，它可以使教师的教学过程简约化、线性化、清晰化，教师上课时，对内容驾轻就熟、信手拈来；也可以使内容系统化、条理化、脉络化，详略自如、得心应手，节省时间精力，上课主次分明。但是其弊端也是非常明显的，尤其是在今天网络迅速扩张，信息瞬间如飞，习惯性思维容易产生诸多弊端，导致学生思政课惰性。

1. 习惯性思维影响师生的灵活性和创造性

第一，思想僵化，不愿意接受新方法。习惯性思维常常依靠过去累积的思政教学方式、知识结构及思维方式进行教学，无形中阻碍了部分教师有效的教学活动和创新思维的展开。诚然，这些教师先前的教学模式和思维图式有其积极的一面，它们使教师快速处理类似的知识信息并作出应对课堂变化的决策。但是，课堂的氛围也经常受到这些模式和图式的干扰，使得教师在授课时，其教学方法、教学案例、教学原理往往停留在或局限于原来的模块范围，阻碍他们进行创造性地讲授。学生的思维久而久之总是沉浸在重复不变的逻辑思维里，陈陈相因、毫无新意。甚至几届学生过后，个别老师列举的案例，都是用同一种方法、同一个章节、同一种语境之下，这种刻板的印象，难免局限了思政课堂创造性思维的出现，影响了学生对思政课的兴趣。

第二，缺乏灵活性和变动性，为自己的错误寻找心理依据。习惯性思维常常影响人们根据变化了的环境做出新的决策。教师的教学能力很大程度受制于他们所习惯的主导逻辑思维，教师用以教育学生、讲授定义、进行课堂策略的全部工具或策略，以及他们对自己讲授的原理、案例、概念、观点，常常取决于他们过去的经验和思维。这种习惯性思维和主导逻辑，一方面为他们提供了一套简便快捷、行之有效、快速决策的方式方法，使他们工作在短时间内很快见效；另一方面，这种“经验式”的逻辑思维，也导致他们长久“适应能力”的产生并形成定势，无论环境发生任何变化，他们仍然跳不出旧式思维的窠臼，即使环境发生改变，他们也不能做适当的教学决策变通，表现出很强的呆板性和静止性。久而久之，教师的这种静止模式，逐渐演化为学生思维习惯中的定性模式，使得学生在听课、学习、考试时，失去必要的变通和灵活思维。如果遇到采用新式教学方法的教师，将会在一定时间内，影响学生判断教师教学思路发展的正确性。

第三，抑制创造性，排斥新方法。习惯性思维受旧式模式或主导逻辑的影响，往往忽视自己与其他教师之间、自己与学生之间的创新性联系。因为习惯性思维的影响，他们常常用简约性的、线性的、固化性的或者支离破碎的看法，去看待自己的教学方法、教学效果，而且这种心智模式常常不易被自己察觉与检视，几乎在整个自己的教学活动中起着主宰作用。诚然，在某段时间内，习惯性思维可能加快教师解决问题的速度，获得学生的好评，甚至出现膜拜热，成为热捧的对象。但是，习惯性思维经不起时间的考验，时间一长，我们会发觉这样的教学模式有可能模糊自己对整个教学情境、教学效果的认识，而且教师很难突破自己固有的教学模式，整个教学思维就在同一圈子内循环往复，缩小了部分教师认知自己和解决教学问题的思维空间，影响师生创造性思维的产生。

2. 习惯性思维如何影响学生的兴趣

任何事物的产生都有一定的环境因素，习惯性思维产生总会有一个稳定的环境，其一旦产生，它一般只能适应稳定的环境氛围，在这一不变的氛围中，习惯性思维能使教师迅速处理客观问题。但是，当外部环境变化时，其思维的惯性往往成为其适应环境变化的障碍。作为思政课教师，习惯性的旧式思维主要从以下三个方面影响学生的兴趣。

第一，习惯性思维使学生过早预测到课堂结论，缺乏探索课堂话题的兴趣。由于习惯性思维的影响，部分学生总是在课程开始的很短时间内，

就能判断出课程问题的答案或结果；或者是部分思政课教师总在讲课时，有意无意地在开始就已经把课堂进程的结果提前暗示出来，强化了课堂进程结果，导致结果的出现没有悬念性，至少是学生在很多情况预知教师的结果，于是失去了继续听下去的兴趣。因为，学生已经从教师长期的习惯性思维中推导出，教师将会讲出大概什么样的句子、案例、结果，推导出什么样的结论。因而不必要跟着教师的思维，他们也能随时将思路恢复到教师所讲的课程中来，学生获得了推测准确的优越感，也就失去了进一步探求、揣度教师讲授内容的必要。在思政课教学中，课程内容晦涩枯燥固然令人厌学，但是答案较早明确而没有悬念也是令人失去兴趣的重要原因。

第二，习惯性思维使相当部分学生“唯老师马首是瞻”，无自己的成就感，久而久之失去兴趣。习惯性思维使人们固定的思维方式长期以来在大脑皮层的一些区域形成了“动力定型”，从而使人们满足于以往知识的积累和记忆，进而对新事物和新规律认识形成阻碍。部分思政课教师长期以来的习惯性思维，使学生学会通过猜测老师的思维、观察教师教态、语言的变化，就可能捕捉到课堂结果信息。学生缺乏从自己兴趣进行观察的动力，其思维缺乏积极性，这样大学生的整个思维就是教师思维的“应声虫”，他们以教师的思维为指针，没有个性发挥，当然对整个思政课程缺乏积极的互动和兴趣。

第三，习惯性思维使学生的主体地位受到影响，进而削弱了他们的兴趣。习惯性思维的教师常常坚持使用自己的方法。灌输法成为他们教学的金科玉律，他们不能接受现代大学生的主体地位思维，对目前所提倡的学生主体地位、教师主导地位这类教学理念，他们不愿多加思考。有时他们即使试探性地思考或实践这些观念，也是暂时的、表面的、浅表的，或者流于口头或者演讲报告中，并非从根本上认识到注重这些概念的重要性，更不可能推行到教学实践中。所以，表面上倡导与学生平等，实际上仍然遵循教师主体地位的思维教学模式，不愿接受新模式、新思维。

总之，对于一些老教师，由于他们的填鸭式灌输方法曾经起到过相当重要的作用，其心目中形成的旧式习惯性思维不时在起作用。所以，他们认为自己的填鸭式灌输教学法肯定是正确的，不可能完全废除。诚然，灌输式教学法不可能完全废除，但是如何把握这个不废除的尺度，他们经常把握不好。所以，在使用灌输式教学法时，不由自主地把灌输式教学变成填鸭式灌输，将这一方法僵硬化，部分学生不喜欢习惯性思维的老教师讲授思想政治课，是有原因的。

（二）错误理解灌输式教学方法的危害

在思政课领域，灌输式教学法是指教师有目的、有计划、循序渐进地向学生灌输马克思主义的理论体系，宣传党的路线、方针、政策，有效完成思想政治理论课教学任务的一种教学方法。灌输式教学法作为一种长久不衰的教学方法，我们可以在马克思主义理论中找到依据。马克思主义的“灌输论”认为，“作为人类先进的、科学的社会主义意识是不能自发产生的，必须通过系统的学习教育才能掌握。”[①] 列宁对灌输式教学法也有论证，他曾经在《怎么办》中指出：“工人本来也不可能有社会民主主义意识，这种意识只能从外面灌输进去。”[②] 这些都说明马克思主义的经典理论不可能在工人运动中自发产生而需要灌输这个著名论断。同样，在思想课教学中，灌输理论同样有存在的必要性。只是现在时代环境变化了，灌输式教学法如何使用才能发挥其正面效应？采取怎样的灌输方式才能避免填鸭式的灌输，最终使思政教育理论灌输于学生脑海？

1. 错误的灌输式教学在思政课中的弊端

灌输式教学在很多课程中都存在，它也是思政课教育的基本方法，是实现思想政治教育目标的有效手段。然而，长期以来，部分思政课教师不能正确应用这一方法，灌输式教学在他们那里成为“填鸭式”教学。这种填鸭式教学的弊端在于：

---

① 马克思恩格斯全集（第 18 卷）[M]. 北京：人民出版社 1964.

② 列宁全集（第 6 卷）[M]. 北京：人民出版社 1986.

第一，灌输公式概念，死记硬背，学生只会应试、不求甚解。部分教师课前对学生的情况并不摸底，教学的出发点就是一切以完成授课为主。在具体教学过程中，教师生硬地把课本中的概念、原理等讲解完毕，最多回答几个勤学好问的学生的问题，然后就一走了事。考试时，也是象征性地出一些基本的概念题、简答题、问答题，然后本门课结束。一些所谓的成绩优秀学生，只不过是会死记硬背公式、概念的学生而已，根本谈不上什么具体的应用，完全是一种严重脱离实际的教学效果。所以，学生对这样的教学，一方面根本就没有听懂，因为思政课中枯燥的概念本身就多；另一方面，教师本身对概念的生硬解释已经给他们造成一个随便应付的形象，学生在自己的言行之中已经有意无意地模仿老师的行动。

第二，只求形式，不图实际，理论与案例脱节。部分歪曲灌输式教学法的教师，在讲课中也列举案例，但是，他们受习惯性思维的影响，列举的案例经常与时代脱节。因为社会在变化，特别是今天的网络时代，学生的思维远远超过教师的想象。单纯的举例，特别是举一些老生常谈的案例，显然已经不能适应变化了的形势，而且在方法和方式上没有创新的同时，也不能利用网络寻找更加合适的案例，最多就是将旧式案例配以现代的声光化电，新瓶装旧酒。部分教师掌握的案例经常是“二手案例”“二手信息”，无法将所讲原理与案例实际融合起来，更不可能将最先进的思想与价值观念灌输到学生的脑海之中。即使部分学生领会了一些课本内容，也仅仅是皮毛而已，并未能接触思政理论的实质，学生了解的只是一个理论的空壳而已。

第三，一潭死水，孤立的教学方法。任何事物在其发展过程中，必须与外界进行交流，方能长久。一种教学方法在使用过程中，必须与其他方法相配合，才能取得长久的效果，否则，随着时间的推移，这种教学方法会陷入自生自灭的境地。对于思政课而言，讲授法、谈论法、演示法、练习法等都可以交互使用。但是，部分教师只知道灌输概念，不懂得如何与其他方法综合使用，整个课堂教学只是一种教学方法，从头到尾都在讲授公式概念，没有或很少讲授生动贴切的案例。

2. 错误的灌输式教学如何使学生失去兴趣

第一，名为启发式，实为填鸭灌输式。启发式教学的产生主体与接受主体是教师和学生，就是在课程以及知识的讲解过程中，教师根据学生在其学习过程中的所表现出来的思维特征、个性特征以及学习基础等实际情况，运用多种方式，启发和引导学生学习、思考，调动他们学习和思考主动性和积极性，让学生对知识的理解和领悟奠定在自我理解的基础上。它是与灌输式教学相对称的教学方法，自古以来就是中国教育界推崇的教学方法之一。很多老师都热衷于推行这种教学方法，但是在高校思政课的实际教学过程中，部分教师并非如此，他们名义上在课堂上提出了很多“启发式”的问题，但是，却不善于如何激发学生主动回答和应对的思维，最后常常形成“自说自话”“自问自答”的“启发式”教学。这样既不能激发大学生学习思政课的主动性，引发其学习动机，也不能引导学生主动思考，培养学生的逻辑思维，更谈不上发扬课堂民主，尊重学生在教学中的主体地位，使学生逐渐失去对思政课的兴趣。

第二，不接受新的教学方式，缺乏创新性。“灌输式教学”无所谓好坏，它只是一种教育手段。关键是教师如何正确运用这一方法。运用得体，就起到积极作用；运用不好，就起到消极作用。由于长期使用灌输式教学法，部分教师习惯于在教学中不断地维持秩序、分配任务、主导教学过程、传递信息，教师发挥着控制的作用，学生在这个控制的课堂里学会了沉默，学会了耐心，学会了放弃自己的需求，而把精力专注于教师布置的作业或讨好教师。部分大学教师难以学会新式的教学方式，他们适应了旧式的教学模具，习惯用讲授法进行课堂教学。对现在的新式教学方法难以接受，如雨课堂、慕课等，这些软件设计并不复杂，特别是雨课堂，经常会有学生不断提出问题，打断教师的思路，使教师产生了一种力不从心的感觉，因而他们从思想上有一种情不自禁的抵制情绪。有时候，即使接受了，也只是使用简单的功能，对这些软件所提供更多强大的功能，他们

根本不理会，也不可能去探索或者尝试去使用。所以，表面采取了新式软件，但是，讲课主调仍然是“填鸭式”的灌输，整个思政课缺乏刺激性、趣味性、实效性和吸引力，更谈不上创造性。在毫无兴趣的情形之下，学生把思政课当作无关紧要、消磨时间的课程。部分学生甚至不遵守课堂纪律，上课期间睡觉、玩手机、看小说等，还有部分学生直接选择逃课，诸如此类，不胜枚举。

二、新式软件使用低效化

新式软件本来是优化教学过程，提高教学效果，吸引学生兴趣，调动学生积极性的重要手段。近年来，随着高科技进军教学领域，多媒体美化课堂，高校思政课的教学手段也出现异彩纷呈的壮举，大学生学习思政课的兴趣骤然提升。然而，在种种教学方法渲染之中，我们仍然能够看到一些美中不足之处，那就是，新式软件在部分教师那里，仍然不能打动学生的学习神经，学生对思政课仍然没有表现出像专业课那样的兴趣和动力。其个中原因，从新式软件的使用而言，仍然存在新式软件低效化的缺陷。

（一）新瓶装旧酒，换汤不换药

有些老师虽然使用了新式多媒体软件，但是，在课堂讲授内容、软件功能使用、提问方式方法、课堂组织方面，都在重复过去，了无新意。甚至有的学生能够推理出下一步老师该如何讲授了。这样的课堂，当然无法激起学生的兴趣。

第一，新式的“填鸭式”“满堂灌”。有的老师用了很多新式的App，如雨课堂、慕课等，但是，他们并没有采用这些软件中已经设置好的功能，讲课时仍然采用按照课件顺序，照本宣科地把自己设置好的内容原本搬过来给学生讲授。学生感到教师的授课无非就是从课本宣读变成课件宣读。一方面，部分老师是课件上列出提纲，然后念自己的讲稿；另一方面，有的老师则整个把内容搬到课件上，一边念课件，一边讲课。毫无新意，败坏了自己的形象，也浪费了学生的时间。这样的新式软件，其实没有多少新意，只是应付学校的检查监督，毫无新式感可言。学生们的兴趣逐渐消失，该软件的功能也失去当初的开发意义，可谓影响到整个课程的教学效果。

第二，内容陈旧，缺乏新鲜感。有的教师虽然使用了新式软件，但是课堂内容却陈旧不变，每年都在重复以往的内容。一方面，有的老师每年都把自己以往的内容粘贴上去。所以，学生从学姐学兄那里听过的内容，上课时又看到相同的情况，当然失去了吸引力；另一方面，有的教师虽然内容也有翻新，但是整个框架结构原件照搬，甚至软件功能的使用图标都在重复以往使用的旧式玩意，这让学生大失所望。同时，有的教师还在课件上设置了提问环节，但是提问的顺序、题目都是以往提问过的老问题。很多学生看到前一章课件，就知道下一章课件要讲什么，问题答案也早已在自己心目中产生了。所以，这些学生在课堂上根本就不听讲，只在低头看自己的东西。老师提问，他们也能轻松自如地回答，课堂效果没有大的改进和提升。

（二）对新式软件不能熟练使用

有些中老年教师虽然有一些新式的教学方法，但是，对新式软件的使用也不是十分娴熟，特别是近年兴起的一些新式软件，如雨课堂、慕课、学习通等，他们只是学会基本的应用，稍微复杂一点的东西，他们也是夹生式使用，令学生感到十分不适应。一方面，教师对软件的功能生疏。新式软件是高科技的东西，其中很多数字化功能的掌握并非一日之功，因为种种原因，部分教师对新式软件缺乏训练，经常错误使用，或者使用不当，或者耽误正常的教学工作，或者经常闹出许多笑话，引起课堂秩序的混乱。例如：弹幕只会开，不会关掉。有些学生在弹幕上经常发一些笑话，弄得整个课堂秩序十分混乱。还有的教师，因为不能掌握新式软件，情急之下就胡乱按键，造成很多机器寿命短暂，这些都是造成学生不想听课的重要因素。另一方面，有些教师对新式软件中的各种功能不能操

作自如。作为一名新时代的教师，一定要对现代高科技东西有一个大概的了解，基本的功能一定要懂得如何使用。长期以来，高校存在着这样的问题，那就是只有计算机系、信息学院等与计算机相关的学院老师，他们对新式软件的使用才能熟练，或者熟悉较快。其他院系的老师经常是一知半解，最多也是了解打开、关闭之类的非常小儿科的操作。这样，很多软件的功能就基本是闲置，例如：软件上的签到、抢答、主题讨论、测验、问卷、评分、分组任务同步课堂等，很多教师不会用，或者根本就不用。因而，学生在上课时，没有感觉到新式软件与旧式课堂有什么区别。唯一不同的就是，新式软件的课件在屏幕上不断地变换图片而已。时间一长，学生们慢慢就失去了兴趣。同时，思政课本身在部分学生眼中就存在偏见，认为这是一门副科，没必要多学习，只要求考试过关就可以。他们认为听好听坏都与自己的前途关系不大，完全忽视了思政课在人生理想、价值观塑造方面的巨大作用。一般而言，这种教学情况多出现于年纪较大的教师，他们至多掌握多媒体形式上的应用，而对于关键内容的展示方法和突出效果的表达则十分欠缺。对于这部分教师而言，运用多媒体教学或新式软件徒有虚名。

（三）对新式软件的盲目依赖性

依赖性是一种产生生理性或精神性的依赖和需求的现象。依赖者的需求取代了自己的需求，一般而言，有依赖心理的人对自己缺少自信，对自己所做的很多事情没有把握，犹豫不决，难于应付，总相信别人比自己能干。对于思政课教师而言，部分教师过分依赖软件，一次课堂没有软件就不能讲课；更有甚之，有一部分沉迷多媒体教学的老师，他们对新式软件的应用十分娴熟，对传统的讲授方法却几乎全部丢掉，因而，一旦面临紧急情况，诸如：停电、电脑故障等，这些教师就束手无策，连基本的讲授法也不会。一般而言，部分思政课教师对多媒体课件或新式软件的依赖性表现为两种情况，一种情况是，电脑故障、停电时，需要教师按照教案进行传统式授课，教师不会讲课，或者结结巴巴讲不成课；有些老师不得不依赖提问、自习、讨论等形式敷衍课堂；岂不知，作为一种新生事物，电脑出现故障也是常有的事，如果没有这些基本的应变能力，很显然会影响学生的学习情绪，消磨学生的学习兴趣。另一种情况是，电脑虽然没有出现故障，但是，老师的视线不能离开屏幕或者电脑，时时刻刻盯着课件，既显得死板，也影响了老师正常思维的灵活性，间接影响了课堂的教学效果；更为消极的效果还在于，打击了学生对思政课的积极性，破坏了学生对多媒体课件的印象，使得学生对其他课程的多媒体课件也产生怀疑。通常情况下，过分依赖多媒体软件的大多是年轻教师，他们熟悉新生事物快，本身对传统授课方法也不熟练，因而当多媒体或新式软件出现故障时就显得手足无措；他们喜欢多媒体软件的花样翻新，但是不喜欢传统的板书授课方法，因而对现代高科技掌握多，对传统授课方法不熟练，个别教师有抵制情绪。这样，在多媒体软件出现故障时，他们就胡乱应付，学生看到教师不认真的教态，自然失去对思政课的学习动力。

（四）不能有效将传统教学方法与新式科技密切配合

传统教学方法是完全没有新式科技软件的裸式课堂，但是新式科技是完全在电子思维控制下的新式数字化课堂。如何将传统的讲授与数字化系统进行有效结合，不仅是一个技术问题，也是一个传统思维向数字化思维转化的过程。例如：传统教学中的互动问题，很大程度上依靠教师的口授和提问相结合完成，而新式软件则完全依靠数字化设备对屏幕图像进行科技化处理。如何处理上述两者关系，是摆在思政课教师面前的重要问题，二者处理得当则相得益彰，处理不当则互相扯皮。这一问题在青年教师和老教师之间存在很大的差异。对于青年教师而言，他们接受新知识快，能够适应新式软件，但对传统教学不熟悉；对于老教师而言，他们接受新知识慢，更适合老式的教学方法。所以，在青年教师与老教师之间存在明显的软件使用代沟。而我们知道，一旦出现这样的情况，就会出现学生听课方面的两极分化和教学设备资源浪费的情况。一方面，学生只愿意听年轻教师的课，不仅面孔年轻，更重要的是新式软件使用灵活，满足了学生不

断求知的愿望；而老教师则因为坚守原来的教学方法而渐渐失去粉丝，课堂大多变得死气沉沉，学生实际上已经失去上课的兴趣。另一方面，教学资源也是一种浪费，在高校，中老年教师占相当大的比例，如果学生对老教师的课堂失去兴趣，会影响整个思政课学习的风气，造成很大的损失；另外，如果出现学生一边倒的情况，大部分同学喜欢年轻教师，难免影响老教师的积极性，非常不利于老教师继续发挥光和热。作为老教师而言，他们在教学方法、授课价值观的准确把握、上课纪律的维持方面等，有自己独到的见解和方式。年老是自然规律，任何人都无法抗拒，但是，老教师在讲坛上辛勤耕耘几十年，他们对教学方面也有自己的长处。他们在指导青年教师方面，仍然可以发挥其独特效用，失去他们对年轻老师的指点，也是教育领域的损失。

三、监管制度不力

（一）对网络监管不力，网络谣言先入为主

在时下网络非常发达的今天，网络成为人们必不可少的信息来源。通过网络，人们可了解知识、发现需求、结识朋友、完成任务、传递信息等。但是，任何新生事物都有其不利的一面，作为网络而言，它有上述优点的同时，也伴随着部分不法分子利用网络煽动破坏的现象。其中，网络谣言就是作为一种传播速度快捷、诱惑人心至深的网络现象，人们对其深恶痛绝。网络谣言是指通过网络介质（例如微博、国外网站、网络论坛、社交网站、聊天软件等）而传播的谣言故事，没有事实依据，带有攻击性、目的性的话语。主要涉及突发事件、公共卫生领域、食品药品安全领域、政治人物、颠覆传统、离经叛道等内容。网络是虚拟社会，但虚拟社会与现实社会是不可分割的，直接关系到现实社会的和谐稳定。网络谣言将假的东西包装成真实的东西，试图将不可能变成可能，将“子虚乌有”变成“确实存在”，横行网络、蒙蔽人心，从而扰乱社会秩序，影响社会

稳定。我国对网络早有规定，维护网络的法治就是维护基本的社会秩序，维护人民的基本权益。编造传播谣言者触犯了法律，就要受到法律惩处。无论互联网站还是网民，都要增强法律意识，依法办网，依法上网，共同维护健康的网络环境和良好的社会秩序。相应于此，高校也有相关制止网络谣言的规定和措施。但是，很多学生在入校前，他们就轻信了一些网络谣言，因而，网络谣言在其脑海中先入为主，对其接受思政课内容造成消极的影响。

从心理学上讲，人们初次接触某事物建立起来的印象对日后再次接触类似事物产生的影响，就是首因效应。这一概念最初由美国心理学家洛钦斯提出，这也叫首次效应、优先效应或第一印象，也就是我们日常所说的“先入为主”，每个先进入人们脑海的概念总是具有印象深刻的特点，正基于此，最初印象一旦形成，要改变它就不那么容易了，即使后来的某个事物与先前接触的事物差距较大，也很难从第一印象的模式中很快剥离出来。对于思政课而言，大部分同学抱有正确的价值观和世界观，但是我们也不能排斥部分同学抱有对思政课的抵触情绪。这种情绪与首因效应有着密切关系，主要是由于自身经历的不同，很多学生接触的周围事物不一样。特别是网络化发达的今天，一些同学很小就开始接触网络，而有些非法网站，正是利用我们国家法律正在完善过程中的某些漏洞，青少年思想上辨别能力差这一特点，强行将一些不正确的世界观，提前灌输到青少年的脑海，在青少年心中产生了首因效应。这些同学进入大学后，在学习思政课过程中，其首因效应明显影响其对正确的世界观的接受程度和速度，因此，先入为主对于学生非常重要。一般而言，网络谣言在学生们脑海中有如下两种印象。

1. 网络错误观点

由于大学受网络上某些错误价值观的影响，致使这些错误观念在其心目中产生了首因效应现象。特别是东西方不同的价值观、文化观在网络上的不同评判，加之有些不法分子的故意引导，最先化作谣言在大学生心中

产生不良的映像。网络谣言作为网络空间传播的与事实不符或主观捏造的虚假信息，深刻影响着大学生的思想和行为，危及我国的政治安全、网络安全和大学生成长发展安全。这样，很多大学生在上课之前就戴着一种有色眼镜来看待思政课教师所讲授的观点，他们对教师所讲授的问题有一种先天的抵御情绪，总觉得思政课教师的观点不正确，最终导致他们对思政课没有兴趣。部分学生正是在这种没有兴趣的过程中，开始看小说、玩手机、逃课，他们对思政课只求及格而已。

2. 网络错误事实

相对于单纯的网络观点而言，网络事实更容易吸引青少年的眼球。早在 2013 年，中国社会科学院舆情调查实验室就曾发布过《合力构建聚民心尚理性的网络舆论空间》的调查报告，其中显示："接触网络谣言比例最高的是 18 ～ 29 岁年龄段的群体，为 80.3%。"这就说明，大学生是最容易被谣言欺骗的一代，这些最容易被煽惑的一代往往从网络上得到那些经过精心策划和编造的网络谣言。我们的网络管理制度不可能在短时间内非常完善，有些不利于青年人健康成长的事实不时映入青年人的脑际，这样他们就有一种先入为主的印象。当他们在思政课堂上听到类似的内容时，他们会情不自禁地与自己先前已经学习的东西作对比。先前的那个印象本来是为了吸引眼球而装扮的花里胡哨，有时学生很难从那个错误印象中自拔，这就给我们的思政教育带来很多难题，导致学生对课堂上的思政教育不能顺利接受。

当下，网络谣言已然成为一种普遍的社会现象，特别是一些重大事件爆发后，网络谣言也按时而至。作为涉世甚少的青年人而言，他们更加缺乏理性思考，其媒介素养还不太高，往往凭借自己一时情感的冲动，就听信网络谣言的煽惑，给自己的思想造成很大冲击，最终影响了他们在大学里的学习，其最直接的表现就是对思政课缺乏足够的兴趣，应该引起我们足够的注意。

（二）对教学监管缺位，教学过程走过场

教学监管一般指根据教学的要求，对教学的过程进行了解和监测，发现教学中存在的问题，分析问题产生的原因，提出纠正问题的建议，促进教学质量的提高的重要教学环节。但是，从当前的情况来看，很多学校虽然重视思政课，但是在制度上仍然有诸多疏漏之处，主要有如下几种情况。

1. 高校教学行政人员的失职行为

高校教学行政管理工作是保障高校教学工作正常运行的环节，它对于维持教学体系的完整、教学过程的高效进行起着重要的作用。学校有一定的教学行政管理制度，然而部分高校教学行政人员缺乏对工作的正确定位和认识，认为高校就是登台讲课第一位，自己的行政工作缺乏技术含量、没有必要认真对待，因而对教学工作、学生学习监管敷衍了事。更有个别行政人员思想固化，只追求工作程序化，遇事走过场，一切只为应付上级检查。有的高校虽然有很多制度措施，但是常常是上有政策、下有对策，部分行政人员对这些措施总能找出一些敷衍的理由。具体到思政课而言，一些行政人员认为思政课就是给学生灌输一些政治概念而已，没有从树立学生世界观角度认识思政教育的重要性。很多学校对思政课的政策存在交差敷衍的现象。从制度上看，可谓面面俱到、非常健全。但是，具体措施只是存在于案头文件，并不存在可操作性。因而，这些制度和措施大多成为面对上级检查的书面材料，并无多大实际效果；从实践效果来看，部分行政人员虽然督促教学，但也经常不从细处着想，最多是到教学现场走走看看，敷衍听讲。没有真正领会课堂知识的内容，更不可能从提高教学效果的角度，对授课教师提出具体可行的正确建议，这也反过来导致了授课教师对思政课的敷衍态度。另外，少数高校教学行政管理人员的素质水平还有待提高，这些教学行政员工的素质水平、层次差距较大且结构较为烦琐。他们来源复杂，或者来自本校留校生，或者是家属调入，或者是退居二线之人，这些人都对教学的管理缺乏专业性的认识。有的人虽然也算是尽责，但是并不能从理性角度进行管理，造成思政课教师不屑于行政人员

检查，特别是行政人员听课时，一些教师能找到种种借口蒙混过关，双方互相粉饰太平，最终损害思政课的教学效果。

2. 教师对制度执行不到位

部分高校的疏忽主要在于教师本身，也就是学校有一定监管制度，但是执行过程中，就出现许多漏洞。一方面，部分教师投机取巧、阳奉阴违，不按规则办事。一项制度是否合理，不仅要看其理论论证是否合理，更主要看其是否具有可操作性。在很多高校的思政课监督制度中，部分高校制度健全，但是其执行过程却常常只做表面文章，并没有真正按制度的要求去办；或者很多敷衍塞责、人浮于事。他们想方设法在制度的字里行间找到可以钻的空子，对上级形成应付态势，根本不按实际效果进行操作。所以，思政监督工作其实不存在实际效果。教师是学生成长的领路人，教师的言行对于学生都是无形的榜样和力量。思政课教师对于学生来说，承担着双重榜样的身份。少数教师的这种不负责任的态度，对学生造成潜移默化的消极印象，客观上有害于学生对思政课的学习。另一方面，部分高校教师仍然采用以前那种“大水漫灌”式的教学方法，讲课强调大而全，没有考虑到学生的具体差异和实际特点，讲课内容平均分配、均衡对待，既没有重点难点，也没有详略得当之说，而且授课语言盲目拔高，案例举得晦涩难懂，理论讲的平铺直叙，不能把教材语言及时转化为学生语言，无法将理论与现实相结合。同时，一些教师不及时进行知识更新，课件、思维、方法都显得陈旧落后，无法与新时代学生相吻合，讲解不透彻，课堂互动不够，课后缺乏交流，整个课堂死气沉沉，缺少应有的生机和活力，这些都影响大学生学习的兴趣。而这些细节性的问题，教学监管必须花大的力气才能监督和检查到位，单纯临时听一次课、临时点几次人数不可能查出来，致使有的老师产生蒙混过关的心理。这是造成思政教育监管缺位的另一重要因素。

3. 部分客观原因

对于一个合格的高校而言，不仅要有严格的制度，而且还要有配套的认真负责的老师，更要有好的配套设施，这样才能相得益彰，才能发挥高校应有的思政教育作用。从这一点而言，部分学校有一定制度，也能按计划执行，但是有些客观因素使其客观上放松对思政课的监管力度。例如：有的学校因为种种原因，出现招生困难、招生分数线低、扩招素质差等生等现象，少部分学生几乎所有功课都有挂科的可能，这些学生在思政课上的兴趣程度更是可想而知，因而思政教育的监管还需要花大力气才能完成。思政课必须克服走过场、搞形式的弊端，使学校监管制度真正起到保障思政课教学走上立德树人的轨道。

小　结

作为思政教育的重要阵地，大学生如何进行思政教育是一个十分重要的问题。随着高科技的发展，各种新式软件应运而生。运用新媒体技术使工作活起来，推动思想政治工作与传统优势、通信息技术高度融合，增强时代感和吸引力，这是高校思政课队伍应当十分重视的问题。新时代中国特色社会主义的建设已经开启，大学生是这个时代建设的主力军、参与者、见证者，高校作为引导青年爱国、励志、求真的重要场所，如何落实立德树人的重要任务，确保年轻人与时俱进，担当起民族复兴的大任，勇担时代使命，同新时代共同前进，为民族复兴铺路架桥，为祖国建设添砖加瓦，这是摆在高校工作者面前的重要任务。从上述对比分析来看，我们的思政工作者还任重而道远。

话题四：传统文化的融入与《纲要》课兴趣的提高

【话题导引】《中国近现代史纲要》(本文一律简称为《纲要》)课程主要讲授中国近代以来抵御外来侵略、争取民族独立、推翻反动统治、实现人民解放的历史，是高校大学生的必修课，作为历史课程，它也是中国文化的一部分，其中有很多内容涉及中国传统文化的内容。本话题正是本着如何在这门课程中融入中国优秀传统文化而展开探讨的。文化是一个民族延存的精神命脉。中华优秀传统文化不仅造福于中华民族的赓续和发展，也是世界文化遗产中宝贵的精神财富，将优秀传统文化融入《纲要》课程，对于传承祖国优秀文化、学好思政课、增强学生的文化自信有着十分重要的意义。

习近平在谈到思政课的思维创新时曾指出，思政课教师要“善于运用矛盾分析方法抓住关键、找准重点、阐明规律，创新课堂教学”。这就要求思政课教师在教学过程中善于发现提振学生兴趣的因素，寻找课程发展的规律，创新课堂教学方法。特别是能利用中华优秀传统文化与思政课之契合点，创设情境，提高学生兴趣，营造高效的思政学习课堂。

一、《纲要》课的特点

《纲要》的教学目标为“认识近现代中国社会发展和革命、建设、改革的历史进程及其内在的规律性，了解国史、国情，深刻领会历史和人民是怎样选择了马克思主义，选择了中国共产党，选择了社会主义道路，选择了改革开放。”这是一门带有思想政治教育性质的历史课，是以中国近现代史上的英雄人物和史事为主要线索，阐述中国人民近代以来前赴后继，不屈抗争，赢得解放的历史。同时，课程把阐释视角延伸到当代改革开放和新时代中国特色社会主义建设中来，其宗旨是让学生树立爱祖国，爱人民，发扬中华民族自强不息精神，为实现中国梦而奋斗的历史课程，是一门以爱国主义为主旋律的历史课程。

1. 思政教育性质的历史课

《纲要》课借助历史教育，承担思想政治理论教育功能。所以，从表面看，《纲要》课是历史课，其历史事件、时间等基本脉络非常清楚。主要分为两部分：第一部分是“从1840年鸦片战争爆发到1949年中华人民共和国成立前夕的历史，是中国的近代史”，第二部分为“1949年中华人民共和国成立以来的历史，是中国的现代史”。很明显，前一部分是叙述中国人民如何抵御外来侵略，求得翻身解放，走上独立道路的历史；后一部分则是叙述中国人民如何在中国共产党领导下进行社会主义建设、改革开放、迈进新时代中国特色社会主义的历程。因为其思政课性质，所以其历史事件的叙述都比较简略，很多重大历史事件都是简短带过，而其思政教育意义却是授课教师在讲授过程中重点强调的方面。

第一，在讲授新中国成立前的历史时，一定要条分缕析地给学生传递中国人民近代史上受尽屈辱、历尽艰辛的信息，使学生懂得外有侵略，内有纷扰，中国人民处于水深火热之中，不进行革命就无法生存的历史事实。所以，才涌现出无数可歌可泣、惊天动地的英雄人物和英雄史事。也正因如此，我们不能忘记过去的革命先烈，一定要珍惜今天的美好生活。同时，也要讲清楚，新中国成立前夕，各种建国道路的抉择过程，历史最终选择中国共产党，是客观历史发展的必然，从而让大学生真正懂得，新中国成立的来之不易。

第二，新中国成立后，社会主义建设也并非一帆风顺。中国特色社会

主义的建立，在历史上没有现成公式可以照搬，我们仍然需要立足中国国情，走适合我国国情的道路。课本在简单梳理新中国成立初期社会主义革命、社会主义建设之后，接着叙述社会主义的曲折发展，改革开放。教师不能仅仅将课本落脚点放在简单叙述新中国成立后社会主义建设历史的梳理，而要通过梳理这一过程，说明任何制度在建立过程中，必然遇到的各种难题，教育大学生懂得社会主义的到来并非一帆风顺。一定要经过几代人的不懈努力才能实现。同样，改革开放、迈向新世纪、实现中国梦也是在梳理史实的基础上，让学生明晓这一伟大历史转变对未来中国走向所产生的影响。让大学生懂得自己重任在肩，不能简单地以听故事、拿学分为目标，而要树立远大的目标和志向。

2. 爱国主义的主旋律

爱国主义是指个人或集体对“祖国”的一种积极和支持的态度。爱国主义教育关系国家民族的前途和命运，它是思想政治教育的首要着力点，是青年一代价值观塑造的主体结构。作为思政课之一的《纲要》课，爱国主义教育是贯穿其始终的一条主线或者主旋律。

第一，《纲要》课培养学生的爱国情感。爱国情感是大学生对中华民族悠久历史、发明创造、自然资源、思想文化等充满热爱、珍视的一种情感，是对祖国天然的一种眷恋和爱惜的态度。纵观整个《纲要》课程，无论是上编综述中对中华古文明的回顾，还是第一章对中国古代、近代思想的综述，无不充满中华民族优秀思想文化遗产的热爱；不管是抗日战争中各位爱国将领不惜赴死、誓死捍卫中华利益的慷慨悲歌，还是社会主义建设和改革开放中，中华儿女献身祖国建设事业的壮举，乃至新时代中国特色社会主义时期为中国梦实现而奋斗的当代身影，都无不透射出爱国主义的情愫。

第二，《纲要》课培养学生的忧患意识。忧患意识是指一个人的内心关注超越自身的利害、荣辱、成败，而将世界、社会、国家、人民的前途命运萦系于心，对人类、社会、国家、人民可能遭遇到的困境和危难抱有警惕并由此激发奋斗图强，战胜困境的决心和勇气。忧患意识是中华民族的生存智慧，是促进国家进步、民族振兴的催化剂和动力之源。《纲要》课中有许多关于忧患意识的材料，例如：林则徐的“苟利国家生死以，岂因祸福避趋之”、吉鸿昌的“国破尚如此，我何惜此头”、夏明翰的“砍头不要紧，只要主义真”等，都是培养学生忧患意识的最好材料，也是培养学生成为有理想、有本领、有担当，形成其责任意识和品格的最好材料。

3. 近、现、当代史的缩写版

《纲要》课虽然是讲述历史，但它与历史学专业不一样，由于其思政教育性质，这门课只是近现代史的缩写版，感性的历史材料是一方面，但是隐藏在历史事件背后之理论和价值理念却是全书最重要的脉络。从历史角度而言，它只是近现代、当代史的线索而已。从 1840 年近代史开始，到 2018 年中共十九届三中全会举行，全书只用 350 多页就叙述完毕，特别是辛亥革命、抗日战争这样重大的历史事件，全书也只是一章带过。因而，本书与历史专业的教科书是有重大区别的。这样的线条式课本既有利于提纲挈领地概括讲授的一面，也有不利于详细阐述历史之不足。从有利的一面而言，它在短时间内，将整个中国近现代、当代的历史大事和历史人物作一全面梳理，给人以整体的感性形象，几乎在一个学期，将中学几年的历史课全部梳理完毕。特别是对于历史知识薄弱的理科生而言，短期内就知晓如此多的历史知识，对其人文知识的缺憾是一个弥补。对于那些考研学生而言，本身就是一本很好的考研教科书，概括性特别强。不利的一面是，因为过分简略，所以教师在详略讲授方面很可能会出现种种误差，有的老师详此略彼，有的则详彼略此，造成讲课的侧重点不一致。同时，由于过分简洁，使得老师讲课会很快，有些同学觉得听不懂，特别是理科学生，他们希望就此补充一些相关历史材料。但是，过分简单、草草过场，使他们失去原来盼望得到的历史知识，很多历史事件没来得及弄明白就讲过去了。同时，由于过分简略，历史专业的教师也觉得无法从专业

角度讲授历史，必须调整方法，既要结合部分历史学术、历史理论讲授，又要明晰其思想政治课的性质，从思政教育角度进行分析，将二者有机结合起来。特别是不能过分从专业角度分析某一历史事件或历史人物，否则，或者完不成教学任务，或者失去思想政治理论课的思政性质，造成学非所用的弊端。

4. 授课过程必须讲求正能量的发挥

“正能量”是指生活中那些积极向上的言行，在传播过程中，爆发出一种积极进取、乐观向上的动力和情感，从而影响和带动他人也成为积极进取的人。正能量往往催人奋进、给人力量，让人们在困难中看到希望，在黑暗中看到光明，从而有利于人们树立正确的世界观、人生观、价值观。从心理学角度而言，正能量也是一种正态性的心理影响，类似用一种积极的心态影响周围人的心理，从而造成积极向上的氛围，造成良性互动和良性循环。当前，受网络影响，很多大学生经常接触一些不正确的负面东西，造成思想消极、享乐至上、极端个性等不正确的人生态度，导致他们在学习、生活、工作中缺乏毅力、缺少目标、缺少动力，任何事物好像都难以打动他们的灵魂。因而，他们迫切需要正能量的东西对其进行心灵救助，帮助他们驱散心中拥有的那份阴霾，正视和直面人生的种种困难，为实现“中国梦”早日承担起自己应该承担的责任。《纲要》中英雄人物及英雄史事，对青年人有非常积极的鼓舞作用，是一种正能量。许多同学正是通过《纲要》课上的英雄人物的先进事迹，学到了人生难以体会到的感受。他们从英雄人物的身上发现了很多从来没有过的积极东西，这种东西用今天的条件是难以想象和难以理解的东西。特别是像赵一曼、杨靖宇等历史人物身上，他们学到如何在最艰难的时候，鼓励自己克服种种人为的因素，完成上级交给的任务。另外，大学生都是跨世纪的新人，他们对过去的历史背景不太清楚。当他们了解到英雄人物在那样复杂艰苦的条件下，仍然能够完成党交给的任务，这对于他们而言，是刺激，但更是一种鞭策，许多人正是在这种正能量鼓舞下，改变了人生的态度。对比今天的现实生活，他们感受到自己确实生活在比较优越的时代，应该更加珍惜今天的生活。

5. 与初高中或其他课程重复内容多

《纲要》课虽然是思想政治教育课，但是也是一门重要的近现代历史课，它要叙述近现代乃至改革开放以来，中国人民摆脱奴役、翻身解放、新中国建设、改革开放的历史脉络。过去发生的历史，是已经客观存在的、不容篡改的真实事物，因而作为历史课，中学课本，甚至小学语文课里，中国近现代史的基本线索或多或少出现过，特别是大概的时间、地点、人物、事件等，这是毋庸置疑的客观现象。因此，《纲要》课的史实部分与中学历史教材“重复过多”，史论部分与大学里的《毛泽东思想与中国特色社会主义理论体系概论》等课程多有重复，课程较同类历史学专业课程相对简约化。

第一，1840 ～ 1949 年的历史部分与初高中重复较多，特别是在历史事件的时间、地点、人物、基本脉络，这些内容在初高中就已经涉及过。所以，《纲要》课与初高中不重复的部分，就是与这些历史事件或人物相伴随的评价部分或者理论部分。

第二，1949 年至今。虽然与初高中历史重复较少，但是，初高中在中考、高考的时事政治中都已经涉及，所以也是属于重复内容。同时，这一段时期的理论部分，有相当部分是与《毛泽东思想与中国特色社会主义理论体系概论》相重合。因此，作为经历中考、高考走过来的学生，如果教师只是简单讲授历史脉络，只能引起心理学中所讲的“超限效应”，即因为某种事物刺激过多、过强或作用时间过久，从而引起心理极不耐烦或逆反的心理现象。因为，人的心理承受能力处在一定的范围内，刺激一旦超过心理承受阈值，刺激过强、作用时间过久，将会引起心理感应上的零效应或负效应，教学的有效性将会受到严重的影响，学生会感到这是重复以往的内容，最多只是作为应付考试，拿到学分的一个过程而已，这样的讲授对学生兴趣不大。

二、传统文化与《纲要》的契合点

文化是很长的时期内，一个民族对自己及周围环境发展规律认识的理论升华，是一个民族区别于另一个民族的重要标志。世界上没有任何一个民族的文化完全等同于其他某一民族的文化。正是在这一点上，我们可以认为中华民族有自己独特的传统文化，既包括灿烂辉煌的古代文化，也涵盖近代以来中华民族前赴后继、不屈不挠、顽强抗争的革命文化，更包括今天社会主义建设、改革开放、新时代中国特色社会主义建设的文化等。虽然《纲要》课主要讲授中国近代史上，仁人志士为中华民族的崛起奋斗的历程、社会主义建设中各族人民勤劳献身的苦干精神、改革开放以来中华儿女的包容胸襟、新时代中国特色社会主义建设以来新一代的传承精神发展的脉络。但是，单就传统文化与《纲要》课的关系而言，我们也可以梳理出其与《纲要》课程的共同之处。

1. 优秀传统文化为《纲要》课提供了很好的注脚

中华民族自古以来有着非常优秀的爱国文化，“天行健，君子以自强不息”“厚德载物”“民胞物与”“天下兴亡匹夫有责”等传统文化成为世世代代中华儿女传承不息，建设自己家园的警魂谚语。正是因为这样的传统文化，才有了近代史上可歌可泣的革命文化。

第一，中国近代史上不屈抗争的故事，正是“匹夫有责”精神在近代的最好诠释。无论是可歌可泣的英雄人物，还是惊天地的历史事变；无论是反对外来侵略的顽强抗争，还是致力国内的经济建设，乃至进行民族文化的传承，都体现了中华儿女美好的传承和担当精神。这些精神不仅是教育学生的很好的素材，更是《纲要》课教学的很好案例，是栩栩如生的生动画面，可以沁入学生之心脾，震撼学生之灵魂，大大助力于《纲要》课的学习和讲授。作为一门思政课，《纲要》课讲述近现代史上中华英烈、仁人志士忧国忧民，献身民族事业的英烈伟绩，我们都可以在传统文化的历史长河中找到根源。岳飞、李刚、文天祥、顾炎武，这些中华文化中的英雄人物，在他们身上就滋生着中华民族的脊梁精神，这正是近代史上林则徐、关天培、邓世昌、冯子材等英雄人物保家卫国精神的源头，说明中华优秀传统文化是代代相承、永不磨灭的。

第二，中国历史上以“文”报国的传统在近代史上也不时体现出来。从屈原、司马迁、陶渊明、李白、杜甫、辛弃疾、东林党人，他们都以知识作为报效国家的资本。在中国近代史上，也不乏以身相许、以文报国的例子，谭嗣同喋血菜市口、陈天华蹈海明志、邹容殉难狱中等，都是知识分子从容赴死的典型例证，他们用自己的一腔热血、自己的口、自己的笔唤醒民众起而抗争。新中国成立后，一代又一代知识分子，为了祖国的现代化，不惜舍小家顾大家，把自己的青春和热血献给祖国和人民，钱学森、华罗庚、陈景润、邓稼先等知识分子，在国家处于十分艰难的时期，都在兢兢业业地为中华民族奉献自己的热血。这些生动的文化事例，都是《纲要》课中可以贯穿的文化脉络，是我们《纲要》课老师应该在讲课时心中时刻记着的典型文化案例。

第三，《纲要》课所蕴含的红色文化其实是中华优秀传统文化的延续。红色文化是党领导人民在社会主义革命和建设的长期实践中积累形成的文化资源，包括长征精神、井冈山精神、红船精神、雷锋精神以及航天精神等精神文化，革命遗址、历史博物馆、烈士陵园以及红色文学作品等物质文化，具有深厚历史内涵与时代价值，能在各历史进程中引导中华民族艰苦奋斗。是中国共产党人运用马克思主义基本原理指导中国革命实践和社会主义现代化建设过程中形成的宝贵资源，是马克思主义与中国革命和社会主义建设实践相结合的物化形态和精神留存。中华传统文化博大精深、源远流长。优秀的传统文化则是中华民族几千年来积淀的深层次的崇高精神追求，它饱含着中华民族世代相因的根本基因，是激励中华儿女一代又一代不断前行的精神动力和价值源泉。《纲要》课中所体现的红色文化，正是中华民族优秀文化中最基本的精神气质的传承，是中

华儿女共同的精神家园。因此，优秀传统文化与红色文化是一脉相承的文化体系，是不可分割的价值共识链。

2. 文化本身的教育功能与《纲要》应有的思政塑造灵魂的功能相契合

文化讲求以“文”化人，它追求的是一种润物细无声的效果。中华五千年优秀文化不仅熏陶了当时，也启迪着后人。这种启迪在潜移默化中塑造人们的人文素养和精神气质。总是以“无处不在、无时不有”的方式，潜移默化地影响人们的思想、价值和行为，进而深刻作用于经济社会发展。《纲要》课作为思想政治教育课，是帮助大学生树立正确的世界观、人生观、价值观的重要途径，体现了社会主义大学的本质要求。优秀传统文化与“纲要”在功能上有如下三点契合之处：

第一，传统文化帮助大学生课树立正确的世界观、价值观和人生观。《纲要》课是思政课，思政课就是要通过课堂教学对学生进行理想信念教育、道德法律教育、世界观教育和中国特色社会主义理论教育。固然，《纲要》课中有不少的名人史事帮助实现这一目标，但是单纯的近代历史讲授，在学生心灵上的知识架构显然有点单薄，很多方面总显得美中不足。如果能将相关的历史文化知识进行钩沉梳理，再次呈现于学生眼帘，服务于《纲要》课中近代名人史事的言行与传统文化的承继关系，不仅可以加深学生的印象，巩固了近代史知识，更能提升学生兴趣，同时也进一步弘扬了中华民族优秀文化。在传授知识的同时，自然而然地起到增强学生自尊心和自豪感的作用，帮助大学生树立正确的三观。加强对中华民族文化的认同感，可谓锦上添花，相得益彰。

第二，传统文化可以扩充大学生的理论视野。《纲要》课虽然是一门思政课，但是由于其历史性质的原因，使其在讲授过程中，难免偏重历史的材料分析，而缺乏理论哲学所应有的逻辑思维和架构特点，往往给学生以零零总总的感觉。如果在《纲要》中适当穿插传统文化知识，不仅使《纲要》课的知识结构更加丰满、有血有肉，而且有利于学生将整个近代史材料知识与传统文化的因缘梳理清楚。在学好本门课程的同时，有重点有分别地对传统文化进行附带学习，扩张了学生学习视野，提高了他们历史理解能力、分析能力和总结结论的能力，增强他们使用文化概念解释、分析中国近代史的能力，也增强其解决问题的能力，从而使革命精神文化入脑入心，使他们认识到中华文化在解决近现代革命问题中的重要作用所在。

第三，优秀传统文化与革命红色文化都是《纲要》课的重要材料。中国传统文化是指“1840 年鸦片战争以前的中国文化”①，革命红色文化则主要是指五四运动爆发到新中国成立三十年来，中国人民浴血奋战的历史。中国传统文化的优秀部分，即优秀的传统文化就包含革命的红色文化。敢于创新、筚路蓝缕、英勇不屈的井冈山精神；顽强不屈、坚忍不拔、勇往直前的长征精神；自力更生、顾全大局、一心为民的延安精神；忠诚爱国、众志成城、前赴后继的抗战精神；谦虚谨慎、戒骄戒躁、艰苦奋斗的西柏坡精神。这些精神既是中华民族当时的生动体现，也是中国优秀传统文化在近现代的传承和现实体现，也是中华民族争取民族独立、人民解放和国家富强的奋斗精神的体现，是传统文化中保国即保家的生动体现，也充分证明了传统文化与革命文化的默契暗合。这是讲授《纲要》课变难为易的又一重要因子。

3.《纲要》只有嵌入传统文化才能发挥其塑造学生文化自信的功能

中华民族自古以来勤劳善良、智慧聪明、友爱和谐，无论在政治、经济乃至文化方面，都创造了举世公认、引人艳羡的骄人成就。但是时至近代，列强入侵、内忧外患，中华民族陷入空前的灾难之中。虽然改革开放后中国的发展也确实振兴了国人的自信心。但是，随着网络的发达，西方自由思潮的泛滥，某些人别有用心的造谣和污蔑，使得部分青年人对祖国灿烂辉煌的过去抱有一种无所谓或者忽视的态度，盲目崇拜西方；而另一部分青年人则对近代中国的灾难只看到受屈辱的一面，看不到中国人民抗

① 张岱年，方克立 . 中国文化概论 [M]. 北京：北京师范大学出版社 .1994.

争的一面，对前途缺乏信心。这种思维态势不利于国家建设，也不利于中国梦的实现。因而,《纲要》课既要宣传中国近代受人欺凌的一面，也要宣传近代中国人民如何通过努力走出困境、实现独立的过程，更要从精神层次寻找中华民族摆脱屈辱所依赖的精神支柱。文化作为精神力量的重要组成部分，无疑具有说明、解释中华民族自强不息命运的文化或者精神来源。也就是说,《纲要》课必须通过吸纳传统文化的因子来实现其树立大学生文化自信的功能。

第一，源远流长、博大精深的古代文化为《纲要》课提供了近代以前中华民族辉煌灿烂的重要证据。《纲要》课虽然讲述 1840 年以后的历史，但是需要用以前的文化作为映衬，才更能说明近代的落后。《纲要》课在上编综述部分开始，就概括而条理地叙述了近代以前中国和世界的对比情况，说明中国文化的延续性、悠久性、坚韧性、先进性。这些丰富的传统文化材料，使得学生认识到中国古代优越于西方的灿烂文化。这一传统文化部分很好地支撑《纲要》课去说服学生，我们有足够的能力和文化底蕴走出近代这个最艰难的时期。中华优秀传统文化是我们最深厚的文化软实力，也是中国特色社会主义植根的文化沃土，我们的独特文化基因，能够带领我们走出近代的重重阴霾。

第二，红色文化为《纲要》课从提供了理论支撑。《纲要》课的中编，叙述中国共产党成立的历史，以及土地革命战争、抗日战争的历史，这些都是原始式的感性材料，学生只能从其中体会其生动性，但是不能对其进行理论升华。只有将隐藏在感性材料背后的红色文化提炼出来，才能使《纲要》课有血有肉，内容更加丰满有力。例如：红船精神、井冈山精神、延安精神等，生动的史实只有配合这些理论才能更加沁入学生心脾，才能真正入心入脑。一部革命文化的产生发展史，就是一部中华民族争取民族独立、人民解放和国家富强的斗争史。这部历史不仅要以史料的形式进行展现，而且要以理论的形态进行提升，才能内化为学生学习、工作的动力，才能成为他们为祖国、为人民奋斗的力量，才能成为他们实现中国梦的不竭动力。所以，《纲要》课不仅需要红色的材料，而且需要红色的文化，才能红花配绿叶，相得益彰，发挥理论课应有的育人功能。

第三，中国特色社会主义文化为《纲要》课叙述新中国成立后的历史提供了理论脉络。刚刚成立的新中国百废待兴，中华民族进入崭新的发展时期，但是新生事物的发展并不可能一帆风顺，新生的共和国在政治、经济、军事、外交等各个方面都面临着一个拓荒时期。《纲要》课叙述了这段历史，但仍然以感性历史材料为主，只有用中国特色社会主义文化的理论贯穿这段历史，才能让学生对新中国成立初期我们的成就来之不易这一历史有一个理性的升华和概括，才能从内心世界认识到“中国模式”和“中国经验”背后所隐含的“中国智慧”，也就是以马克思主义为指导，面向现代化、面向世界、面向未来的，民族的科学的大众的文化，即社会主义的先进文化。这种先进文化以理论的形式，丰满了《纲要》课的内容架构。

三、如何将优秀传统文化有效融入《纲要》课

我们找到优秀传统文化与《纲要》课的契合点，就要思考如何使二者有机结合，即如何将优秀传统文化有效融入《纲要》课之中。

（一）优秀传统文化融入《纲要》课的意义

1. 增强文化自信

文化自信指一个国家和民族能够认同并且相信自己国家文化的存在是有价值的，在认可继承优秀文化的同时，立足当下，结合当前的时代背景，将当代文化与传统文化恰当的衔接在一起，推陈出新，不断地为本民族文化注入新鲜的养分，使得它能更好地传承下去。近代以来，由于种种原因，我们在某些方面落后于西方国家。随着网络的发达，大学生从网上了解到许多西方国家优越于我们的文化，再加上一些网络上的不正确宣传，使得部分大学生对中国传统文化失去信心，忽略了传统文化的优秀因子，造成部分大学生对传统文化的认同感不足，坚守文化自信

的观念也随之淡化，产生了盲目崇拜西方文化的心理。习近平强调，文化自信是我国道路自信、制度自信、理论自信的根本，是更基础、更广泛、更深厚的自信。因此，文化自信的减弱影响大学生对国家前途、民族命运的认识，这是一件迫不及待需要解决的事情。众所周知，高校思政课堂是培养大学生文化自信的最直接最高效的途径，《纲要》课作为一门思政课，应当义不容辞地承担起教育大学生的责任。而《纲要》课中插入传统文化就使大学生对传统文化进行充分肯定，对传统文化产生敬慕感、认同感、价值感，从而在学习近代史的同时，增强了文化自信，把传统文化的优秀因子传承下去。

2. 提高学生兴趣

常言道，兴趣是最好的老师。兴趣是个人力求接近、探索某种事物和从事某种活动的态度和倾向，亦称“爱好”，是个性倾向性的一种表现形式。兴趣在人的心理行为中具有重要作用。一个人对某事物感兴趣时，便对它产生特别的注意，对该事物观察敏锐、记忆牢固、思维活跃、情感深厚。兴趣有倾向性和效能性的特点。倾向性表示兴趣所指向的事物，而效能性则是指兴趣对活动产生作用的大小。所以，如何使大学生对《纲要》课产生倾向性，即兴趣，这就要采取种种方法，插入优秀传统文化，让大学生深刻了解中国文化的教育意义，在对优秀传统文化产生兴趣和倾向的同时，也对思政课本身产生了浓厚的兴趣。而效能性则可以使学生通过对文化的了解，把对文化的兴趣转移或扩大到《纲要》课上面，从而对《纲要》课产生主动的、积极的学习动力，最终能够乐于接受思政课所传导的价值和理念。

3. 传递中华文化

2014 年 3 月教育部颁发《完善中华优秀传统文化教育指导纲要》中指出：“中华优秀传统文化是中华民族语言习惯、文化传统、思想观念、情感认同的集中体现，凝聚着中华民族普遍认同和广泛接受的道德规范、思想品格和价值取向，具有极为丰富的思想内涵。”中华文化的思想品格和价值取向等影响着一代又一代中国人去拼搏和奋斗，尤其是近现代以来，多少仁人志士前赴后继、不懈努力，最终创立了新中国。他们的奋斗精神，很多就是中华优秀文化的传承和延续。《纲要》课作为思想政治教育课，有义务传承中华文化，将其作为思政教育的重要因素，激励大学生为实现中国梦而拼搏。因此，在《纲要》课中插入传统文化，本身就是赓续民族文化，增加文化自信，树立坚定信仰，发扬光荣传统的重要举措，是值得推广和发扬的。

（二）融入优秀传统文化的措施

《中国近现代史纲要》主要讲授中国近现代史，但其主旨是树立学生的爱国思想，是一门思想政治理论课。众所周知，优秀传统文化也是我们实现中国梦的重要精神支柱。所以，在讲授这门课时，不妨根据课堂具体内容进行文化穿插，以此达到树立学生对中华民族文化的自信心的目的。

1. 大块架构的穿插

根据《纲要》课的整体架构去插入传统文化的内容。《纲要》课整个架构分为鸦片战争前的中国与世界、反抗外国侵略的斗争、五四运动到新中国的成立、新中国成立到社会主义现代化建设时期这样四大版块，每一版块都有其不同的特点。因而，对于不同版块要求插入不同的内容，这样才能适合学生对不同内容的消化和吸收。

第一，对于鸦片战争的中国与世界，要融入传统文化中领先世界的优秀文化部分。中国传统文化博大精深，其中部分传统文化不仅是中华民族的骄傲，也使西方人崇拜有加，例如：夏商周时期的青铜文化、春秋战国时期的诸子文化、宋元时期的科技文化等，在国外都十分有名。我们介绍鸦片战争前的中国大大优越于世界，应该把这些世界文明的具体内容让同学们耳熟能详。虽然这些文化同学们可能在中学时代有所了解，但是否达到比较熟悉的程度，实未可知。教师讲授中国文化的优越性，一方面，使学生增加对祖国文化的自豪感，增强中华民族的文化自信，夯实中华文化是世界优秀文化的一部分之概念；另一方面，讲授这些优秀之处，可以从

反面衬托鸦片战争前夜，中国整个社会衰败的情形，让学生自然而然形成对近代中国落后原因的自我心理叩问，加深对腐朽清王朝给中华民族造成的灾难的认识。同时，对传统文化的深刻反思，特别是对传统文化中优秀部分与糟粕部分的对比分析，有利于理解近代改革的原因，更有利于理解辛亥革命推翻清王朝的重大意义，也有利于大学生正确认识继承和发扬传统文化之精华的问题，建立起自觉抵制西方自由主义的一道心理防线，服务于新时代中国特色社会主义建设。

第二，士大夫文化在近代史中的反映。“士大夫精神”是中国文化发展中的特有现象，其发端于春秋战国时期，经过秦汉、魏晋、唐宋和明清等不同时期的历练和升华，已成为中华文化中不可缺少的一种凝合剂。其中所包含的正能量曾在不同的时代，特别是在世代交替、风云变幻的年月，经常表现出追求社会和谐稳定的责任感、拯救生灵的使命感，“以天下为己任”的崇高感。虽然不同时期，士大夫精神的特点不同，但是，纵观中国历史长河，士大夫精神中之忧患意识、爱国富民的主旨和灵魂始终是其重要的主旨。士大夫精神在政治上经常表现为改革弊政，激浊扬清；思想上表现为重视伦理，提倡自觉，关怀民瘼；现实中表现为襟怀民族，经世致用的精神。在中国近代史上，民族危机的加深，救亡图存提上日程，先进的国人在生死存亡之路上上下求索。林则徐、魏源的睁眼看世界固然是士大夫精神的体现，康有为、梁启超等维新人士的奋发作为也不失为这种精神的延续，孙中山、陈天华、黄兴、宋教仁等资产阶级革命派不惜以身许国，排满亡清的思想更是将士大夫精神发展到新的高度。所以，如果将士大夫文化的来龙去脉穿插其中，不仅是对中国传统文化正能量的褒扬和发挥，同时也是提升思政课教学质量的重要方法，这样的插入是十分有意义的。

第三，红色文化在近代史中的作用。红色文化是党领导中华民族在新民主主义革命、社会主义革命和建设、改革开放过程中，经过几代人的努力，形成的一种中国革命文化。作为激励中华民族为摆脱外来奴役的一种文化，它已经成为中华优秀文化的重要组成部分，是激励新一代年轻人奋发有为、励志图强的精神动力和源泉。对于新一代大学生而言，红色文化具有引领大学生思想，坚定其爱国爱民立场，拓展思政教育形式，丰富教育资源的重要文化内容。红色文化逐步成为或者已经成为新时代大学生思想道德修养的重要构成部分。《纲要》课中，中国共产党的奋斗史，正是红色文化的感性材料，是宣传红色文化的重要证明。如果单纯讲课程的历史案例，大学生获得的只是中国革命史的感性形象，不利于其对中国共产党信仰的入脑和入心。如果将隐藏在中国共产党奋斗的材料背后之红色文化加以阐述，理性与感性相结合，使大学生不仅对中国革命的艰苦卓绝了然于心、耳熟能详，而且还能从灵魂上、精神上对中国革命的过程树立起文化的概念，并将其作为了解和吸纳其入脑的重要条件，从而更加坚定其爱祖国为人民的决心，更加坚定其实现“中国梦”的理想。这样，《纲要》课的效果也真正得到了体现，最终有利于实现思政育人的主旨。

第四，中国特色社会主义文化对传统的正确扬弃。中国特色社会主义文化是指以毛泽东、邓小平、江泽民、胡锦涛、习近平为代表的中国共产党人在围绕“怎样建设社会主义”这一课题进行的一系列探索中，形成的具有中国特色的一系列反映发展理论和发展战略的文化。这一文化是仅仅依托中国特色社会主义的建设历程而展开的。这一文化包括以毛泽东为首的第一代领导人推翻三座大山，成立新中国，建设社会主义的文化；邓小平带领中国人民改革开放，从贫穷落后走向富裕的中国特色社会主义市场经济的文化；习近平带领中国人民走向新时代中国特色社会主义的文化。这些文化涵盖了新中国成立以来中国人民所创造的建设社会主义的一切文化。《纲要》课下编主要叙述了新中国成立乃至改革开放至今的大概发展脉络，这段历史是新中国成长的历史，是中国由成立初期的一穷二白，变成现在世界第二大经济体，乃至今天奔向全面实现小康的历史，这条道路就是中国特色社会主义的道路。总结这条道路的“中国模式”和“中国经验”，汇聚成“中国智慧”，中国智慧就是中国特色社会主义的文化。如果

单纯用材料来讲这一段历史，难免带有生硬的感觉，如果能将中国特色社会主义文化渗入其中，将使这段历史更加血丰肉满，更加容易打动学生的灵魂，真正达到教育学生不忘新中国艰难发展历程的教学效果。

2. 具体案例的穿插应该注意的侧重点

中国优秀传统文化的插入对于大多数文史课老师而言，实际上是常见的事情，但是，如何将文化史的插入变成学生上课中自然而然的一部分，却并非易事。很多教师在插入文化内容时，用极其突然或者生硬的方法，使得学生有一种突兀感，这样不仅不利于学生对文化史的了解，而且有损文化在学生心目中的形象，不利于学生树立文化自信。具体而言，一定要量体裁衣、对症下药，不同章节、不同内容插入不同的文化，这才是最重要的。对于《纲要》的几大版块而言，具体情况如下。

第一，优秀传统文化的插入。《纲要》在上编综述中，回顾鸦片战争前占有相当重要的篇幅，所以不妨插入古代文化中的优秀部分，特别是将贴近家乡的传统文化融入其中，能够增加学生的亲近感。一个很简单的例子，就是利用乡土情结。人是感情动物，一旦离开家乡，很多故乡情结便油然而生。这种情节越远越浓，愈久愈烈，以至于成了结，甚至变成了乡愁。如果在他乡听到自己家乡熟悉的声音或事迹，总会情不自禁生出一种亲切亲近的情愫，乃至于深深牢记于心。所以，教师可以不妨利用这种情节提高学生的兴趣，列举某部分同学或者大部分同学家乡的事迹，调动学生的注意力。例如：回顾中国古代辉煌灿烂的文明时，如果教师能够将某些同学家乡历史上那些优秀的人物、事迹、功绩列举出来，或者发动同学们搜罗家乡的古代名人名事。这样比教师举所谓经典案例更能激发同学们的兴趣，也更能使学生了解自己所学章节的理论思维。有的学生的家乡没有古代名人名事，但是可以让学生就近寻找名人名事。在学生自己寻找贴近案例的同时，教师逐渐将其引入较为深刻的理论思维，这样就在不知不觉中，学生产生了身临其境的感觉，从而达到启发学生的作用。大学生常常会发觉原来传统文化的优秀部分可以在自己的身边发掘出来，强化其学习中国近代史的自信心。

第二，士大夫文化。“文以载道”是中国传统文化的特点之一，士大夫是践行这一传统的最好典范。在古代的和平岁月，士大夫精神最好的体现无非是帮助君王治理国家，监督奸臣。士大夫往往是当时精神文化的创造者、表达者。他们从自己的素养出发，利用自己拥有的政治资源、文化资源、经济资源，通过自己的人格精神、道德表率，为社会树立榜样，发表言论引导社会思潮和社会风尚，大胆承担社会责任。在社会混乱的年代，特别是在外族入侵之时，士大夫精神往往表现为利用自己的知识、经验作为整个民族文化的引路人，唤醒人们的灵魂，为自己的民族生存，国家危亡而奋斗。他们有的用文章呼唤世人，有的则亲自参加战斗，甚至献出自己的生命。总之，士大夫精神中有很多我们今天值得借鉴的东西。近代中国内忧外患、纷纷扰扰，因而士大夫精神再一次以号召性的力量走在时代的潮头。早期维新派、资产阶级改良派等，都是这种士大夫精神的最好承担者。因而，在讲述《纲要》课时，不妨讲讲传统的士大夫文化。例如：在讲授康有为《新学伪经考》和《孔子改制考》时，我们可以顺便讲授中国传统文化中经学的发展史，讲授今文经学和古文经学，讲到经学如何利用自己的灵魂塑造那个时代的人心。尽管康有为的这两部作品有其弊端，但其为改革呼号的动机却是显而易见的。其实这是对学生进行中国传统文化知识的顺便普及，这样既普及了中国传统文化知识，也帮助学生更好地理解和巩固课堂相关知识。而在讲授洋务运动时，我们总会提及中国古人对“自强、变易、经世”思潮的发展历程，教师不妨讲《易经》中“天行健，君子以自强不息；地势坤，君子以厚德载物”等传统思想作为课堂的延伸。这样会极大地调动学生的积极性，加深他们对自强观以及对洋务运动的理解。

第三，红色文化。红色文化有利于培养大学生勇于奉献、不怕困难、坚毅顽强的精神品质，其中蕴含净化青年的价值观愈来愈受到许多高校的重视。因此，在大学生思政课中进一步挖掘红色文化资源极具教育意

义。《纲要》课作为直接讲述中国革命史的首要课程，其蕴含的红色文化意蕴自课程设立以来，即为许多专家所提倡。只是在红色文化这一概念广泛流行之前，很多大学教师和科研教研工作者没有将红色文化的融入作为思政教育工作的自觉行为。近年来，随着红色文化的提倡越来越广泛，其与思政课的融合成为一种必不可少的趋势，特别是将红色文化与《纲要》课的历史材料相结合，创设大学生红色文化讲坛、实践活动和红色文化环境，并结合大学生不同专业和不同年级的特点，不断改进教育方法和红色文化内容，让大学生接受近代史纲要感性知识的同时，学习、传承红色文化。例如：在中央苏维埃时期，课本讲授军事、经济、政治的同时，如果把《红色中华》这份报纸插入其中，借助这份报纸在当时产生的历史影响，助力理解苏维埃红色政权在当时是如何生存的，从而给予学生以立体的红色苏维埃形象。又例如：抗战时期，延安的抗战文学中对战场的残酷、战斗的激烈、军民的团结等都有非常深入的描写，如果能够结合抗战史料进行讲授，就会有很多栩栩如生的形象映入学生脑际，不仅有利于学生对抗战历史的学习，也是大学生欣赏文学之美的最佳时机。

第四，中国特色社会主义文化。2017 年 10 月 18 日，习近平同志在中国共产党第十九次全国代表大会上作题为《决胜全面建成小康社会 夺取新时代中国特色社会主义伟大胜利》的报告，强调中国特色社会主义文化，源自于中华民族五千年历史所孕育的中华优秀传统文化。中国特色社会主义制度，植根于中国大地，具有深厚的中华优秀文化根基，他将中国革命、建设、改革开放的伟大实践，立足于中国将长时期处于社会主义初级阶段这一客观实际之上，对中国人民走向小康，实现中国梦有着坚实的方向保证作用。在这一制度基础上产生孕育起来的文化，当然兼具时代特色、国情特色，对大学生的思政教育必将起到前所未有的更加深刻的影响。中国特色社会主义时期，是当代大学生身处其中的时期，自然有亲身体会。但是，改革开放 40 年来，中国发生了翻天覆地的变化。大学生记忆的时间毕竟有限。所以，教师就应该在讲授思政课本的同时，结合改革开放以来中国文化的变迁，对学生进行中国特色社会主义文化的熏陶。例如：教师可以从服饰、饮食、建筑、日常消费文化等最贴近学生实际的内容出发，在讲述《纲要》课时，适当插入中国特色社会主义文化。特别是有些老教师，是改革开放的亲历者，讲起来更加生动有力，尤其是举一些自己的亲身经历，就更加吸引人。另外，教师也可以将中国古代文学、哲学、教育等方面的成就引入其中，特别是用身边所在县市的名人案例作为示范，很大程度上能刺激学生们的心理感受，很有利于调动学生的课堂积极性。

3. 引导学生进行实践教学时，要对学生进行中国传统文化的教育

实践教学作为高等院校教学的组成部分，已经日渐成为教学效果评价的重要指标，它对提高课堂教学质量的作用也越来越受到人们的关注。随着对其认识的不断完善，许多高校越来越多地将思政课实践教学与多门类的专业实践相结合，立足学生的成长需求，开展多样化的实践教学活动。思政课实践教学要结合不同专业学生的特点，开展不同主题的实践活动。在这里，我们是把红色文化作为中国优秀传统文化的继承者和延续者来阐述的。《纲要》课作为思政课教育的重头戏之一，实践教学至关重要，如何搞好实践教学是其重要环节。

第一，利用红色景点进行中国传统优秀文化的教育。习近平在河南考察时强调，要讲好党的故事、革命的故事、根据地的故事、英雄和烈士的故事。这是因为这些故事承载着红色的历史，铭刻着红色的记忆，流淌着红色的血脉，铸就着红色的文化。全国众多的革命博物馆、纪念馆、烈士陵园等红色景点，记录着中国共产党的光荣历史和优良传统，也展现了中国人民英勇斗争的壮丽篇章，是红色文化最现实的写照和教育形式。红色文化是中国传统文化优秀因子的传承和发展，带领学生利用节假日参观红色景点，感受红色景区人文氛围，让学生身临其境地感受当年在红色景点发生的重大历史事件，本身就是大学生灵魂的一次洗礼。用这样的实物文

化刺激学生的视觉神经，更能让学生对红色文化达到心领神会的效果。通过红色景点了解红色文化，不仅是赓续红色基因的重要方法之一，而且可以通过红色景点的红色文化，了解到中国传统文化的优秀传承在红色文化中的体现，更加增加了学生关于中国共产党人创造的红色文化的认识，认识到就是中国优秀传统文化因子在当代的发扬和光大，从而增强学生自觉学习《纲要》课的自觉性，增强他们的文化自信心，提高他们为实现中国梦而奋斗的动力。特别是在当今网络多元文化盛行的年月，西方文化不时进入大学生脑海中，红色文化可以增强大学生自觉抵制西方自由主义思潮侵蚀的能力。

第二，红色书籍。随着红色景点的开放，红色书籍也逐渐增多，红色书籍以记载革命领袖的生活、工作业绩作为主要内容，以文字、图片等形式，生动地再现革命英烈在战争年代的奋斗岁月。红色书籍一般分为革命领袖类、革命英烈类、工农兵类、英模人物类等几种。弘扬这样的红色文化不仅能够加深我们对革命先烈的怀念，而且能够更好地促进中国特色社会主义文化建设，丰富中国优秀的传统文化内容。《纲要》课包含了大量的红色史事，但是如果能配合课外红色书籍的阅读，则会对学生起到事半功倍的效果，例如：《伟大的道路：朱德的生平和时代》《永恒的纪念：周恩来的文物》《唤起工农千百万》《铁人王进喜》等，从不同角度对伟大人物、普通英模进行典型刻画。这些都是重要的红色文化。众所周知，书籍是人类进步的阶梯。只要阅读好的书籍，发挥其正能量才能起到育人助人的效果。所以，《纲要》课要结合红色书籍进行实践教学，围绕红色书籍的种类，开展各种实践教学，例如：红色读书日、红色演讲、红色板报、红色演出等文化形式，巩固学生在课堂上学到的红色知识，从而使大学生在课堂内接受红色讲授的同时，在课外自觉树立吸纳、接受红色文化信息的良好习惯，为他们自觉进行红色文化的吸入创造有利的条件。

第三，红色展映。视觉与人类大脑的信息接受有着密切关系。心理学研究表明，与耳、鼻、舌、身等身体其他部位相比，眼睛接收的信息占到所有信息的百分之八十以上。由此可见，一个人对外界信息的接受，最重要的是眼睛。所以，如何通过眼睛这一人类最珍贵的器官达到刺激人们接受红色文化信息，这是现在红色景区正在兴起的一项特色服务。因此，《纲要》课实践教学，不仅要参观实际景点，而且要要求学生认真观看景区的红色录像。在必要的时候，学校或者院系应该购买这样的视频，或者要求学生从网上下载相关的视频观看。同时，学校还应该经常组织红色电影的放映，开展高雅艺术进校园的活动。例如：有的学校配合红色教育，要求省直有关文艺单位，进入校园演出《长征》《洪湖赤卫队》等节目，以喜闻乐见的形式，给学生们美好的视觉盛宴，使得学生在通过这些有趣的演出形式，了解书本上曾经学过的东西。青年兴则国家兴，青年强则国家强。大学生是新时代中国特色社会主义发展的主要力量，他们的思维决定未来中国的走向。视觉影响人的思维和进步，红色影像是红色艺术的一个重要组成部分，具有独特的魅力。它可以呈现更加生动的革命形象，描述更加具体的革命故事，传达更加感人的革命精神。所以，应该用红色文化影响他们的眼睛，从而在他们脑海中树立红色文化的形象，最终达到立德树人的教育效果。

第四，红色接触。红色文化中关于老一辈无产阶级革命家身上的高贵品德，无不闪现着中国优秀传统文化的光辉。关注中华优秀传统文化所产生的凝聚力，才使他们养成高尚的道德人格，也正因为中华文化的正价值，才使他们产生了国家利益至上的文化认同观念。正是基于此，我们可以通过正面接触红色人物的方式，了解红色文化。访谈，是非常容易和方便可行的一种方法，《纲要》课的教学可以采用这种方法，获得有效的交谈资料。这样可以节省时间，双方相互启发和影响，有利于促进问题的深入。因为面对面交流是人与人之间最基本的心灵渴望和情感诉求，特别是当你和一位老前辈面对面对视时，心灵逐渐靠近，彼此相互体贴，进而感受对方的体验。通过这样的方式，大学生会感受红色文

化的另外一种熏陶。这种正面的接触，从被采访者本身，就让大学生感受到一种红色文化的震撼作用和那些红色人物的高尚情怀。不仅让大学生心灵受到洗礼，产生身临其境的感觉，而且让他们从对方的用词造句、言行举止中感受到时代的烙印，进而切身感受红色文化产生的时代背景，有助于他们更好地理解课本的书面材料。这是对红色文化的又一种礼赞。

小　结

《纲要》课虽然是历史课程，但它又是一门思政课程，是高校意识形态工作的重要组成部分，《纲要》课担负着端正意识形态、助力意识形态任务顺利完成的重要使命。《纲要》课的思政教育性质、爱国主义主旋律、正能量的发挥等特点，使得它与中华优秀传统文化有很多契合点，二者可以互相配合、互相促进，共同为高校思政课教学服务。因此，高校教育工作者应该积极制定措施，将优秀传统文化融入《纲要》课，实现二者的有效融合，特别是在《纲要》课中融入优秀传统文化，这样才能对意识形态教育起到最佳效果。

话题五：思政课教师如何吸引学生

【话题导引】本话题借用传统的话题，对当今学生喜欢的思政课老师进行分析。这里的“喜欢”主要包括传统观点中对教师的尊重和敬爱，也包括现代高校学生中少数不正常的、消极的、负能量的“喜爱”。这些日常生活中经常撞击我们眼球的事物，有时恰恰是我们视而不见、麻木不仁、缺乏考虑的。特别是少数老师常常为了吸引学生注意力，增加学生的兴趣而不惜引用一些消极手段，例如：个别老师大讲“段子”，或者与课堂内容无关的名人轶事，或者风马牛不相及的“亲身”经历，他们往往用夸张的语言、词汇或者语气，吸引学生注意力，博得学生好感；个别老师上课对学生违纪现象视而不见、听而不闻，睁一只眼闭一只眼，为的是将来落得个评教高分的名声；个别老师甚至不惜考试时透露信息给学生以赢得“好老师”的名声。这样的老师果真是好老师吗？本话题将从思政课堂常见的几种老师，谈谈这些老师在思政课上的特点。

在学校思政课教师座谈会上，习近平谈到了思政课教师的六种素养，这些素养不仅是为人师表的必备品质，而且也是赢得学生尊重的重要砝码。其中，“视野要广”“自律要严”“人格要正”等素质，是思政课教师吸引学生的实力素质。相反，那些靠噱头、笑话赢得学生好感，吸引学生的眼球的老师，其行为有损教师形象、败坏师德师风，是思政课教师坚决予以杜绝的行为。

一、师德高尚的老师

师德是中华民族的传统美德，是作为教师应该具备的职业道德。学生喜欢老师的课程，不仅是因为其教学过程的吸引力，也包括为人尊敬的师德。有的学生不喜欢某门课，并非因为老师的学问不高，而是不认同该老师的师德，在精神或者灵魂世界并没有接受老师，进而不认同老师的学问和课堂；而有些学生爱听某位老师的课，不仅因为该老师的课程讲得好，也包括其极具感染力的师德，学生信其德而信其言。作为高校思政课教师，师德更为重要，因为思政课本身比较枯燥，这就需要教师的师德、学识、授课技巧吸引学生了，其中师德占有很重要的位置。

1. 如何才是师德育人

一般而言，一位品德高尚的思政课教师，具有如下吸引人之处：

第一，以德服人。中国传统文化特别讲究德行，“地势坤，君子以厚德载物”，说的就是一个德行高尚的人，能够用自己的品德威服天地众人。对于教师而言，其品德可以让学生从心理上产生敬重之感，达到从心理上驾驭学生的效果。在现代社会生活中，一个老师的德行常常会受到周围消极事物的考验，特别是一些社会不正之风，常常会感染部分老师，而学生也耳濡目染了少数思政课教师缺乏师德的言行。因而，部分学生对整个思政课教师的德行抱怀疑态度，对思政课教师的课堂说教产生怀疑。也就是说，缺乏师德的思政课教师不能从内在形象上威服学生。例如：有的教师说话随便，甚至课堂举例时，时有脏话；有的思政课教师在公共场合不注意形象，乱吐痰，随便扔垃圾，不给老年人然让座等。这些虽然是生活小节，但在学生眼里负能量却很大。久而久之，学生对这样的思政课教师形象反映很差。相反，一些教师不但在课堂能够以理服人，更能够用自己的亲身实践为学生树立榜样，严以律己、宽以待人，上课严格要求学生，首先严格要求自己。长此以往，就能赢得学生好感，其课堂的吸引程度无疑很高，其所传授之道令人信服。

第二，以德导人。一位德高望重的老师，其德行往往是学生的榜样，“桃李不言下自成蹊”“圣人处无为之事，行不言之教”，用来形容师德高尚者自然成师很恰当。因为师德高尚者，其德行散发的说服力远胜于其课堂上严厉的说教。所以，高校思政课教师一定要注重自己的道德品行，把自己美丽之德行变成引导学生的标杆。同时，这里要注意如何引导的问题。不是单单用课堂上一些空洞说教就能引导，而要将课堂理论与实际工作结合起来。特别是在课外实际生活中，如果教师能够抓住一切与学生接触的机会，对学生进行德育修养的塑造，某种程度上能起到比课堂上说教更好的效果。例如：在学生参加社会实践活动时，思政课教师如果能够主动深入贫困地区、不畏艰难，带领学生了解贫困，帮助贫困老乡解决一些力所能及的事情，这本身就是对教师形象的很好塑造，是以“不言之教”对学生进行道德教育。学生受到这种潜移默化的熏染，他们会自觉以老师为榜样，要求自己的言行，同时他们对这位老师的课堂教学也倍加尊重，愿意接受其教诲和观点。

第三，以德育人。这主要讲的是从心理上培育学生。老师对学生的影响之深远，有时会波及一生，教师的一举一动都有可能改变学生人生的航向。“学高为师，德高为范”，作为一名思政课教师，以优秀道德涵养自己，影响学生，不失为一种教学方法的辅助手段。“为人师表”自古以来多指教师在品德方面给人以示范。大学生虽然有一定的独立能力，能够独立思考和行为，但是其模仿的天性仍然在其学习生活中起着十分重要的作用，他们十分在意老师的言行。如果老师本身身正，则会潜移默化传播正能量；如果教师本身不注意德行规范，则学生在心中自然失去对教师的敬畏之感，这些都能够间接影响到教师的课堂教学。具体而言，思政课堂的理论知识固然重要，但也需要高尚的品德作为先导，学生才会接受教师的知识。单纯的课堂教学，常常会给学生以“强行灌输”之感，学生此时学习知识往往处于一种“被迫”的状态，他们接受的知识其实很容易忘记，

因为学生没有从打心眼里佩服老师的说教；如果教师能以自己高尚的品德赢得学生的好感，学生对教师产生敬仰，通过对教师的感兴趣发展成对教师所讲授知识全盘接受，从这一意义而言，教师的道德作用在无形中培育着学生。

2. 如何养成师德

师德高尚这一概念，恐怕很多教师耳熟能详，但是真正体现在行动中却非一日之功。师德是一种精神体现，是内在知识涵养和文化品位的一种体现。它需要长时间的积累和培养，更需要身体力行。

第一，正人先正己。想要纠正别人，首先匡正自己。作为一名教师，慎独慎行，以身作则，严于律己，求真务实，坚持以学生为本，想学生所想，急学生之急，对学生的言行多加观察和引导。孔子说："其身正，不令而行；其身不正，虽令不从。"这就是说，教师思想、信念和道德以及他的言行、仪表，是学生无声的榜样和教诲，时刻对学生起着重要的甚至是决定性的作用，教师的言行是学生最直接、最有益的教诲，对学生的成长有着润物细无声的作用。古人云："以身立教，其身亡而教存。"这就要求教师以身作则，率先垂范，严格自律。特别是在当今社会不正之风蔓延之时，思政课教师如何在学生面前把握好自己，首先要砥砺自己的品行，让学生感觉到教师在大风大浪之中能言传身教，不为虚名浮荣所诱惑，自觉抵制各种歪风邪气，是他们学习的榜样，学生才能自觉产生对老师的敬畏和尊重。

第二，用爱心教育学生。爱的教育"是一种教育模式"，是"把爱的情感作为目的、内容和手段贯穿于全教育过程的教育。"其主张"通过师生之间的爱和同学之间爱的教育，培养学生爱自己、爱他人、爱集体、爱祖国、爱科学、爱知识、爱人生"。[①]爱的教育，其前提是要有爱心，爱心作为一个大家熟知的名字，在今天有更高的含义和要求。这种爱不仅来

① 顾明远 . 教育大辞典 [M]. 上海：上海教育出版社，1998.

自课堂学习、书本阅读，也来自教师躬亲实践的每一个瞬间。爱心可以分为对人的爱、对大自然的爱等。思政课教师不仅要在课堂上教育学生相互关心和爱护，同时自己要在课余时间多参加学生的集体活动，在集体活动中，用自己的行为树立爱心的榜样，让学生亲身体会教师的爱心，从而激发自己的爱心；同时，教师也要注意自己的生活细节，有时候一个很小的动作，就可能体现出教师对爱心的心得和体会。例如：教师要在下课时，主动清理自己讲台桌内的垃圾，给学生做一个爱护环境的表率，对于培养学生的环保意识肯定有很好的示范作用。总之，作为思政课教师，要用真诚的爱去感染学生，要把学生当作自己的孩子一样来对待，要把对孩子的爱与事业的爱结合起来，要允许学生犯错误和改正错误。在爱学生时要让学生感到教师并非图取怎样的回报，是一种无私的、不计报酬的爱；学生如果能感受到这种爱，一定会亲其师而信其道，自觉学习教师所传授的思想政治理论课。

第三，正确区分严格与爱护的关系。教师对学生的爱护是必须的，但是作为爱护的另一个方面——严格也是必须的，正所谓“教不严，师之惰”。但是，如何处理严格与爱护之间的关系？这是一个较难处理的现实问题。教师对学生的“爱”和“严”要注意符合教学规律，要掌握适当的度，要把严格要求与爱护学生的身心发展、学习进步联系起来，也就是要将严格与爱护的辩证关系处理好。既不能因为严格，而用冷酷代替爱护和关怀；也不能将爱护和关怀无限扩大成溺爱，失去了严格的意义，要做到严中有爱、爱中有严。要通过严格的教育而使学生对教师敬而爱之，而非爱而畏之。特别是对于“差等生”，要多观察、多体谅、多交流，发现闪光点，给他们改正错误的机会，使他们在爱的氛围中完成对错误的自我修正。而对于好学生，也要进行爱中有严的教育，对他们提出更高的要求。教师还要不断反思提高自己的言行，对于学生在课堂上所犯的错误，教师首先要思考自己在这方面是否有不足，然后思考是否因为自己的教学失误，产生或助长了学生在这一错误上越走越远。教师要通过反省自己不断

激励自己进步，也为学生做一个很好的表率作用；同时，教师还要不断学习现代高科技知识，特别是对于一些现代新式软件，学生年轻接受快，教师要主动向他们学习，一方面拉近与学生的距离，另一方面增强师生之间平等的概念和意识。在此过程中，尤其重要的是，教师要有过硬的心理素质，要勇于在与学生的交往中承认自己的过失和不当之处，主动向学生承认自己在某方面的不足；当学生指出自己教学或者工作中不足时，要愉快而不要自卑、不承认，显现教师的宽容与大家风范，在学生面前树立起完美的形象。

第四，认真学习中国传统文化。传统文化是长期以来，某一民族文明长期演化并汇集而成的反映其民族特质和风貌的文化，它反映这一民族各种文化汇聚的总体风貌。中华文化是世界上独立而富有特色的文化，是世界文明古国中没有中断过的文化之一。一个不了解自己民族文化的教师，是得不到学生敬爱的。中国传统文化有许多关于以德服人的案例，案例主人公都是以惊人的毅力塑造了道德模范的典型，成为时代的楷模，这些优秀的案例必然对当今的教师形成强烈的震撼。掌握传统文化对于树立师德高尚的形象有着十分重要的作用。一方面，掌握本民族文化是每一位教师的责任，特别是思政课教师的责任，一个不热爱自己民族文化、不了解自己民族文化的思政课教师没有资格给学生上课；另一方面，传统文化的根底可以增加教师的魅力，特别是思政课教师在讲课中穿插传统文化的知识，学生会油然而生敬意。这对于学生从心理上接受教师，并自觉形成对教师课堂的黏着力有一定的帮助。所以，教师应该以掌握传统文化作为自己征服学生的一种法宝，不仅要认真学，而且要掌握一定的方法。教师要认真阅读中国传统经典名著，深刻领会其中的微言大义，并试图将自己所学应用于现实生活，应用于高校思想政治课的教学实践中去。

第五，多向现实中德高望重的老教师学习。老教师的经验，特别是那些德高望重的老教师的经验，是年轻教师取经探宝、提高自身能力的重要途径。这些老教师如何在学生中树立形象，值得年轻教师学习。一方面，学习他们如何通过讲好课树立自己的威严，让学生在强大的知识面前心悦诚服；另一方面，要学习他们的师风师德，例如：与学生交往时的言谈举止等。总之，教师的一言一行实际上都在为教育学生做准备，都要为学生的学习树立榜样。很多情况下，教师的一个很小的举动直接树立或者糟蹋了自己在学生心目中的形象。如果身边有一位品德高尚的老教师作为同事，这是高校思政课教师的幸运。这样现实的案例不仅可以感动学生，也可以时刻鞭策自己，使年轻教师也逐步习染好的品德。

第六，多与学生进行沟通和交流。沟通和交流是促进感情，了解对方心理的重要途径。作为思政课教师，应该多了解学生需要什么样的教学方法、需要什么样的案例，这样在讲课时才能够有的放矢。而要了解学生，就必须通过各种方式与学生进行沟通，加强与学生的接触，了解学生的需求。教师也应该加强课后与学生的交流，特别是与学生交流他们所喜欢的教师类型，克服师道尊严的窠臼，主动了解学生在心理上的需求；要主动让学生给自己提供真诚的建议，不要总是让学生夸奖自己，要他们大胆说出教师存在的缺点，这样才可以不断地改进教师自身。同时，正因为学生与老师的坦诚交流，才能在师生之间形成高度的信任。这样的老师，其传授知识的过程与其说是传道授业，毋宁说是与真诚的朋友进行长时间的情感交流，其传授的理论知识会潜移默化、润物细无声地进入学生的脑海。

总之，师德之养成并非一日之功，一蹴而就，它需要千锤百炼，日积月累。它的养成过程是对每一个追求进步的思政课教师的一次严格的考验，需要我们的耐心和信心，更需要我们的毅力和顽强。

二、言传身教的老师

常言道，身教重于言教。一位受学生尊敬爱戴的思政课教师，一定是一位言传身教、言行一致的教师。

1. 渊博的学识是无形的言教

多年来，人们总认为言教就是说教，滔滔不绝地向学生宣讲道理。其实，言教应该包括用渊博的知识向学生宣传学习或者做人的道理。

习近平指出：“扎实的知识功底、过硬的教学能力、勤勉的教学态度、科学的教学方法是老师的基本素质，其中知识是根本基础。”这就说明，知识丰富对于教师是何等重要。一个没有丰富知识的教师是没有魅力的，一个经常在课堂上出现错误而不谦虚学习的思政课教师不可能让学生心悦诚服地去信服他所讲授的理论。学习型社会对思政课教师提出的知识要求，是教师提高生命质量，完善自我的内在动力。教师不但要丰富自己的书本知识，也要丰富自己的态度、方法、心理等知识，这样才能在实际教学中更好地将自己的知识转化为现实的语言。尤其是思政课教师，如何用通俗易懂的语言，将高深、枯燥的理论变成学生喜闻乐见的语言，最终得到学生的认可，其知识是否渊博就成为他是否具有深厚的言教功底的标志。

首先，渊博的知识使教师能从不同角度阐述同一个知识点，调动学生学习的兴趣。特级教师魏书生说：“同样是课堂，有的老师视为畏途，有的教师视为乐园。同样一篇文章，一位老师讲，学生学得兴趣盎然，忽而眉飞色舞，忽而屏息凝神，觉得上课是一种享受。换一位老师讲，学生学得索然寡味，忽而闭目养神，忽而惊觉欠伸，上课简直成为受罪。课堂效果不同，原因是多方面的，但主要的原因在于老师的功底和教育思想的差异。”这里所讲的“功底”，就包括知识渊博，而且是构成功底的主要因素。因为无论如何，教师必须有在某方面超越学生的技能，这是最基本的东西。但是如果在某方面超过学生的同时，在其他方面也有许多超过学生的地方，这可谓知识渊博了。一位技艺高超的思政课教师，会用自己所学的知识使教学变成一门生动有趣的演练场，他会应用不同的案例，从一个问题的不同角度，针对学生专业的不同，采取不同的角度，甚至不同的语气和词汇进行包装，使学生在各种案例知识交汇的过程中得到自己需要的东西，在愉快的情境中获得知识。这既体现了教师良好的教学技能，同时也说明教师知识的渊博。因而，一位知识渊博的教师也往往是一名将所学知识与教学方法结合得很好的人。

其次，渊博的知识可以在言行中自觉流露出折服人的魅力。教师的人格魅力对学生世界观、价值观、人生观的形成起着至关重要的作用。大学生正出处于三观形成时期，教师的人格力量可以左右或决定其最终的价值观走向，而人格魅力除了师德高尚、修养深厚等外，渊博的知识也是必不可少的。渊博的知识作为人格魅力必不可少的条件之一，其激活课堂、优化教学效果的重要性，可谓众人皆知。作为一名思政课教师，如果你的知识渊博，不仅具有熟练精湛的专业知识，还能了解自然、社会、人文、理化等其他学科的基本常识，那你驾驭课堂的能力，绝非只用专业语言驾驭课堂的教师所能想象。在日常师生交往中，这样的渊博知识，也散发出超常的征服人心的作用，这就是人格魅力。也就是说，教师渊博的知识，已经使他的性格、能力、外在气质、道德品质处处透射出吸引人的力量。我们在思政课上经常会看到这样的场面，有的教师在课堂上不断点名、提醒或批评学生，但是学生仍然不能专心听讲；然而，有的教师一上讲台，或者开口一讲话，下面就鸦雀无声，这其中很大成分来自学生对某教师知识渊博，折服众人的一种提前默认。这种默认的人格力量使学生自觉自愿服从教师的课堂调度，因而这样的思政课堂，教学效果之高是可想而知的。

再次，知识渊博的人可以与时俱进地利用各种声光化电产品，提起学生的兴趣。作为一名优秀的思政课教师，他要面对不同专业的学生。所以，他不仅应该通晓自己相关领域的知识，例如：《思想道德修养》《马克思主义原理》《毛泽东思想和中国特色社会主义理论体系概论》《中国近现代史纲要》等，这是最基本的标准，也要懂得与这些课程相关的知识，讲《毛泽东思想和中国特色社会主义理论体系概论》的教师还要具备党史知识，讲《中国近现代史纲要》教师也要懂得中国传统文化等。更重要的

是，思政课教师要懂得如何利用日益盛行的网络，调动学生的积极性，即不仅要懂得如何调动学生积极性的一般方法，也懂得如何利用新时代赋予的各种声光化电等现代高科技方法去鼓励学生去学习，他们不仅采用传统的点名、提问、奖励等方法调动学生积极性，还会使用当前各种高科技，甚至使用对自己教学有用的网络语言对学生进行教育，在“传统”与“现代”之间游刃有余，架起师生沟通的桥梁。例如：有的思政课教师很会使用慕课、微课、雨课堂等软件，这些软件既能让学生耳目一新，又能传授大容量的信息，极大地刺激了学生的求知欲，调动了他们学习的积极性。歌德说：“人不只是靠他生来拥有一切，而是靠他从学习中所得到的一切来造就自己。”知识渊博的教师，依靠自己多面的知识造就了自己的修养，也造就了自己的工作。

著名的捷克教育家夸美纽斯指出：“教学的艺术就是一种教来使人感到愉快的艺术。”[①] 作为思政课教师，不仅要有广博深厚的专业文化知识，还要有精深系统的文化科学基础知识，另外还要有准确的教育科学知识和心理学科学知识。专业知识是教学的主攻方向，文化学科知识是一切知识的基础，而教育科学知识和心理学知识是教学内容的辅助手段。只有三个方向的知识掌握全面了，才能触类旁通，使得学生对自己肃然起敬。

2. 贴近生活是最好的身教

大学生正处于世界观形成时期，他们虽然没有儿童般天真的模仿，但是对教师的言行还是存在模仿心理的。他们相信自己的眼睛超过相信自己的耳朵，说教与身教相比，前者显得苍白无力。大教育家苏霍姆林斯基说过：“每一瞬间，你看到孩子，也就看到了自己；你教育孩子，也就是教育自己，并检验自己的人格。”所以，思政课教师教育学生就是教育自己，教育学生遵守纪律、不迟到，那老师自己迟到了吗？教育学生上课不

① 夸美纽斯 . 夸美纽斯教育论著选 [M]. 北京：人民教育出版社，2005.

说话，你问问自己在教师集会上不说话了吗？青少年的世界观，很大程度上受到教师言行的影响。所以，思政课教师教育学生，更多是用自己的人格力量去影响学生。所以，在当今飞速发展的社会中，学生水平的激烈竞争，也意味着教师水平的竞争。如果没有不断努力和学习的心态，很可能被历史淘汰。所以，教师应该以身作则，保持不断进取、努力学习的心态，让学生时刻感受到老师的知识是不断更新的。这样，他们就会同样保持积极的心态，努力的过程中总有一股用之不竭的动力。

那么，一位教师如何做到言传身教呢？这就需要将课堂、生活、实践有机结合起来。

第一，课堂案例与自己的现实言行结合起来。案例教学是一种理论联系实际、启发式教学相长的教学过程。思政课案例教学，是以思政课教学目标为纲，按照不同思政课的不同内容及不同专业学生的专业特点，对网络、书籍、报刊、现实生活中的具有代表性的热点问题，以案例的形式，讲解给学生。这些案例中，现实生活的案例最能激起学生的共鸣。因为这些案例能够反映时代特征、贴近大学生生活实际，更有助于学生对理论的理解和把握。这种发生在学生身边的真实案例，都是学生活生生的、亲眼目睹的案例，最容易唤醒学生情感上的共鸣。另外，有些思政课，例如：《法律基础与思想道德修养》的现实案例最多，教师在课上、课下、生活中，特别是在学生在场的情况下，一定要表现出非常模范的言行，给学生树立良好的榜样和形象。例如：教师在公交车上带头让座、在公共场所主动清理垃圾、经常助人为乐等，都是很好的示范作用。只有这样，他的讲课才更有说服力，他讲课的案例才更有生活气息，更接地气。

第二，课堂理论与自己的生活经历相结合。课堂理论的讲授是思政课的灵魂，思政课如何从精神上影响青年的思想，是思政课最主要的传播内容。但思政课的特点之一就是枯燥性，解决枯燥性的黄金方法就是举例。然而，什么样的案例既不呆板，而又亲切可信呢？这就需要教师列举自己

的亲身生活经历，这是最具吸引力又兼具亲和力的举措。有句话叫“力在则聚，力亡则散”，教师的亲和力是师生合作的重要条件，它能加强学生与教师合作的意识和趋向，教师要用自己的生活经历作为课堂案例的重要组成部分。作为学生，教师能举出自己的亲身体会，他们觉得既可信，又亲切，特别是那些与理论密切相关的案例，学生最容易接受，也最能调动学生的注意力。一方面，教师的亲身经历本身就是学生感兴趣的话题，特别是教师成长经历中那些难忘的回忆，最能引起学生的共鸣；另一方面，教学经历中往届毕业生的难忘经历，特别是那些能散发正能量的学生案例，最容易唤醒学生的联想。有时这些案例也能让学生产生畅所欲言的感觉，增强思政课课堂色彩，最可能提高思政课的教学效果。通过这些案例，教师就能将理论潜移默化，润物细无声地灌输入学生的脑海。

第三，教师多参加学生的实践活动。教师应该多参加学生的活动，在与学生的实际接触中，用自己的言行感化和影响学生，用实际行动为学生示范和表率。一方面，实践教学是通过现场观摩、教学、参观等形式巩固课堂理论知识和加深课堂理论认知的有效途径，它可以培养学生的创新意识，是理论联系实际、塑造学生正确价值观的重要形式。所以，教师要参加学生的实践教学，在实践中补充讲授课堂理论知识，辅助自己的理论讲解，辅以自己的行动，这样最能得到学生对自己的认可，也增加学生对自己传授知识的认同度。同时，从心理学角度而言，经常与学生接触，加深了师生之间的关系或者亲密度，使学生在认可教师形象度的同时，信任教师在课堂上传授的理论知识和大道理；另一方面，教师也不妨参加学生社团举行的一些活动，学生社团常常能代表学生的思维意向，是学生平时在课堂上不愿表达而经常发泄自己思想的场所。教师如果能抽出时间亲自加入，不仅能了解学生平时课堂上不易表现的一面，而且可以顺藤摸瓜，找到学生不为人知的个性特点，从而在课堂上找到更加巧妙的教学方法。同时，参与社团活动同样也能够用自己的行为影响学生，本身就是身教或补充课堂理论的又一场所。

三、酷爱教学的老师

对一种事业的热爱会激发人们对这一事业强烈的感情，这种感情能指引人们忘我工作、不辞劳苦。同时，这一感情也能让教师克服教学本身具有的种种“艰辛”和“枯燥”，例如：教学工作有一定的重复性，容易使人产生怠惰感。所以，如何让教师热爱自己的教学工作，这就要求教师对自己的工作有一种炽热的爱恋。苏霍姆林斯基说过：“请你努力去唤醒那些无动于衷的、态度冷淡的学生吧。”这种反复的唤醒就是来自多次感情的重复。

第一，热爱教学，能使教师克服因重复和枯燥带来的烦恼。作为一名思政课教师，每天讲授同一门课，而且原理和案例也是大同小异，这就面临一个“重复性”和“枯燥性”的问题。“重复性”虽然有加深学生记忆、塑造学生心理趋向的作用，但是，也会引起教师对自己课程的烦心和心理疲劳，以至于失去上课动力。虽然每年老师要重新备课，但是很多内容都是在上一次基础上的重复，有部分老师并未增加实质性的新内容。如何克服这一现象带来的麻木和烦躁呢？这里，人的热情就很起作用了，对于教学热情不高的教师，他会很心烦，因而生出怠惰心理，导致课堂无味、学生厌学；而对于教学热情高的教师而言，他会不厌其烦地力图增加新内容、新信息，给自己、给学生耳目一新的感觉，因此，总能引起学生对课程的兴趣。“重复性”对于这些教师而言，不是负担，而是一种动力和机遇，他要用十分的热情，迎接每一次讲课，因而也有可能在新的备课或者与新学生的接触中，产生新的想法或者新的教学方法，在不断地教学追求中，他可能因为热情而忘记教学的烦恼，而只记得教学带来的快乐。与此相反，思政课中一些本身的枯燥性内容，使得那些没有热情的教师总是抱有得过且过的心态去应付教学、蒙混过关，更谈不上调动学生的学习兴趣。而对于热心的教师而言，他们把克服每一个“枯燥”的理论作为自

己的进步或成就，作为引起学生兴趣的节点，特别是对于《马克思主义原理》等原理性课程，如何处理理论本身所具有的深奥难懂性，本身就是对教师的一个考验。热情的教师总能靠自己的毅力，克服一个个困难，最终唤醒学生的兴趣。久而久之，增加了自己的学识，也树立了自己的形象，形成自己的独有风格，在教学过程中形成了自己独特的魅力，真正能吸引学生的注意力。所以，对教学的热情是鼓舞教师克服困难的一大法宝。

第二，热爱教学，可以让教师耐心地纠正学生的每次错误。德国有句谚语："耐心是一株很酷的植物，但果实却十分甜美。"实践表明，经常表现出有耐心的人，他的成功率远比那些看似聪明但没有耐心的人更大一些。但是，获得耐心，正像上述谚语一样，需要人们长期的培养和磨炼，这是一个很艰难的过程。而作为青年学子，他们的世界观正在树立时期，其言行难免会犯这样或者那样的错误，特别是有些学生总是重复违反教师上课强调的行为规范。因而，校正一些经常犯错的同学，或者校正经常容易犯的错误，都需要教师极大的耐心和韧性。这是考验思政课教师耐心和勇气的时候。中国有古话说"胜人者力，自胜者强""强行者有志"，如果用它来与耐心做比较，这就会出现两方面的情况，不热爱教学的教师，他无法战胜来自反复错误的心理煎熬，因而经常半途而废；而热爱教学的教师，却经常克服自己的弱点，让自己忍耐着，抑制自己心中那种不耐心的恶魔；反映到教学中，他对经常犯错误的孩子，仍然倾注了足够的耐心。如果发现了犯错误学生的优点，他会马上鼓励，使这位学生及时找到自己的闪光点，鼓起了改正错误的勇气，最终成为好学生。例如：有的"坏"学生在教师鼓励之下，敢于和老师倾吐自己曾经不愿意和父母说的话，这是教师有耐心的结果，这种耐心是教师唤起学生对自己形象认可的重要依据。自然而然，这位老师的理论课他也是认真听讲，成为名副其实的好学生。因此，热爱教学使教师能够耐心地去发现学生身上的优点，耐心地对学生进行教育，搞好自己的教学工作，从而在自己的教学岗位上有所发明和创造。反之，那些不热爱教学的人，他们对学生的错误破罐子破摔，延误了教育学生的好机会。

第三，热爱教学，会让教师不断扩充自身的知识体系。苏霍姆林斯基说过：“给学生一杯水，教师就必须要有一桶水。”“每天不间断地读书，跟书籍结下终生的友谊。”作为教师，要不断随着时代的需要学习新的知识，不断完善自己的知识体系，优化自己的知识结构。一方面，教师读书是提升自己修养的需要，也是加强综合素质的基本要求。因此，只有不断丰富自己的知识，自身的综合素质才会提高，修养也随之提升，人格魅力也随之加强，教师自身的吸引力才更强，这是学生对教师感兴趣的重要方面之一。另一方面，教师不断学习也是工作的需要，时代在不断变化，知识结构也在不断发生变化。只有不断学习，才能紧跟时代步伐，不被时代淘汰。教师要不断学习、增加知识，使自己在讲课过程中有更加渊博的知识，讲清楚每一个原理和问题，满足学生对知识的需求，与时代保持同步。而不断增加知识，也是一个艰难的过程。常言道，学如逆水行舟不进则退，不热爱教学的教师，常常会被这学习的“逆”字挡住，失去学习的动力，最终失去赢得学生爱的力量；而热爱教学的人，他们总是有无限的热情去学习、去探求新的领域、开阔自己的视野，总是对知识充满了如饥似渴的追求。另外，热爱教学的教师，他们对知识信息特别敏感，也特别善于从周围事物中学到知识，甚至经常从学生身上学到自己所需要的东西。他们经常向学生了解学习要求，了解自己的讲课情况，不仅让学生感觉到教师有一定的亲近感、谦虚感，并且从与学生的交往中，了解到学生之所需、自己教学方法之得失、教学效果高低，获得百倍的信心，改进教学方法，以更加饱满的热情去从事教育事业。

第四，热爱教学的教师，对学生的总体概况有全面的把握，对所有的学生一视同仁。作为公共课，一位教师是否能掌握学生的具体情况，这是一件非常难的事情，因为公共课都是大课堂，一般一位思政老师带几个班级，这样每学期大约一位老师要给几百位学生上课。因此，一位思政老师很难了解大多数同学的具体情况，不仅不认识学生，学生名字都很难记多

少。对于教学冷淡的教师而言，他不可能刻意去了解所带班级的具体学习情况，因为这是一件费力不讨好的事情。而对于热爱教学的教师则不同，他能不辞劳苦地了解所带班级的情况，这是其热爱教学之天性使然。只有这样，才会尽可能做到平等对待每一位学生。他们最明显的表现就是平时成绩绝不会一刀切，而是根据他对上课情况的具体了解，将学生中的各个等次尽量划分开，让平时成绩尽量拉开差距。正因为这样，这样的思政教师需要对班上那些好学生、差学生尽全力了解，了解他们的学习特点、生活习惯、性格特征，能够对症下药，采取适当的教学方法进行教学；同时，热爱教学的教师对学生也能一视同仁，对好学生经常接触他们，对差学生也不离不弃，了解他们在学习方面落后的原因。他们会竭尽全力通过改进教学方法来提高差学生的学习兴趣，他们善于发现差学生心灵深处的良好品质，激发他们的上进心。只要学生稍微有进步，就对他们进行鼓励；他们学会窥测学生心灵的奥秘，使差等学生的闪光点最大程度发挥出来，使学生身心向积极方向改进。这样的辛苦，其背后的精神动力来源于其对教学这一岗位的赤诚和爱恋，正是这样一种爱恋，使得教师受到学生的尊敬，他的人格魅力也深深渗入到学生的灵魂深处，潜在地激励着学生自觉自愿地听他的课程。

第五，热爱教学的教师，从心理上尊重和爱护学生。尊师爱生是中华民族重要的教育指导思想之一，它使现实中的师生关系和谐融洽，学术中的师生关系严中有爱。然而，言易行难，现实生活中，师生关系往往不是一件容易处理的事情，对于思政课而言更是如此。随着社会的发展，文化的多元性、学生的民主意识增强，自尊心也愈益强化，其主体意识也特别强烈。思政课教师如果能把他们当成一个平等主体看待，即使学生言语中没有表达，但心里也会产生尊师之情。学生从心理上尊重教师，就会在行动上加以体现，表现在课堂上，就是对教师讲授理论的自然接受，特别是一些上课有违反纪律习惯的学生，他经常会因为对教师的肃然起敬而自觉克服很多上课时的小毛病。如何做到真正尊重和爱护学生，对于不热爱教学的教师而言是有点难，因为这要从平时的细节入手，需要时间和精力去沟通学生的思想和热情。而对于热爱教学的教师而言，情况就不同，他们很可能不辞劳苦地通过多种方式表达他们对学生的爱护和尊重，例如：他们可以通过下课时间与学生聊天，了解到学生的特长爱好、思想动态，勉励学生一定要努力学习，以努力学习作为体谅和报效父母恩情的起点，得到学生的情感共鸣。学生感到教师与他们推心置腹地谈话，他们自然就从心理上尊重教师、认同教师，也就认同教师所讲授的知识，教师的上课纪律当然容易维持。另外，热爱教学的教师也经常以其他细节问题，给学生传递友好的信息，例如：教师经常给学生鼓励的微笑，利用课间与学生聊天，使得学生知晓教师对自己职业的热爱和自信，不仅改变了过去教师刻板、教条的形象，给学生自如、轻松、可信的形象，而且从另一角度有利于改变老师在学生心目中的外在形象，唤醒学生学习本门课的兴趣。

四、方法对路的老师

教学方法是教师在授课过程中采取何种方式或方法讲授课程内容，从而达到自己教学目的的过程。同样一门课，同样的内容，有的老师授课方法能吸引学生，有的却很平常，原因其实很简单，就是方法是否对路的问题。一般而言，方法对路的教师，其方法具有如下特点。

第一，课件提纲简洁而信息量大。方法对路的老师，他们能在同样大小的 PPT 上面言简而意博地穿插很多内容，所谓言简而意博就是用最简单而通俗的几个词汇，叙述出深刻而多样的思想化含义，叙说出一个个有趣的思考题，特别是一些教师善于用最简单的贴近课本主旨的内容提纲，适当穿插有趣的内容增加信息量。因为对于学生而言，他们主要通过教师的语言获得当堂课的理性知识，课件内容主要是辅助教师的语言授课。如果将主要内容集中于课件上面，更有教师将课件内容神圣化，唯“课件马首是瞻”，一刻也离不开课件，自己的讲课完全臣服于课件的内容，成了课

件的奴隶，这样的教师肯定得不到学生的认可。另外，如果在课件上渗透了详细内容，学生对教师的语言授课不感兴趣，就会起到喧宾夺主的气氛，这样肯定是不利于教学效果的提升。

第二，案例贴近生活但不庸俗。举例是每一位教师经常用来讲授理论的重要方法，被人们称为是黄金法则。但是，在实际生活中，一些教师往往为了吸引学生，往往举出一些非常庸俗的例子。虽然这些例子在很多情况下，能够赢得学生暂时的注意力，但是却经不起考验，特别是一些老师举的一些例子只是搞笑而已，没有一定的理论深度，有的更是离题万里，严重影响了学生的学习兴趣。所以，教师的举例既能贴近生活，但又能突破其他老师经常举的那些常规老套的例子，而且不脱离课本相关的理论框架，还不时地讲授一些课外的知识，带给学生更多的新鲜感，使学生在有趣的环环相扣中，不知不觉地将枯燥的东西趣味化。这种情况下，学生的思维往往紧跟着老师的思路，老师的授课就是学生思维的牵引线，在课堂上紧紧地抓着学生的神经。

第三，悬念式的理论指引。人类天生有一种对未知事物探索发现的本能，总是对未知事物喜欢刨根问底，对未知事物充满想象，有强烈的探求欲。因此，那些优秀的老师常常会设置许多心理悬念，也有的老师对课件的使用特别熟练，能尽量利用课件的各种功能进行悬念式提问，例如：点名、答题、讨论、抽人等，使得学生总有一种悬念的感觉，点名也是线上点名，回答也可以线上回答，避免了一些学生因为害羞而不敢作答。这样既可以节省时间，又可以增加出勤率。而那些方法不对路的教师，往往将简单的问题复杂化，常常用非常复杂的问题，云里雾里地讲了大半天，最后证明一个学生都知道的大道理。学生们往往会认为这样的老师是拿大道理故弄玄虚地糊弄他们，所以他们往往对教师产生了不信任的感觉，这样的教学是失败的教学。

第四，讲课亲切而不生硬。在传统意义上，老师往往是一个严肃的形象，经常给人生硬的形象，其讲课的语气、表情等形象也是一本正经的。

然而在今天，随着多元文化的出现，大学生已经不适应老师这种“严肃刻板”教学方式，他们往往喜欢那些和蔼可亲的面孔。那些优秀的教师往往用非常亲切的语言、和蔼的表情，让学生从心理上接近教师，自然对教师所讲授的理论也就能够接受了。

第五，注重课后与学生的交流。课后交流作为师生之间的重要沟通方式，也是经久不衰的一种教学方式，然而长期以来，部分教师并不以为然。他们往往认为课后交流只是简单的师生相处，对教学的促进作用并不大。其实，从长远教学考虑，课后交流作用不可小觑。一方面，课后交流能让教师了解自己讲课的缺点所在，进一步改进教学方式、提高教学效果。另一方面，通过师生交流，让学生更加亲近教师，从而为教师顺利将自己的理论灌输入学生脑海准备条件。

总之，好的教学方法也是学生喜欢教师的重要条件之一，思政课教师尤其要掌握好的方法，才能赢得学生的尊重。

任何事物总有其对立的一面，教学方法对路受学生欢迎。那么，教学方法不对路的老师，其弊端如何呢？

第一，老生常谈，内容陈旧。内容是课堂的灵魂，丰富的内容常常是引领学生进入听课境界的一大要素。现在的形势变化很快，网络通讯的发达，使得学生能在课下或者较短时间内掌握自己喜欢的知识。因此，教师必须随着时代的发展不断更新课堂教学内容。我们可以在某种程度上说，在某些方面，由于关注度的不同，学生在某方面的知识很可能比教师还要多，所以在课堂上，学生希望老师有更多的知识，才能满足自己的学习需求。而大学生思政课中的部分老师，懒于备课，经常拿着上一年的旧教案给学生重复讲授，学生对其内容毫无兴趣，甚至出现学术界已经变化了的观点和理论，而有些老师仍然给学生讲授，引起许多不必要的麻烦和笑话，至于整堂课的吸引力何在就更是可想而知了。

第二，缺乏案例，经常离题。案例是教师授课的黄金法则，它经常能够起到解释理论、加强效果、吸引学生的作用，所以，对于教师而言，适

当选取案例对于解释理论、加强课堂效果无疑具有十分重要的。但是，在部分思政课教师中，习惯性地只讲授理论、疏于案例的引用和讲授，因为找到一个恰好适合理论的案例需要教师有充分的时间和对理论的熟练掌握，有时案例不合适会起到适得其反的效果，不但不能引起学生的兴趣，而且会遭到学生对老师的反感。因而，一些老师尽量少举例，只是干巴巴地讲授课堂理论，学生听课如同嚼蜡，毫无趣味可言。有的教师虽然也举例，但是为了引起学生兴趣，常常讲不切主题的亲身体会，却常常因为感情太投入而离题万里，与课堂内容无关的例子俯拾皆是。这样的案例即使引起学生的注意，因为与课堂内容相关度很小，也不能起到加强理论的作用。

第三，没有悬念，没有吸引力。“悬念”一词最先用在戏剧学上，是通过对剧情未来结局不做解释，而让观众自己猜测，从而产生急欲了解的愿望，最终达到增强戏剧化效果的结果。悬念作用有两个，一方面，“既能有效地使观众产生注意力，又能使他们保持这种注意力”。[①]另一方面，“在提出问题与解答问题之间，能更好地塑造人物、阐述主题”。我们日常生活中所谓的“结扣子”“卖关子”，以及李渔在《闲情偶寄》提出的有关“收煞”的要求，其含义类似于悬念。从心理学角度而言，猎奇是人们的普遍心理，是引导人们深入探讨话题的重要因素。因而，在课堂上适当留下悬念会激发学生的猎奇心理，增加他们对课堂的兴趣，增加思政课的吸引力，对阐释理论作用重大。然而，部分思政课教师，或者不擅长设置悬念，或者不愿意设置悬念，学生很早就知道教师下一步要讲的内容，失去对课堂的好奇和探求心理，对整个思政课就没有认真听讲的心理准备了。

第四，没有亲和力，上课生硬。亲和力原来是一个化学概念，是特指一种原子与另外一种原子之间的关联特性，后来人们将其应用于社会领

① 沈贻炜，俞春放，高华，等．影视剧创作 [M]．杭州：浙江大学出版社，2012.

域，形容人与人之间友好的关系，表明双方有共同的合作和趋向意识，有结合在一起的意向。对于师生而言，亲和力可以拉近师生之间的距离，使上课更加生动活泼，增加课堂的效果。亲和力与老师个人魅力相关，部分思政课教师知识陈旧、不善新知，同时又装作严肃，缺乏互动，经常引起学生的反感，失去与学生的亲近感，当然没有亲和力，教学也变得生硬无味；有的教师虽然貌似"知识渊博"，上课滔滔不绝，但是往往只是讲段子、谈野史，将课堂内容娱乐化和庸俗化，使课堂内容变得肤浅敷衍，甚至与课堂理论背道而驰，根本无从谈及以情动人、以理服人，在学生之中失去信用度，和学生不能形成情感交流和互动，不能激发他们的内在动力，不能激发他们思考兴趣和开创性思维，不能感染学生、赢得学生，最终影响了教学效果。

第五，独立教学，缺乏互动。互动式教学是一种教学模式，是指在教学过程中师生的思维紧密相连，通过教学内容在思维上互通有无，交流沟通，这是一种动态发展的教与学统一的交互影响和交互活动的过程。通过这一过程，调节了师生关系，强化了人与环境的交互影响，最终产生教学共振，提高教学效果。互动可以分为课上互动和课下互动，课上互动直接发生于课堂之上，它最大的特点是即刻性，及时在课堂上发生，通过提问、回答等环节，实现师生之间对于课堂内容的共同探讨，学生不但通过互动明白理论意义，而且师生情感得到交流和升华，对于未来课堂内容的讲授也有一定好处。课下互动则是在课程结束后，师生之间通过课余交流、QQ 交流、微信交流，或者直接书信来往等，双方互通自己的想法，最后达到巩固课堂知识、实现情感交流、疏通今后课堂互动渠道、弥补教学效果不足等效果。然而，目前的思政课堂上，很多教师缺乏这种互动，基本上延续了过去的一言堂、满堂灌的做派，与学生缺乏情感、知识方面的互动。因而，思政课教学基本没有改变过去那种枯燥乏味的感觉。学生的学习也谈不上什么效果，学生上思政课的目的就是混学分，动机就是为了应付学校考试，完全失去了上思政课的意义。

五、俗气噱头的老师

1.“讲段子”老师是名师？

高校思政课是一门需要技巧才能讲好的课程。对于大多教师而言，提高学生对思政课的兴趣有一定难度。因此，为了提起学生的兴趣，许多老师殚精竭虑找出各种办法，“讲段子”就是其中之一。所谓段子，就是教师经常给学生讲授一些与课堂内容相关的奇闻趣事，一方面加深学生对理论的理解，另一方面，可以让学生在紧张的气氛中有一次放松的机会。诚然，为了克服思政课枯燥的弊端，让学生聚精会神、认真听课，教师适当“讲段子”也未尝不可。但是，部分老师“讲段子”却取得了适得其反的效果，即在这些老师的心目中，“讲段子”仅仅成为吸引学生眼球，或者吸引学生注意，或者消磨课堂剩余时间的手段。至于从课堂理论的加深或知识的深化作用而言，却未能看出效果，具体而言，其效果表现如下：

首先，“讲段子”后学生记住了什么？据调查，90% 的学生在听了这样的段子之后，记住的是教师所讲的段子，或者教师“讲段子”时愉快的经历和感受，而并不记得当时的知识点或者理论。这里就出现一个关键问题，即教师“讲段子”是为单纯吸引学生注意力或者讨好学生而服务？还是为学生理解知识点服务？如果是前者，这说明教师已经完全脱离了教学主旨，实际上是一堂不成功或者失败的课堂；如果是为后者，老师又何尝达到了自己的目标？我们经常听说课堂上有的老师讲课跑题，要力求杜绝这样的现象。但是，“讲段子”老师在某种程度上是变相的跑题，小而言之，是在浪费学生的时间，用“讲段子”来消磨时间；大而言之，是在拿国家的正规课堂消磨时光，浪费学生的青春。

其次，“讲段子”产生的是消极影响，还是积极影响？很多学生对“讲段子”记忆最深的，可能是对“讲段子”当时的愉悦感受，对讲过什么“段子”并未知晓。同时，学生对其他老师是否能讲“段子”也给予了极高的期望值，因为其他教师不可能都“讲段子”，部分学生就认为其他老师就不是好老师，就开始对其课程产生消极抵制心理。

再次，“讲段子”影响学生对整个课堂认识的理解。思政课教学本身是一项清苦的工作，教师殚精竭虑组织好的课堂，有时因一时疏忽而被学生所嫌弃。如果有部分“讲段子”老师在课堂的消极影响，很可能导致学生认为整个思政课堂就应该用这样的“段子”来充斥才能算是好课堂，学生对整个思政课堂的理解可能就是：“会讲段子就是优秀老师”，“不会讲段子的老师就是差老师”，诸如此类，影响整个思政课堂的形象和声誉，这是对思政课堂严肃性的极大挑战。

然而，“讲段子”老师除去上述对教学的消极效果之外，还有如下缺点：

首先，影响了学生思维。“讲段子”老师的课堂上，学生只记得段子，不记得理论。很多老师在上课时“讲段子”很投入，甚至离题万里，学生一堂课下来，根本记不得老师讲了什么理论，只记得老师讲的段子，甚至对教师惟妙惟肖的表情包历历在目，转述起来栩栩如生，很想再回到那样的境界，这样实际完全偏离了教师的教学目标。殊不知，教师“讲段子”是要服务于其课堂讲授的理论，如果一味夸张段子，而偏离主题，就有喧宾夺主之嫌，学生最终不能理解教师这节课要干什么，使教学效果大打折扣。

其次，给差等生造成可乘之机。作为一个完整的课堂，每个老师讲课时总有几个不太认真听课的学生，甚至可谓总有那么几个伺机开小差的学生。如果讲课比较认真严肃，这些学生也就不可能有捣乱的机会，即使捣乱，也很快就能被发现。但是如果老师“讲段子”，特别是有的老师讲起段子来很投入，自己也经常忘乎所以，引起学生的哄堂大笑，或者引起整个课堂秩序的混乱，导致整个课堂气氛呈现混乱的局面。在这种情形之下，那些纪律观念弱的差等生就可能乘机干与课堂无关的事情，或者乘机

说话，或者玩手机，或者干一些与课堂不相干的事情，他们不学习，还严重影响了其他学生的情绪，扰乱了课堂秩序。

再次，影响了教师正常水平的发挥。一个好的教师绝不是只会讲笑话的人，而是经常寓理论于笑话之中，使学生在笑话中感受到理论的威力。真正的课堂目标是学习理论，不是讲笑话。如果老师只会讲笑话，不会让学生懂得理论，这正是一个老师能力欠缺的表现，也是教师水平低劣的表现。同时，因为教师过多的“讲段子”，也使得自己本该发挥的能力，也消失在讨好学生、制造混乱的“讲段子”过程中，严重侵蚀了教师队伍的建设，违背了高校的正常教学规则。

那么，如何克服“讲段子”无助于课堂效果的通病呢?

第一，教师一定要课前认真准备自己在课堂上的言行。认真准备课堂言行对于教师在课堂上熟练讲课作用重大，准备充分的教师不仅要准备好自己的理论知识，更要准备自己为解释这个理论而进行的案例，甚至连案例细节，例如：哪些该讲，哪些不该讲，都准备得清清楚楚；有的教师甚至对某个案例可能引起学生的思想波动该如何应付都准备得十分完整。这样，教师在课堂上讲起来得心应手，就不会出现跑题偏题，也有可能克服因为教师过分“讲段子”而引起整个课堂秩序的失控。另外，教师在课前精心筹划自己的案例，要尽量选取那些与课堂理论贴近的材料，特别要甄别那些既能说清楚理论，同时也能引起学生对故事兴趣的案例。防止和杜绝因案例过于生动而影响了学生接受理论的消极性“讲段子”，同时也要防止过分理论性强而使段子等同于理论般枯燥，因为那样就失去了案例所应该有的生动效果，教师教学要讲求理论和案例之间的平衡。

第二，教师一定要有渊博的知识。渊博的知识，常常使教师在讲授过程中，对自己讲授的理论及案例有信手拈来之感，也使得教师在使用理论和案例时，有游刃有余的感觉，特别是对于相同理论而不同案例之选择上，有较强的甄别能力。丰富的知识既是教师的理性解释，也可以成为很好的案例。教师只有渊博的知识，才能左右逢源，纵横捭阖地在课堂上引用各种案例，激发学生对思政课的兴趣，加深学生对各种理论的理解，使学生对思政课理论不再感到畏惧和枯燥，也提高了学生对“讲段子”的辨别能力，把思政课真正作为一门感兴趣的、愿意接受的课程。因为这一问题前已讲述，这里不再赘述。

第三，学校要建立相关的规则和规定。由于现在靠“讲段子”混课堂、讨好学生的教师大有人在，这就要求学校在制定相关政策方面要严肃认真，不使那些浑水摸鱼的教师钻空子。一方面，要建立严格督导巡查制度。对有严重“讲段子”倾向的思政课教师进行严格管理和教育，不使其在错误的教学道路上越走越远；对经常“讲段子”的教师要进行适当的引导和教育。另一方面，学校要制定相关措施，对这样的教师进行教育。同时，学校也应该建立不定期巡视制度，杜绝巡视制度走过场、装饰门面的弊端，发现有靠“讲段子”讨好学生的现象，要及时采取对症下药的解决措施。此外，还要在多种场合教育学生，自觉抵制“讲段子”老师的课堂，发现类似行为，要让相关班干部及时提醒教师，或者上报学校，进行处理。

2.“四不管”老师是恩师?

什么是“四不管”老师呢?所谓“四”，只是个虚数，泛指很多，就是啥也不管的意思。在思政课堂上，有一些老师只管上课，学生的迟到早退、无故旷课、上课说话、是否听课等，都不予理睬，只管自己按自己的计划，把课堂内容讲完为止。这样的教师从原则上而言是不好的老师，但是在部分学生中还很有市场，特别是那些混学分、上课纪律差的学生总是喜欢这样的教师。有的“四不管”教师还获得了较高的声誉。那么，“四不管”老师是不是好老师呢?答案是明显的，但是在少部分学生之中，他们认为上课只管上课、不注重课堂纪律的老师才是“好老师”，为什么这样的老师仍然被部分学生推崇呢?原因有如下几点：

第一，满足部分学生混文凭的心理。在当前高校中，确实存在一些混

学分的学生，这些学生上学的目的，不求学业有多精通，只求能及格，取得文凭，在社会上有一块敲门砖，因而他们进入学校后，学习动机就很不纯，对大部分课程采取得过且过混日子心理。思想政治课作为一门公共必修课，本身的地位在这部分学生中存在质疑，加之有枯燥无味的特点，因此更成为这些学生混饭吃的理由。这样的学生最害怕严格型的教师，因为严格型老师那里，他们混不到学分，而“四不管”老师的无所作为，正好满足了这样一群学生的愿望，他们的教学态度可以为这样的学生打开绿灯，所以受到学生的欢迎。这种现象在某些低层次院校中相当普及。

第二，学生可以搞自己的“副业”。所谓“副业”，就是学生在上课的同时，可以做一些与课堂无关的事情。例如：有的学生在上课时可以复习其他课程，可以完成其他作业，甚至有的学生可以在课堂上做一些网上购物、网上聊天、网上生意等。这样的事情对于严格的思政课教师而言，是绝对不允许的，而对于“四不管”教师而言，则是司空见惯的事情，所以这样的教师仍然受到少部分大学生的青睐。

产生“四不管”思想主要有几种原因：

第一，教师责任心不强。尽管大部分思政课教师责任心明确，上课认真，纪律严明，但确实也存在少数教师交差应事、敷衍了事。他们对工作本身不热心，把工作当作养生的工具，并未从国家利益、民族前途、学生未来考虑问题。所以，在他们看来，上课只是完成任务、上够时间、按计划讲完内容即可，没必要对学生的纪律强求过高，只要勉强能应付即可，因而上课时对学生迟到、早退、说话、吃东西等影响学习的现象睁一只眼闭一只眼，得过且过，失去了一个思政课教师的责任心。

第二，教师为减少自己的教学麻烦。部分教师对教学责任不明确，认为上课就是上课，至于课堂管理则是另外的事情，对于上课不认真的同学，或者逃课旷课迟到的学生，多一事不如少一事，尽量少管。这样，自己省心，学生也不会埋怨，两边讨好。

第三，学生学习动机不纯。由于多年来部分学生对思政课认识的偏差，导致少部分学生认为思政课就是混学分的课程，因而他们上课只求得到及格分数，不求是否学到真正的内容，对自己所学的思政课在立德树人、树立世界观、人生观方面的重要性认识不足，因此总觉得上课是消磨时间、完成学分、交朋友、聊天的大好时机。因而，上课时总是找准机会说话聊天，完全没有学习的意识，这部分同学在上课时，也经常选择后排座位，上第二节课经常早退，时不时玩玩手机，老师点名互相替答。

第四，学校管理不善，引导偏差。有部分高校对思政课的纪律问题只抓表面原因，并未从深层次考虑将思政课的重要性与学生上课率结合起来。在制度上，也是宏观规定较多，缺少微观的措施，常常是在上级检查之时才匆匆忙忙应付一下。教师觉得学校不重视，学生觉得老师在应付，久而久之，形成一股不好的风气。

“四不管”教师在高校造成了极其坏的影响，其危害主要有：

第一，败坏了师德尊严，损坏了自己的师表形象。教师是人类灵魂的工程师，是立德树人的领路人，如果教师在课堂上不注意自己的形象，将违背自己的师德和人格。教师自己不庄重，学生就不会对教师有庄重的心态，教师在学生心目中的形象只是一个混混而已。

第二，影响学生的正常学习。在每一个课堂上，毕竟大部分学生是愿意听讲的规矩学生，如果教师对少数听之任之的学生不进行管理，势必影响到大部分想要认真听课的学生。一方面，其他同学不能正常学习；另一方面，其他平时不说话的学生也可能产生说话的欲望和动机。时间一长，很可能整个班集体形成说话的氛围，整个班风就会出现问题。

第三，败坏了整个教学风气。教学风气是约束人的极好的环境。少数教师对课堂纪律听之任之，在短时间内得不到及时治理的情况下，很可能其他教学班级也出现类似现象，最后影响到整个教学的风气。

3.“奉承型”老师是益师？

中国传统教学过程中强调师道尊严，教师在学生心目中是一个严格的

形象。现代社会，随着教育现代化，学生主体地位的上升，教师越来越重视对学生平等地位的认可。学校为了加强教学管理，经常对学生进行调查，希望从中了解教师在教学过程中的得与失。为此，很多学校开始通过学生评教对老师进行考核和管理。这一措施一方面有利于督促教师更加认真地工作；另一方面，也充分发挥学生学习的积极性，便于学生积极发出自己的呼声，提出对教师的要求。但是，任何事物在其发展过程中都是有利又有弊。学生对老师的评教也是这样，一方面确实促进了教师认真教学、勤于工作，另一方面，却出现少数教师为得到评教高分拼命讨好学生，甚至在学生调查中发现，个别教师为了讨好学生，向学生透露考试信息，造成严重的教学事故。笔者把这种讨好学生的教师称之为“奉承型”教师。“奉承”是指逢迎、谄媚，用好听的话恭维人，一般用于下级对上级的巴结、说好话。但是，随着时代的变化，现在也有个别上级人物为了收买人心，而主动讨好和拉拢下级的“奉承”情况。在师生关系中，讨好学生主要有如下几种情况：

第一，给学生较高的平时成绩。平时成绩是指教师在考试前的上课过程中，对学生的出勤、课堂表现、课后作业完成情况进行评定，并进行量化考核而将其作为期末成绩之一部分的教学评定方式，其主要目的是刺激学生参与教学的积极性，发挥学生的主观能动性，让学生融入师生互动的情景模式，最终达到巩固课堂知识的目标。随着高校教学改革的发展，平时成绩在学生总评成绩中的位置越来越重要，很多用人机构将平时成绩分作为录取的标准之一。因而，大学生都比较重视平时成绩。也正因为如此，有些教师为了得到好的评价，就在平时成绩上做文章，他们或者直接给学生较高的平时成绩，猎取部分学生的欢心；或者变相让学生进行所谓的小测验，给学生以得到平时成绩的借口，以此获取学生对老师的高分评价。

第二，上课迁就学生。迁就，就是降低要求，曲意将就。也指屈从于他人的愿望，而忽视自身的利益。当对方的问题对于自身并不太重要时，迁就是比较有效的方式。上课无故迟到是学生常见的现象，有的老师为改变自己不太好的形象，有意对学生曲意逢迎；或者是，有的老师认为学生无故迟到、早退是无法避免的事情，所以就采取睁一只眼闭一只眼的方式。一方面，迟到、早退现象影响其他同学的上课学习；另一方面，也造成了整个课堂秩序的混乱，是造成整个学风不好的重要原因。这样的迁就对教师、学生、学校都是有害无益的。

第三，泄漏考试信息。考试是鉴定学生知识水平的方法，通过考试可以检查学生的学习能力和教学效果。考试成绩可以作为测试学生知识掌握情况的方法，也在提醒教师在授课方面可能存在哪些不足。另外，因为考试是让一群人在一定时间内完成一份相同的答卷，因而用人单位可以凭借成绩识别自己是否需要这个人才。所以，考试成绩对学生就业和前途有至关重要的作用。也可以说，考试成绩使社会中来自不同社会地位的人拥有改变自己的机会。他们总希望自己有一个好的成绩，所以个别教师为了自己在学生中能获得一个较好的评价，往往采取讨好学生，甚至考试时阅卷分数过高，极个别出现考前复习中泄露题目现象。这些都严重影响了考试的形象，也破坏了学校的权威。作为思想政治教育课，则直接起到负面的导向作用。

那么产生这种讨好学生的原因在哪里呢？

首先，教学思想不正确。部分教师教学思想存在问题，他们担心学生考不好，或者查到学生缺勤，学生会频繁找他们的麻烦，影响他们的生活和工作。因而，多一事不如少一事，尽量给学生较高的成绩，平时尽量给学生宽松一些。另一方面，学生成绩不好，也会影响自己在教学工作中的威望，给自己的工作带来不便。更有甚者，认为学生会给自己较低的教学评价，因此他们有意识地讨好学生，以求得学生的高分评价。

其次，部分学校督导不严格。监督学生出勤、成绩是一件非常琐碎的事情，费时长，任务重，学校经常花很大力气也难以把事情搞清楚。部分监督工作人员敷衍了事，应付成风，当一天和尚撞一天钟，这在很大程度

上为部分不认真工作的教师留下了可乘之机。

再次，学生班干部的不断缠绕。班干部作为班集体之一员，是专门服务学生，联系老师和学生的桥梁。好的班干部不但能协助班主任搞好本班工作，而且能够调整好学生和各任课教师的关系，从而促进班级工作，提高学生的学习效果，提升各任课教师的教学效果。然而，也有个别班干部是不合格的，他们借与老师联系之机，找各种借口和理由或者机缘，从老师这里找到或探测猜测到考试的信息，从而赢得在学生中的威信。

奉承型教师在学生中造成相当不良的影响。

第一，造成学生对该门课不感兴趣，平时不学习，考试临时应付的局面。因为通过各种投机取巧的方式，学生就能轻松应付老师的考核、考试，学生当然没有学习的动力。同时，由于部分差学生通过走关系，也能够取得老师谅解，不时旷课，却经常取得高分，影响了平时努力学习的同学，造成了整个班风的下降。

第二，影响了学生成绩的真实性。因为一些同学经常无故迟到、早退，却得不到低分；而一些经常上课的同学，得到的却是和那些经常无故迟到、早退的人一样的分数，这样事实上对学习努力的同学不公平，也让用人单位无法判断分数的真实性。

第三，为学生将来的前途蒙上了一层不严肃的阴影。学生经常处于这种氛围之中，他们渐渐养成了蒙混过关的坏习惯，有的直接影响了他们将来的工作，造成了他们在未来工作中投机取巧的心理。

小 结

思政课教师在学生中的威望是靠渊博的知识、高尚的品德、以身作则的言行建立起来的。高校思政教师以德育人，其“德”养成绝非一日之功，而需要长期的培养过程。无论教师之修养，还是学识，还是对教学的酷爱，乃至巧妙的教学方法等，都是赢得学生信任和青睐的重要条件，是吸引学生喜欢思政课的磁力所在，这需要长时间的修炼。任何一个想靠奉承和投机取巧而赢得学生尊重的行为都是经不起时间考验的，所以作为高校思政课教师，一定要以身作则、垂范学生，这样才能在教学过程中威服学生、赢得尊重，在自然而然、潜移默化的师生接触中，传播教师的思政知识，使得思政教育理念入学生之脑、之心，实现立德树人的目标。

实践教学篇

话题六：实践教学体系的架构

【话题导引】实践教学可谓多年的老话题，各高校都取得一定的成就。然而，纵观现实生活中，部分高校大学生的实践教学现状仍有诸多不足之处。常言说得好，“说着容易做着难”，“站着说话不腰疼”，实践教学的论文可谓多矣！但现实效果仍然美中不足，部分实践教学的推行往往是虎头蛇尾，与现实不相符合。如何才能避免这一弊端，笔者从本话题开始，将以实践教学体系的架构、实践教学体系之构建、实践教学体系之构建措施三个话题，讨论这一问题。

习近平2014年在上海考察期间和2109年思政课教师座谈会上反复强调，培养和践行社会主义核心价值观要在落细、落小、落实上下功夫，特别是要抓好青少年等重点人群。因而，高校思政课教学不仅要重视理论课堂，更要注重实践的落实情况，理论与实践相结合，才能真正使思政理论入脑入心。实践教学无疑具有将思政理论落细落小落实的作用，无论是课堂实践教学，还是社会实践教学，都对树立学生的正确世界观起着十分重要的作用。

一、课堂实践教学

课堂实践教学是实践教学中普遍使用的一种手段，是所有学校实践教学必须进行的过程，它涵盖教师给学生传授知识和技能的全过程，其中包

括如教师讲解和提问、学生回答和学生提问，以及各种教具的使用。一般而言，课堂教学以传授理论为主，是教师传授理论知识和书面技能的场所。然而，随着学生主动性的提高，课堂实践教学也越来越受到师生的关注和青睐，某些情况下，它会成为整个课堂的中心，成为巩固课堂所学知识的重要手段。

1. 课堂讨论

课堂讨论是指在教师指导下，学生对教材中的基础理论或疑难问题，在独立钻研基础上，发表自己对同一问题的相同观点或者不同观点。作为一种普通的教学形式，它可以分小组进行，也可以全班进行。按照常规，课堂讨论更多属于课堂教学范畴，但是，由于其涉及学生自主发言、自我发挥、主动参与等形式。因而，在某种程度上，课堂讨论也有实践教学的成分蕴含其中，特别是一些存在分歧、或者存在争议的问题，同学们可以就自己所学知识及实践体会进行面对面讨论，亮明自己的观点。此时，学生的行为具有实践教学性质。总体而言，课堂讨论式的实践教学具有以下特点：

第一，即刻性。即刻性在物理学上通常指在规定时间或者较短时间内，系统的反应能力。在思想政治课中，我们可以理解其为对思政课内容的当堂反映，它是检验教师教学效果最快捷的方式之一。课堂讨论式的实践教学，使学生在听完讲授之后，即可进入衡量自己知识掌握程度的实践之中，及时检验自己知识在大脑中、思维深处的印痕和印记，从而在讨论中，对知识的掌握进行查漏补缺，进行思维维修，最终得到正确印记，或者巩固理论知识。这种实践教学可谓放松式的实践教学，一直以来广受同学们的欢迎。

第二，广泛性。广泛性是指涵盖范围广、涉及方面多、具有普遍性的意思。作为思政课的理论知识，其授课目标之一即是要求受众达到最大程度。教师在课堂上讲授的理论，即使讲授很尽力，同学们的理解也只是一部分，如若使学生能够更具有广泛性的理解和记忆，课堂讨论无疑是最好的方式之一。因为当堂课讲完之后，学生们对当堂理论印记较深，但是不太牢固，然而通过同学们相互之间的讨论，畅所欲言，所有同学都参与其中，学生思维深处自然产生重复记忆，或者对比记忆，从而产生创造性记忆，这样，教师课堂理论的受众才趋向最佳的途径。

第三，明晰性。对于思政课而言，明晰性是指课堂理论与自己大脑的理解无限接近，也就是学生对概念的理解越来越确定，或者越来越容易，语义上更加肯定而非模棱两可。然而现实生活中，往往是课堂讲授只使学生明白百分之五十多，有相当部分的理解是在课后或者学生之间思维碰撞或交流过程中实现概念的明晰化的。课堂讨论式的实践教学则是实现学生理论知识明晰化的重要途径，通过课堂实践教学，同学们在有意无意中，触碰到自己不懂的概念，通过老师之外的第三者解答出来，不仅记忆犹新，而且角度独特，甚至有耳目一新之感。

2. 课堂辩论

辩论是人们以语言词汇为外在表现形式，在词汇、句子所形成的观点交锋和碰撞中发掘真理、纠正错误、深化思想、提升素质、增进知识、强化口才艺术，达到普遍的教育目的的重要活动。大学生作为精力充沛、思维活跃的一代新人，他们积极参与的热情非常高，辩论是他们表达自我、抒发情怀的形式之一。作为课堂讨论的较高形式，课堂辩论是大学生参加教学实践的重要形式之一。一般而言，课堂辩论有如下特点：

第一，提高学生的学习积极性。积极性是指个体意愿与其目标相一致的基础上，个体表现出的主动性、配合性、自愿性、凝聚性等特征，从而促进事物向个体所向往的方向发展。学生积极性的提高，很大程度与是否能表达自己意愿正相关，而课堂辩论则给予大学生这样表达自己意愿的机会，因而极大地刺激了学生主动参与的热情，从而对思想政治教育产生无限的热情。

第二，促进学生个性发展。个性是个体区别于其他人的重要特征，它具有一定的倾向性、稳定性、自我性。作为思政课堂，许多学生集中在一

个教室，教师的授课只是从普遍性角度，对思政概念和原理进行解释和沟通。其益处就是在短时间内，使原理和概念传播给很多受众，但其缺点也很明显，即学生个体性的特征被忽略，在一定程度上挫伤学生的参与性和自主性。自主性即主体能够支配学习活动和学习进程的能力，对自身行为的支配、调节和控制能力。学生缺乏支配学习活动的能力，也就没有主动参与课堂的激情，从而影响思政课理论的接受和消化。因而，课堂辩论作为学生个性张扬的一定形式，有利于学生弥补因课堂不能释放自我个性、发挥自主性的遗憾，积极参与、勇于实践，在阐发和疏导个人观点的同时，积极展示自己性格中动人的一面。

第三，提升学生的综合素质。综合素质包括一个人的学识、素养、品德、价值观、实践能力等多个方面。大学生在课堂接受的知识，主要是理论方面，其社会经验、实践能力等相对缺乏，而在辩论过程发生之前，学生必须进行充分的准备，包括查阅各种资料、走访权威教师、搜罗各种观点，这一过程本身对学生搜集、概括和分类能力是一次重要的考验。在辩论过程中，学生亲自体验了自己的口头表达能力、应变能力、思辨能力等，既增加了自己的知识，也锻炼了自我克服困难的能力，从而自身的知识结构、认知结构、智力水平等通过辩论，得到很大的提升。所以，这样的课堂教学实践是对学生综合素质的一次重要考验。

3. 课堂放映录像

录像是用光学、电磁等方法，将图像和声音信号记录下来的一种方法。由于录像具有生动性、趣味性、模拟性等特征，所以它是高科技的产儿，也是现代人们生活中经常使用到的娱乐产品。作为天性聪颖的大学生，活泼爱动、追求完美是其天性与时代结合的最佳典范。他们已经不仅仅满足于教师对知识的口头传授，更要求借助当今科技所拥有的便利条件，及时展现与教师讲授内容相关的社会知识、自然奥秘等，这样就等于他们在学习理论的同时，也能及时体会或者模拟参与实践一样。从这一点而言，课堂放映相关录像在某种程度上也有一定的社会实践效果，一般而言，课堂放映录像利弊皆存。从利的角度而言，一方面，录像的生动性，使得学生及时了解与课堂理论相关的现实模拟，等于自己身临其境地参与了社会实践，可以将自己融入录像所展示的实际模拟环境中，在情不自禁中润物无声地理解和实践课堂理论知识。另一方面，录像毕竟来自于生活，是感性材料中生动部分的展示，因而其展示的内容在主要反映课堂理论的同时，也从侧面了解其他相关社会知识，这对于在学校面壁读书的学子而言，也可谓眼界大开，不失为进入社会实践的重要环节，可以作为学生进入社会实习生活前的心理准备，是一次小小的心理社会实践。当然，录像也有其弊端，一方面，录像内容的选择是否恰当，录像内容的选择既要照顾到趣味性、生动性等吸引学生眼球的一面，但更重要的是要掐中主题，不能离题或跑题。部分老师在这方面疏忽大意，因而，课堂录像的播放完全变成学生娱乐教学，看后不能给学生留下深刻印象，无助于学生理解课堂的理论知识，有时甚至有害于课堂理论知识的巩固。另一方面，录像播放的长短问题。2017 年，中共中央、国务院印发《关于加强和改进新形势下高校思想政治工作的意见》中强调，“注重理论教育和实践活动相结合、提高实践教学比重问题。”很多录像内容都是几十分钟，如此长的内容不可能原本照搬放到课堂，必须进行适当裁剪，这就使得部分教师在裁剪上出现偏差，有的过长，影响了正常的课堂进度；有的过短，不能很好地说明问题，反而浪费学生时间。这些都使录像的实践教学效果适得其反。

4. 课堂模拟表演

模拟表演是学生按照所学内容，模仿课堂内容中所展现的情景，用自己的声音或者形体语言再现课堂内容的一种形式。“听其声，观其行。”学生模仿所表露的神态和语言，不仅感染自己，也在感染别人，它可以激发同学们学习思政课的兴趣，使学生自然而然地接受思政课的教学内容。模拟表演作为课堂实践教学的内容，当然有自身的优缺点。如果利用得当，扬长避短，因事而异，那么其教学实践效果是显而易见的。其优点是：

第一，激发学生兴趣。俗话说，兴趣是最好的老师。通过某种方法调动学生的趣味性，这是大学生学习思政的重要源泉。现代大学生表演欲望强烈，通过模拟表演使他们的表演欲及时得到补偿，这对于他们产生学习思政课的兴趣，有极大的推动作用。他们可以通过表演这样一种教学实践、巩固课堂理论、愉悦身心、培养相互间的组织能力、协调能力等，推动思政课实践教学的有序进行。

第二，巩固课堂知识。巩固课堂知识的方式多种多样，模拟表演作为方式之一，它用情景化的模式，再现课本知识中的现实材料场景，有利于学生在脑海中反复回忆课堂知识，并将课堂知识生动化、具体化、趣味化，加深知识记忆，筑牢知识结构，激发学生的兴趣，以寓教于乐的形式，使学生在愉悦中接受知识，不愧是化腐朽为神奇的好方法。

第三，激发学生创新思维。模拟表演的教学实践，是要将课本知识具象化，是从知识转化为现实的过程，在很大程度上要进行知识的再创造。但是，因为模拟表演的趣味性，使得许多学生乐意不辞劳苦地将知识内容通过表演再现出来，这在一定程度上激发了学生再创造的思维。学生在准备表演过程中，将所需的表演知识内容进行外延扩张，是一种变相的创造性思维，对学生的成长和知识的巩固及培养学生的发散性思维非常有益。

当然，任何事物都有自己的缺点，具体到模拟表演，有如下几点：

第一，花时间较长。表演是直接或者借助技术设备以声音、表情或动作再现作品内容的一种形式。每个参与表演的同学必须花费一定的时间在理解课堂内容、酝酿表情、模拟动作上，这就需要学生浪费许多课余学习时间。同时，有的表演还需要道具、装饰之类，需要各方面的沟通和协调，还要涉及人际关系等。这也要耗费学生的时间和精力，有时会影响正常的学习生活。

第二，涉及课文内容少。作为表演，只能就课本中很小的一个场景进行加工，对课本知识的某个点进行模拟和再现，不可能涉及课本知识的大部分。这对于课堂知识内容而言，显然是杯水车薪。

第三，不容易控制课堂秩序。表演是娱乐的形式，是最能让人感情投入的活动。所以，当模拟表演时，经常会出现课堂失控的情形，这样不但不能巩固课堂知识，反而淡化了课堂知识、冲淡了模拟教学实践的原本宗旨。

二、校园实践教学

实践性是马克思主义理论区别于其他理论的显著特征。高校思政课教学中，实践是重要的组成部分，它使思政教学的效果现实化、最优化，使课堂理论与现实实践有机结合。校园实践教学作为高校思政课实践的一部分，是大学生实现课堂理论应用的重要阵地，它不但有助于提升学生思政素质，兑现学生在课堂上学到的理论知识，也有助于实践教学目标、验证课堂学习效果、培养学生创新思维、提高高校思政课教学的实效性，提高大学生的综合实践能力。这也是高校教学实践的灵魂所在，在塑造学生素质、培育学生思想道德、创新思政实践方面有着重要的作用。

1. 塑造学生素质，培养学生思想道德

首先，校园实践教学的作用在于塑造学生的素质方面。素质是指人或事物在某些方面的本来特点和原有基础。素质在教育学意义上的概念是指人在先天生理的基础上在后天通过环境的影响和教育训练所获得的、内在的、相对稳定的、长期发挥作用的身心特征及其基本品质结构，通常又称为素养。所谓学生素质就是学生在个人先天禀赋基础上，通过后天学习和训练，获得的具有稳定性的一定水平的生理和心理质量。简言之，就是学生个人的质量。对于思政课堂上的学生而言，素质不仅指学生课堂上思政知识积累的程度，而且包含学生应用思政知识解决实际生活中遇到的思政问题。特别是后者，没有一定的训练和培养，学生是很难真正掌握的。而校园实践则让学生在学习理论知识的基础上，锻炼他们知识掌握的水平和程度，相对于课堂实践，校园实践扩大了实践范围、开阔了学生视野，是

对他们素质的一种提高。同时，对一些已有一定素质的学生而言，这种校园实践教学也是在原有基础上的提高，使他们具有更加稳定的素质，塑造具有应付外界刺激的能力。

其次，校园实践教学是培养学生思想道德的重要手段。思想道德是人们思想意识状态按社会规范要求达到的标准，它由人生观、道德观、思想品质和传统文化习惯等组成。对于大学生而言，他们的人生观、世界观、道德观等正在形成之中，课堂知识对其上述观念的形成有一定作用。但是，如果能辅之以实践形式，则会更加夯实其在学生心目中的地位。校园是学生学习、生活、工作的场所，它具有近距离、较熟悉等优势，如果学生将校园作为自己的实践场所之一，与校外实践相比，既节省时间，也节省精力。同时，由于学校是学生自己的地盘，学生较为熟悉，操作方便，更有利于实践教学的顺利开展。学生们可以利用熟悉的环境，尽情发挥自己的特长，形成健康、向上、进取、乐观的人生观、世界观、道德观等。这对大学生身心的健康成长，对校园环境氛围的改善，对大学生努力学习其他课程，都有不可估量的作用。

2. 实现教学目标，培养学生创新思维

“教学目标是关于教学将使学生发生何种变化的明确表述，是指在教学活动中所期待得到的学生的学习结果。在教学过程中，教学目标起着十分重要的作用。教学活动以教学目标为导向，且始终围绕实现教学目标而进行。”[①] 教师在课堂上的讲授只是将理论输入学生脑海，只有学生从脑海中输出知识化为实际，才是教学效果完成的体现。在课堂上，教师的讲授只能直观地了解到自己实现了课程目标和课堂教学目标。课堂教学的最终目标是教育成才目标。如何才是“成才”？首先就要看学生能否将教师的理论化为实际。这个实际很大程度上就是要求学生参加社会实践活动。随着近年来社会实践的增加，学生每年假期都要出去参加各种社会实践活

① 莫雷．教育心理学 [M]. 北京：教育科学出版社，2007.

动，但是，这样的实践活动很多只是让学生了解社会的情况，至于社会的情况是否与书本相联系，还存在一定的疑问。因而，进入社会参加的实践只是理论联系实际的一部分，而校园社会教学实践，则是在近距离基础上，让学生很快就接触到书本知识所要求的实际活动，为学生的成才目标开拓了第一步。一方面，大学生通过校园实践活动锻炼了自己，巩固了理论，验证了课堂理论之中的许多东西。另一方面，校园实践活动的近距离也使他们能在短时间内做出很多事情、节省人力物力，取得事半功倍的效果。通过校园实践活动，大学生们很快就见证了自己课堂学习的效果，与同伴们的共同奋斗也加深了他们的同学情谊，融洽了人际关系，磨炼了师生情感。

另外，校园教学实践也同样培养同学们的创造性思维，特别是不同专业的学生走到一起，带着不同的思维模式和方法，互相切磋，最终达成一致，共同完成一个任务。互相学习、取长补短，互相勉励、共同进步，在共同的实践中达到实践思维的一种升华，这种创造性思维在反复的校园实践中，又凝练成下一次促进课堂教学的理论，为教学效果的再次升华奠定基础。同时，学生们的创造性努力，也必将为自己将来顺利走向社会铺平了道路。

3. 提高教学实效性，培养学生综合能力

教学实效性包括教师和学生两方面的内容。从教师方面而言，实效性是指教学过程结束后，教师当初设定的目标是否达成，这种目标包含高效率和高质量两方面的内容；从学生方面而言，教学实效性则是指教学过程结束后，学生是否达到预期的期望值，即课堂知识是否成为自己头脑中知识体系的一部分。教学过程结束后，如何衡量教学实效，方法有很多种，课堂讨论、课堂辩论可以是一种，然而，从大范围、广接触的角度而言，校园实践教学不乏是一种较好的验证方法。

首先，校园实践教学验证教师教学理论的实效性。教师可以通过学生参与校园实践活动，验证学生知识掌握的程度如何。例如：思政课教学中

的《中国近现代史纲要》课程，教师就可以通过学生主持或参与校园相关活动来衡量，有的学生参加相关社团，有的学生组织相关知识竞赛、辩论或讨论等等，教师作为评委、鉴定人，就能够看出自己教授知识的入脑指数，从而对自己教学方法的有效性心中有数。

其次，校园实践教学验证学生对知识的掌握程度。学生对知识的真正掌握更多体现在是否能灵活应用知识于实践之中。在课堂上，教师讲得生动活泼，学生听得如醉如痴，这虽然是教学实效的一部分，但是如果学生实践中也能很好地应用好课堂知识，这才是真正教学过程完成一个周期的重要标志，说明教师的教与学生的学最终完整成为一个"教学"过程。所以，校园教学实践作为学生身边的验证方式之一，能在短时间内完成对教学任务的完成程度，对师生双方都是一次完美的考验。

再次，校园实践教学也是培养学生综合实践能力的最佳场所。综合实践能力是在上述实践基础上，多层次、多维度、多面向地考查学生参与实际能力的验证，它不仅包括学生的认知能力、观察能力，也包括学生的动手能力，更包括学生为沟通不同学科专业之间人脉而进行的口头沟通。上述能力对于大多数人而言，往往是有其一而缺乏其余。同时，这种缺乏在参加实践之前不可能被实践者察觉。因而，学生在参与校园实践过程中，多种需要迫使他尽心竭力地发挥自己的能力，迫使他们各方面的能力或潜力达到最大发挥。在多数情况下，那些校园实践的高手往往会在将来的工作中，成为所在领域的带头人或骨干分子，这些都与其学校时期练就的深厚实践能力是密不可分的。

三、人物访谈实践教学

人物访谈，是指访问者带着一定的目的和问题，与被访问者进行交谈，从而获得访问者需要的信息，完成访问者当初设定的目标任务的一种交流过程。一般而言，访问者在访谈前要做好两方面的准备。一方面，访谈者要以谦诚的交谈姿态，让对方感到有亲近感，从而产生愿意说话的动机；另一方面，访谈者要带着探究者的思维，怀揣问题，尽量一次达到目标，也要让对方能实事求是地回答。而作为思想政治理论课的人物访谈实践教学，还要结合思想政治课堂的理论、内容等设计访谈的对象和访谈的方式及内容。那么，人物访谈实践教学的意义和方式具体如何呢？

人物访谈实践教学最基本的一点，就是有一定的现实意义。

第一，人物访谈实践教学有利于学生深化学习课本的内容。深化是指事物向更深一级阶段发展，是对原有事物的一种延续、延展，它使人们对某事物的了解更加全面、立体、完整，加深对某事物的理解程度。思政课的理论来源于现实，是对现实中感性材料进行理性思考后的凝练和升华。可以说，理论来源于现实，但是不等于现实。所以，人物访谈实践教学在某种程度上可以还原理论产生的原生态环境，是促使学生回到原生态的一种重要方法，它促使学生更深刻地理解课本理论的内容。那么，如何恢复思政理论的原生态呢？这就需要学生采访课本理论所涉及的相关人物，特别是那些事件的亲历者。例如：思政课中的《中国近现代史纲要》，就涉及很多近现代历史人物和历史事件，如果能将事件的亲历者找出来，进行事件的还原式采访，这对于学生理解中国近现代史发展的脉络、特点，有着重要的意义。另外，事件亲历者经常会弥补课本理论中描述不正确的地方，这对于纠正课本错误，校正学生心目中一些偏见，有着十分重要的作用。因此，随着实践教学的开展，人物访谈成为大学生思想政治教育的重要实践环节，大学生以不同方式对与思政理论相关的人物进行访谈，有的登门拜访，有的请到学校做报告，有的通过网络采访等。这些形式都在不同形式上完善和促进实践教学的完成，深化课本相关的理论。

第二，人物访谈实践教学有利于学生进一步认清当前形势。当前形势是指当下发生或者刚刚发生过的国内外的事情，它是当时事件发生的忠实记录者，它对于决策阶层制定合理的方针政策，应对各种事件，起到鉴戒和指导作用。当前形势最大的特点是与以前的形势形成鲜明的对

比，因而现实性、即时性是其最大的特点。作为大学生，用过去形势与当前形势相比较，他们可能更加了解当前形势，亲身感受会更加深刻。但是，任何事物都是有前因后果的，当前形势不可能孤立地存在，它总是忽多忽少与过去事情有着千丝万缕的联系。这种联系也是学生正确理解思政课理论的重要原因。例如：有的学生问今天国家逐渐富强，形势出现大好，与改革开放四十年来的形势究竟有多大联系？这种同属于新中国成立后但又是近几代人之间的历史事件，单纯的课堂讲解，其实并不容易理解。因为，课堂上的讲解很多情况下仍然是有选择性的话题，并不可能涵盖所有具体生动的真实案例，很多教师对过程的理解也是建立在间接经验的基础之上，尤其是现在的一些年轻教师，他们至多也是从间接经验得到的知识，没有亲身体会，因而讲授起来难免生疏。如果采用人物访谈教学的角度进行实践活动，大学生往往会从被访谈者的亲身经历中，更加立体、全面地还原改革开放初期的实践活动，使学生更清楚地认识到今天形势产生的缘由。

第三，人物访谈实践教学有利于学生将课本内容与过去的现实相结合。中央宣传部、教育部印发《普通高校思想政治理论课建设体系创新计划》指出，“要坚持理论与实际相结合，注重发挥实践环节的育人功能”。找到理论与现实的差距，更有利于客观估计课本内容的准确程度。课本内容重视理论，理论是每个思政课本的主要线索，理论来源于实际，是对实际的一种总结和提升，它虽然是实践的总结，但是它同实际有一定差别。因而，学生单纯对理论的理解与学生了解实际后对理论的理解有很大的区别，前者是每个大学生司空见惯的事情，那就是通过教师的讲授而理解课本理论。但对于通过实际事情而理解理论，则是学生不太熟悉的方法。如果单纯从理论和教师的案例来理解课本内容，很显然，对学生融会贯通课本内容肯定有一定的障碍。如果学会课本与实际联系起来的方法，一定有利于学生理解课本内容，而人物访谈实践教学则是实现这一步的重要步骤。首先，人物访谈可以完善课本理论的省略之处。因为理论是对实际的提炼，实际生活中的许多历史事件是被课本省略掉的，而人物访谈可以将这部分省略的东西补充起来，使课堂理论更加完整、立体、丰满。例如：中国共产党在抗日战争中的中流砥柱作用，如果单纯看课本理论，内容很少，只是单纯的脉络而已，显得单调化。如果进行人物访谈，就会将具体生动的案例挖掘出来，这样就使中国共产党的形象具体生动化，更加有利于学生理解这一观点的正确性。其次，人物访谈有利于证实课本理论的准确性。俗话说，百闻不如一见，课本理论的叙述，毕竟只是书面形式，其正确性需要实践的检验，而人物访谈则通过许多人的亲身实践和体会，对课本理论进行实际验证，证明课本理论的正确性，加深了学生对课本理论的印象和理解。

总之，人物访谈实践教学对学生理解课本知识，完善课堂机制，彰显教学效果有着十分重要的意义。

然而，做好人物访谈也并非易事。需要适当的方法，才能恰如其分地帮助访谈者按时按质按量完成实践教学任务。

第一，访谈者要备足前期功课。即在访谈进行前，对被访谈者的大体经历及主要成就要大概的了解。访谈对象都是比较典型的人物，他们将要叙述的内容都是与课本内容紧密相连的。在他们身上有很多可圈可点的过人之处，这就要求访谈者在采访前对被访谈的成就、成就取得的时间、社会影响做一个大概了解，这样不仅有利于采访本身，也有利于采访者事后对采访内容进行深化和挖掘。首先，通过相关报道或文字材料，了解被访者的成就，做到采访前心中有数、有的放矢，对自己进行的采访更加有信心。同时，提前了解这些内容也有助于在采访过程中有重点、有分别地抓关键、找关节，节省时间、提高效率，高质量地完成任务。其次，了解细节问题。在掌握被采访者大概情况后，就要对自己认为较为重点的问题进行细节性了解，这些了解有利于采访者在采访过程中，成功地提出恰当的问题，得到自己想要的答案。同时，这种细节性的问题，也更加有利于自己与被采访者的回答相对照，得出更多的信息，深化课本理论知识，充实课本材料。

第二，了解被访谈者的经历特点和兴趣爱好，特别是与访谈问题相关的趣味故事一定要提前有所了解。特点是人或者事物特殊的地方，是其之所以是他自己而不是别人的重要区分点。每个人或物都有自己的特点，只不过有的明显，有的较为隐蔽，善于发现人或物的特点也是动作发出者的重要才能之一。兴趣爱好是指“个人”对特定事物、活动或者任务对象有特殊或者特别的倾向性，从心理学而言，这种倾向性使得动作发出者产生兴奋，从而产生共鸣，进而调动身体各个器官去主动配合适应自己所倾慕的对象。访谈者在事前如果能了解到被访者的特点和爱好，这是调动被访者积极开口的重要因素。很多采访者不能够及时获得信息，在采访过程中不能够调动受访者的积极性；有的甚至冒犯了被访者的忌讳，造成采访的失败，这些都是有过经验教训的。同时，采访者也应该了解被访者的兴趣爱好，因为兴趣爱好是调动被访者积极性的重要法宝。因而，每个采访者在开始时，就要牢牢把握受访者的兴趣爱好，使受访者积极情愿地配合采访，这样就能及时准确地找到自己需要的信息。

第三，在访谈过程中，注意观察被访谈者的言行举止、神态性格等特点，这样更有利于事后在整理过程中，甄别内容的出入性。采访过程往往是寻找已经过去的事情。所以，受访者往往都是带着回忆的姿态去回答问题的，特别是有些课程，例如:《中国近现代史纲要》课程中，采访的老将军、老战士，他们大都年龄较大，所以，采访者一定要注意在受访者外在的言行举止、神态表现。一方面，受访者的口齿表达是否流畅。很大程度上反映了其记忆的准确性，一般而言，口语表达清楚、语速流畅的人，其表达的准确率较高；而口语表达不畅，反复多次说不清的人，其表达事情的准确率较差。另一方面，身体状况好坏也决定采访的成败与否。一般情况下，身体状况好的人，其表达准确，而且能够长时间地接受采访者的提问，提供的材料和信息就更加完整准确；而身体状况比较差的人，其记忆力较弱，他提供的信息准确性相对较差。所以，受访者的身体情况，也影响采访者是否准确找到需要的信息。

第四，注意如何调动被访谈者的积极性。积极性是指主体表现出的活跃的主动性。一般而言，当主体的个人兴趣或个人意愿与其长期目标趋同，主体就会表现出相当配合的动机或欲望，或者具有相当驱动力作用的情绪或情感爆发，并付诸于行动。作为访谈者，要竭尽全力调动被访者的主动性，使其愿意接受提问，并能滔滔不绝地配合回答采访者的问题。那么，哪些因素可能调动被访者的积极性呢？首先，要提前了解被访者的性格。人的性格多种多样，有时候很复杂，有的健谈，有的沉默，但是绝大多数人都有自己感兴趣的话题或者言行习惯，只要我们耐心细致地了解到这些细节，大部分的采访应该是比较顺利的。例如：有的被采访者有说话或者行动的某些忌讳，那么采访者就要尽量避免，以免引起言行冲突，影响采访的顺利进行。其次，学会如何利用被访者的特长和爱好。特长是某人在某些方面比一般人强的地方，爱好是指人对某事物有特别的情感，爱好能使人对相关的事物积极主动，甚至愿意克服因此而出现的困难和痛苦。采访者要适时抓住机会，找到被访者的特长和爱好，使得受访者在心里充满愉悦的情况下，回答采访者准备好的问题，顺利实现目标。

四、红色景点实践教学

红色景点是具有红色气息的纪念地，主要是与革命战争有关的战争遗迹、烈士陵园、重大事件遗址或者博物馆、展览馆等。随着新时代中国特色社会主义的进一步发展，红色文化成为人们青睐的对象，红色旅游是近年来非常火爆的一门旅游生意。适应这样的大氛围，大学生红色实践教学也成为配合大学生思想政治教育的有效形式。一般而言，红色景点实践教学主要有红色遗址实践教学和红色遗物实践教学，这两种实践教学在特点、现状、不足、改进措施等方面，都各有不同。

（一）红色景点实践教学的特点

红色景点实践教学与其他实践教学相比有自己不同的特点。

首先，寓教于景，劳逸结合。景物是用来观赏的，观赏是放松身心的时刻，而教育在某种程度上是比较枯燥的，是人们不大愿意接受的，是大脑比较紧张的时候。如何找到一种既能教育学生，又能愉悦身心的方法呢？红色景点的实践教学无疑为我们提供了很好的范例。红色景点的实践教学将欣赏与教育有机融为一体，使学生在欣赏风景的同时，收到培养价值观的效果，而且这种效果是在情不自禁、不知不觉中自然产生的。一方面，学生在欣赏美景的时候，不断回顾课本学习的红色知识和红色理论，使课本知识更加牢固于心；另一方面，学生在放松身心中培养了自己的情操，收到了课堂教学不容易取得的效果，寓教于乐，一举两得。

其次，栩栩如生，真实感人。红色景点都是革命战争年代，革命先烈曾经生活和战斗过的地方，这里的一山一水、一草一木，无不沉淀着历史的记忆，刻画着岁月的年轮。革命先烈的每一件遗物，每一个生活过的地方，都能将人带回当年真实的战争情境，真实感人、惟妙惟肖。如此的情景，不但丰富了学生们的课余生活，陶冶了他们的情操，塑造了他们正确的价值观，而且有利于磨炼学生的意志，培养他们吃苦耐劳的精神，纠正他们心中许多不正确的想法。特别是在今天的网络时代，部分大学生受网络信息影响，对革命先辈的事业存在偏见甚至是错误的看法。看了红色景点的展览，这些疑惑就会迎刃而解，错误观点就会不攻自破，坚定了他们跟党走的信念，强化了他们对党和人民事业的无限忠诚。

最后，教学实效，立竿见影。教学实效是教学效果在实际生活中的体现，从中我们可以看出，教师上课究竟有多少内容进入学生的脑海，多少是销不对路的东西；学生对课堂知识究竟掌握多少，单靠估计是算不出来的，需要实践的检验。真理来源于实践，最终要回到实践，不断接受实践的验证，才具有永恒的魅力。课堂理论讲授得再多，如果没有实际物证作为支撑，这样的理论也是墙上芦苇，头重脚轻根底浅，没有长久性。而红色景点作为检验理论是否正确的实物证据，最能说服学生，这在《中国近现代史纲要》课程中最为明显，许多革命先辈的遗迹在课本上经常看到，但是书上学来终觉浅，故地重游才是真。如果能到课本叙述的实地走访一次，这无疑为课本的理论更加增添了说服力。

（二）红色景点实践教学的现状优势

红色实践教学是近年来掀起的一门实践教学课，在各门实践课中，势头逐渐增强。在未来教学的发展过程中，也必将成为实践教学的重要项目。

首先，各学校把红色实践教学作为实践教学的重点。目前多数大学都把红色实践教学作为大学生实践教学的重点，不仅思政专业及其他人文社科学生的实践教学如此，其他非人文社科的学生也逐渐重视起来。在教务系统中，实践教学占平时成绩的百分比不断增加，学校也专门设立了实践教学的奖励制度。一方面，教务部门专门拨出一定的学分、课时为红色实践教学让路。教务部门合理规划实践教学的学分制度，提高红色实践教学的分值比重，扩大红色实践教学的课时，制定红色实践教学的具体纪律。另一方面，学校从体制上开始重视红色实践教学。部分高校开始聘请红色文化教师为学生做讲座，凝练红色实践教学的内容，制定实践教学目标，细化思政课教师集体备课制度，根据教学内容确定红色文化的主题。

其次，教师重视课堂内容中红色实践教育内容的引入。思政课是大学生的必修课，总共有《中国近现代史纲要》《思想政治教育和道德修养》《毛泽东思想和中国特色社会主义理论体系概论》《马克思主义原理概论》等，这些课程中，除《纲要》课本身红色材料较多外，其他课程偏重理论引导。因此，课堂上很多课程对红色实践教学的内容并无增加。但是，现在很多教师也开始在课程讲授中，大量引入红色实践教学的材料、案例，也要求学生利用周末假期积极参加红色旅游。例如：《毛泽东思想和中国特色社会主义理论体系概论》《马克思主义原理》本来重理论，但是现在大量引入红色案例。有的老师并且开展相关的讨论，计入学生平时成绩，

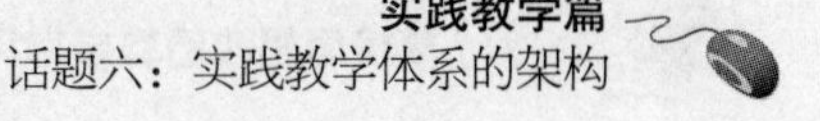

取得了很好的效果。

最后，大学生自愿进行红色实践教学的参与。目前大学生自愿参与红色实践教学的人数逐渐增多。一方面，随着红色旅游的增加，各级领导机关在宣传和号召方面加大力度，确实引起许多年轻人的向往，因而很多大学生积极利用节假日时间，加入红色旅游队伍，这本身就是其自身进行的红色旅游实践教学活动，可谓是寓教于乐的自我教育活动。另一方面，大学生所学课程的要求。很多高校要求学生利用节假日参加实践教学，并把其计入学分和成绩，一定程度上刺激了学生参观红色景点的欲望。特别是各地利用自己红色景点的优势，积极开发利用当地红色资源，国家出台相关优惠政策，很多景点都是免费景点，使得大部分高校的周围地区都有相应的红色景点，为大学生参加红色实践教学提供了便利条件。对于生活消费比较低的大学生而言，这无疑是放松身心、巩固知识、陶冶情操、端正态度的最好方法，因而受到大学生的追捧。

（三）红色景点实践教学的不足

目前红色实践教学开展的势头虽然比较强劲，但存在的诸多不足也很明显。

首先，监督机制不健全。红色实践教学是近几年兴起的一门实践课程，学分多少、课时长短、实践景点等都有不完善的地方，各种奖惩制度也不十分明显，相关配置人员不足，经费来源不足，红色文化调研不够，实践报告敷衍潦草；学校也没有设置相应的实践教学平台和基地，学生的实践教学时间时有时无，和红色基地没有相关对接，红色文化内涵挖掘不够。正因为这些原因，实践教学课在质量、时间、与其他课程的关系问题上，都没有得到很好处理，不仅影响了实践教学的顺利开展，而且破坏了红色文化在学生心目中的威信，致使学生不能很好地利用红色文化为巩固自己的课堂知识服务。部分高校实践教学时间过短，部分学校对实践教学的结果重视不足，部分学校实践教学变成学生变相的旅游课等，学校都没有明确的监督措施。

其次，部分教师和学生态度不端正。一方面，高校的部分教师认为最重要的是理论课，对实践课本身怀有应付心理。对于思政课教学实践、红色文化实践教学更抱有不正确想法，这些想法放射到实际工作中，就是对实践教学的敷衍。例如：有的教师对学生的实践教学把关不严，学生是否参与实践教学管理欠缺；实践报告只看字数，不看质量；实践教学的理论储备不足，对学生参加的实践教学的地址不了解、不熟悉等，不一而足。另一方面，学生对实践教学的重视不够。当今大学生大部分是“00后”，他们生活在现代文化的氛围之中，对红色文化的感知、体验十分缺乏。进入大学阶段，受专业影响，部分大学生又从心理上缺乏对《纲要》课等与红色文化较接近课程的重视，因而对红色史料的积累不够，很多时候沉迷于多元文化，受多种选择的冲击，甚至个别学生产生历史虚无主义，对红色文化失去兴趣，产生排斥情绪。

最后，实践教学走过场。有的高校实践教学成为过场教学，无论在学分设置、学时保证、基地选择、制度保障诸多方面，都存在着条条框框、规则一大堆，但是实际保证到位的情况却较为少见。正因如此，实践教学在许多学生心目中只是一门混学分必不可少，具体内容则知之甚少的课程。这一现象不仅破坏了实践教学在学生心目中的形象，而且降低了学生对红色文化的尊重，更重要的是，学生在实践教学上的敷衍，造成他们对思政课理论的忽视和漠视。

（四）红色景点实践教学的改进措施

首先，建立制度体系，规范实践教学。高校对实践教学要建立完整的监督体系，在学时、质量、基地、人员安排、师资力量等方面要进行全方位的照顾和关心，并且有相关的具体措施落实到位，实践教学相关的机构，如团委、学生处、思政部门（马克思主义学院）等一定要职责明确。课堂实践要突破单一的案例讨论、学生讲授的单一模式，要开展丰富多彩的全方位模式，建立相关的考核机制，建立教师工作量制度，鼓励教师的工作。

其次，以教学内容为导向选择好红色实践教学景点。依据教学内容，选择最能体现教学理论的景点作为学生实践基地，定时、定量访问红色景点，与景点建立对接体制，双方互相邀请对方工作人员开展讲座、讨论等，加深师生对红色景点的了解。

再次，培养专业化的红色资源教育队伍。高素质教师队伍是开展实践教学的基础，建设一支以中青年为主的“真信仰、真科研、真教学”的高素质教师队伍。鼓励教师定期到红色景点去挂职锻炼，强化学校与红色景点服务部门的双向协同育人机制，从而培养一批立场坚定、学养深厚、真心真学真做的高素质的思想政治课教师队伍。

小 结

思想政治理论课的教学内容要回归生活世界，通过理论供给与生活实践紧密结合。实践教学之构成是一个完整而系统的体系，而最基本的课堂实践教学、校园实践教学、人物访谈实践教学、红色景点实践教学是目前实践教学中最主要的内容。这些内容中有的是原有的，有的则是近年才兴起的，如何继承优秀传统、推陈出新，是每一个思政工作者的重要任务，我们一定要结合实际情况，本着实事求是的态度，做好这项工作，在未来的教学实践中取得更加骄人的成绩。

话题七：实践教学之问题探究及构建特点

【话题导引】 实践教学是一门正在兴起的热门教学方式，虽然名词提出较久，但是具体操作仍然在摸索之中，其问题也在所难免。例如：监督不严或不力问题、实践教学报告走过场、实践基地徒有虚名等等，这些都需要我们认真清理。本话题正是基于类似的问题，从部分高校存在的实践教学问题而展开讨论的。

早在 2014 年的全国思想政治工作会议上，习近平就指出，各级党委要把思想政治工作摆在重要位置，加强领导和指导。此后，习近平在思政课教师座谈会上讲话中又指出，思政课是涉及经济、政治、文化等的综合性课程，讲好这门课并不容易。这就需要我们思政工作者认真探究高校思想政治教育存在的短板和不足，按照思政课的特点去教好学生，使他们自觉自愿、心情愉悦地为国家、为民族去服务。为此，我们有必要认真检讨高校思政工作中的不足和缺陷。

一、实践教学之问题探究

实践教学是一门新兴的老学科，这一概念出现较早，但真正提上高校教学日程是近几年的事情。作为新生事物，其问题也在所难免，从目前实践教学的推行过程来看，主要存在以下几方面问题。

（一）实践教学的监督组织问题

任何制度的正常推行，除其本身具有的优势外，外部的监督也是非常重要的发展条件，实践教学就是如此。因为很多高校的实践教学处于起步阶段，很多相关知识和措施都是摸着石头过河，这就难免造成实践教学方面经验不足，出现种种漏洞。

1. 缺乏具体明确的指导性意见

指导性意见是指上级机关或有关部门阐述或者说明开展某项工作的基本思想、原则、要求，并对工作进行原则性要求的意见。由于对实践教学的重视是近几年的事情。所以，高校对实践教学缺乏足够的认识，导致实践教学在推行过程中发展进程极其缓慢，甚至影响了实践教学本身所具有的价值。部分高校对实践教学缺乏积极的态度，许多教师重视理论教学，轻视实践教学操作技能的提高。其产生原因首先在于缺乏明确的指导思想。

（1）主管部门没有实际了解并传达实践教学的意义。实践教学本来是课程内容非常重要的一部分，但是部分高校主管部门认为是课堂内容之外的附加课程，充其量是摆设或者陪衬，在传达或者阐述这一教学内容的意义时，难免透露一些含糊其词、模棱两可的词句或者意识思维。这些不正确的思维，在长期发展过程中，在师生中产生了非常消极的影响。

（2）指导性意见粗线条化。正是由于得不到重视，部分高校虽然有一些指导性意见，但是却过分粗线条，根本没有实际内容，很多条条框框只是非常模糊的概念。在实际操作过程中难以落到实处，经常会造成歧义现象，给工作造成了很大的不便。

（3）实践教学结束后的评价思维和指标体系不明确。在实践教学过程中出现问题属正常现象，但是一些高校因为指导思想的原因，使得实践教学过程中出现的问题，常常没有具体的处理规则，造成问题一拖再拖，或者处理不当，形成实践教学过程混乱不堪的情况。

2. 相关部门不能配套进行联动管理机制

联动机制本来是金融机构运行中的一种信用借贷方式，是指信贷资金对同一链条的企业或产业给予支持，不同项目之间的互相协作，最后产生倍加式的资金投放效果。如果用在思政课的管理部门之间，可谓相关思政部门之间在同一种实践目标支持下，相互协作，最后产生倍加式的实践教学效应。对于高校思政课实践教学而言，联动机制所产生的效应，涉及很多人事管理部门，这就需要相关部门能够通力合作、齐心协力、互商互量，尽量往实践效果最大化方向发展。然而在现实中，部分高校在该方面并未如愿，从上级主管部门到教务部门，再到各院系领导以及具体授课教师，这样一条实践教学通力合作的链条是否能够正常运转，需要费很大的工夫才能组织运营好，因此协作就成很大的问题。有的是上级主管部门主要抓专业课，忽视实践教学课；有的是下级主管部门敷衍应付，以花样式的外表形式装点门面，并未在实践教学上执行具体措施；有的是教师在操作过程中，投机取巧，没有认真执行任务。只是从表面而言，完成教学任务，学生得到一个比较满意的学分而已，最终结果是下级机关对实践教学产生应付心态，学生对实践教学不信任，如此恶性循环，实践教学成为混拿学分的一种形式。

3. 实践教学的组织管理运作不够完善

从理论而言，部分高校的联动机制形成了，但是在具体操作过程中，却出现弊端。各相关部门在会议上沟通并制定理性规则，但是在下面具体运作时，各相关职能部门不能够互相协调，难以产生联动管理机制所设计的组织管理效应。有的是上级主管部门管理不力或不到位，造成领导力疲软，组织涣散；有的是实践教学过程中，责权部分尚不明确，互相扯皮；有的是操作越权，造成管理混乱，浪费资源；有的是教学管理与学生管理制度出现偏差，既不能按照上级规章实行实践教学，也不能认清实践教学中具体的困难和问题，只能随行就市，走一步看一步。实践教学表面有制度可依据，但实际上处于无政府状态。有的则是实践教学管理与实践队伍不配套，特别是有些实践教学没有专门的老师负责，或者是一些知识和能力都十分欠缺的行政人员，临时代替授课教师带领学生在运作，因而在很

大程度上不能达到教学的要求等，不一而足。总之，实践教学的运作出现问题，或者说是实践环节出现问题。所以，这就要求高校管理部门在各级相关部门的具体协作上狠下功夫，特别是在完善党政行政协同管理制度、领导和教师民主协商、学生协同参与、制度保障与实践教学管理运作体系之间的关系等，做好实践教学的前期运作工作。

4. 激励评价体系不完善

习近平主席在全国高校思想政治工作会议上强调，思政课要满足学生成长发展需求和期待。他在哲学社会科学工作座谈会上也强调，要建立规范的奖励体系，增强有贡献的哲学社会科学工作者的荣誉感、责任感、获得感。这就从另一个方面说明激励机制与大学生及科技工作者获得感对于思想政治教育的重要性。对于大学生的思政课实践教学而言，上级相关部门要多应用规范化和固定化的激励手段，刺激或激励师生对实践教学意义的认识，从而形成上级主管部门与师生在实践教学方面的相互鼓励和制约。然而，部分高校在实践教学上，仅仅只有学分的制度，学生参加实践教学仅仅是为了获得学分、混个毕业证，别无远大的目标和抱负。同时，学校的评价体系也存在问题，究竟什么样的实践教学是合格的呢？有的是教师带领学生参加实践活动，有的则是学生自行利用节假日出去参加红色景点，然后回来交一份实习报告。实习报告的质量好坏不一，良莠不齐，大概给个分数就算了事，没有相关的记录和管理。学生对实践教学的理解基本按照自己的理解去做，没有建立规范的考核方法，对实践教学的考核远没有理论教学的考核严格。对学生实践教学管理既没有系统性、也没有典型性，更无科学性，所以，充其量是应付而已。严格而言，根本不是实践教学，而是游山玩水。

5. 师生认识不明确

人对某种事物的认识水平很大程度上影响着他对该事物的探讨程度。一个对实践教学认识淡化或者认识不深刻的教师和学生，很难要求他们对实践教学进行专注、思考、发挥或者想象。因为对实践教学的认识不明确，导致一些师生不知道实践教学的目的，对院系布置的实践教学任务头脑中没有具体印象，更谈不上在实践教学中取得好的成绩。

（1）具体到教师而言，他们常常认为实践教学就是走走过场，应付一下上级的检查，或者跟着形势拉拉风，和理论课相比根本不在同一个考虑范围，最多是教学过程中的一个点缀而已。一方面，部分教师常常把实践教学当作附加课，是可有可无的事情，对实践教学不进行具体而详细的规划，过程也十分草率，最后的成绩评定也是模模糊糊，经不起细致考量。另一方面，部分教师虽然支持实践教学，但是由于思想上没有重视，行动上缺乏积极性，在方法上也存在诸多不合理之处，导致实践教学虎头蛇尾、事倍功半。

（2）具体到学生而言，很多学生认为实践教学就是填补学生空白的一个课程，本身并无多大意义。一方面，他们常常是为了完成学分而参加实践教学的，本人对此并无多大兴趣。另一方面，部分学生将实践教学当作游山玩水、放松身心的工具，最多是写张实践报告应付场面，混个学分而已。

6. 财力保障问题

资金保障对于一件事情的成败也是相当重要的。各高校的层次、重视程度、经济状况等实际情况也导致实践教学的情况差别较大，甚至大相径庭。财力保障对于实践教学也是十分重要的。虽然很多高校并未就实践教学做出财力上的具体规定，但是财力多少很明显影响到学生实践教学的开展，这是一种无形的力量。

（1）大部分高校因为财力不足，实践教学只能选择在附近，很多学校就选择在本市或本区的范围内进行，大大束缚了学生的视野。

（2）部分高校因为资金问题，常常要求学生在节假日自行去一些红色景点参观实习，然后拍个视频，照几张照片，交个实践报告即可。这就很难把握学生自我约束能力如何。有相当部分学生在实践教学中，只是走马观花地去景点走走，有的甚至根本就不去景点，从网上下载一些图片交

差，对实践教学很不严肃。

（3）部分学生实践教学也较为认真，总是亲自去实践景点去观察，但是，由于教师没有在场，或者没有具体规定如何操作。所以，他们的实践教学也基本上以应付收场，至多在形式上比那些不愿意真正参加实践教学的同学详细写写实践教学报告而已。当然，因为资金问题引起的其他实践教学问题也很多，他们都不同程度地影响着实践教学效果的有效发挥，但限于篇幅问题，我们只能谈到这里。

（二）实践教学实施过程的片面性

从哲学上而言，片面性是指对事物和矛盾缺乏全面的了解。只看到矛盾的一方面而忽略另外一方面，只见树木不见森林，只见局部，不见整体；只知过去，不知道事物的现在和将来。对于高校实践教学而言，也存在操作的片面性，这在很大程度上影响了实践教学的质量。

1. 实践教学具体内容的模糊性

模糊性是指思想行为背离客观事实或客观规律，也指思想行为背离既定的方针、政策、制度等，或背离领导的指挥意图。目前高校的四门思政课都有实践教学的要求，按照常规，实践教学应该是与课本内容相结合基础上而进行的教学过程。实践地点、实训内容、实践指导都要与课本具体的章节有直接或者基本直接的配合，才能达到实践教学的效果。然而，由于目前实践教学仍然不完善，导致部分高校的实践教学具体内容与课本内容基本上脱节。

（1）学生对实训地点和内容与课本的联系没有明确的概念。例如：参观英雄人物纪念馆，学生们并未将其与课本中关于近代英烈的内容相结合来参观，很多人只是草草地看看英雄人物的图片和简介，至于与课本内容相结合的时代背景、人物事迹的时代意义等，学生在参观实训过程中，头脑中并未意识到这一问题。

（2）没有深入挖掘实习地点内容的真正意义，只进行了娱乐性的消遣。对于思政课而言，每一次实践教学都有其特定的目标和意义。例如：参观中山舰纪念馆，学生至少应该在参观前了解“中山舰”和“中山舰事件”的大概脉络，以及对当时历史的影响，在此基础上参观纪念馆，就显得胸有成竹。但是，很多学生的参观只了解到中山舰的庞大、宏伟、载重量等感性问题，甚至有的学生只注重拍照留念，欣赏取乐等低级消费。因此，参观前学生对参观内容的模糊性直接影响学生在参观过程中的具体行动和后果效应。

2. 实践教学时间的任意性

常言道，时间就是金钱和生命。所以，对于时间的合理安排与否关系到一件事情的成败和质量，也是对自己计划的一种考验。对于高校思政课的实践教学而言，合理安排时间，就能提高实践教学效果、节省精力、养成良好的实习习惯，提高学生参与实践的兴趣和欲望，巩固知识，并延长实践教学带来的放松和愉悦。一般而言，思政课实践教学时间的安排和计划应该包括：实践活动具体内容、参与者、定时目标、目标原因、重要目标、次要目标、实践方式等，都要从现实角度，进行统一计划。只有这样，才能尽量避免因为重复而浪费时间。然而，目前部分高校在实践教学上存在时间管理的任意性。一方面，较多高校对思政课实践教学只在开学之前或刚开学时，做一个大概的规划，至于上述具体的时间划分，却很少有能做到，以至于在实践过程中，经常出现不能按时完成作业的现象。另一方面，部分高校虽然对于实践教学较为认真，但是，很多情况下只是停留在书面文件上，并未具有实际可操作性。等到实践教学真正面临时，实践的粗糙性带来的仓促、低效、敷衍等弊端就凸显出来，使得实践教学成为走过场的现象。所以，实践教学时间的任意性给实践教学效果带来的是无穷的遗憾和难尽人意。

3. 师资力量的单一性

团队合作的力量常常能够调动尽可能多的资源做好一件事情，并在很大程度上避免不和谐、不公正、不合理的现象，特别是团队成员的合作能从心甘情愿角度出发时，这一团队必将爆发出强大而持久的力量。实践

教学的完成很大程度上需要师生之间、师师之间、生生之间的综合协调能力。只有每个人认识到自己在实践教学中应该有的角色内容，那么，他就会自觉融入团队教学中，完成好实践教学任务。教育部在《关于加强和改进新形势下高校思想政治工作的意见》中提出，要坚持全员全过程全方位育人的要求，即“三全育人”，也就是要求各方协调育人，但是在部分高校的思政教学实践中，这一任务常常成为思政课教师自己单打独斗的事情，思政课教师成为孤军奋战的角色。因而，思政课教师总是处于一种势单力薄的地位，没有得到多方面的支持。一方面，思政课教师感觉没有自信心，看不到实践教学的前途，认为这是一种摆设或形式而已，没有多大的意义。另一方面，由于势单力薄，在实践教学中遇到任何困难，思政课教师常常会畏缩不前，对于实践教学尽量因陋就简，多一事不如少一事，马马虎虎，草率成章，匆匆结束教学过程，更不管其实践教学效果。因此，实践教学的正常开展应该有其他相关部门或管理人员在适当的时候进行积极具体的参与和指导，这样才会尽可能地高质高量完成任务。

4. 实践教学基地的错位性

实践教学基地是实践教学重要的活动场所，是实现教学内容与实际环境对接的重要场所，稳定的、优质的教学实践基地，是高校思政课对学生进行巩固知识、实践教育、促进教学的重要领域。构建和完善优秀的教学基地不但有利于教学本身，也能促进整个社会思想风气的优化。加强学校与校外相关单位联系，教学与校外实践相结合，理论与实际相结合，互相渗透、双方介入、资源共享、优势互补，不仅可以优质高效地完成教学目标，而且还能促进基地本身的知名度和发展。另外，实践教学基地与课本知识的精准对接，在某种程度上，就是教学内容的纵向深化和扩展，实践教学基地此时成为真正的第二课堂，对学生肯定会产生强烈的吸引力。然而，部分高校在培育实践教学基地过程中，却常常出现错位现象，即实践教学基地与教学内容只存在形式上的一致性，从深层次而言，实践教学基地和教学内容不相一致，双方是错位的。例如：有的实践教学基地资源极少、规模极小，难以对课堂教学内容形成真正补充或扩展的作用，这在一定程度上削弱了实践教学的意义，也不可能起到巩固课堂知识的作用。所以，实践教学基地的设立，一定要与课本教学内容有恰如其分的对接，这样才能实现双方互利共赢，达到一定的教学效果。

5. 实践教学实施方案的不完整性

实践教学实施方案是实践教学开展的书面计划，它的完整与完善，不仅代表着实践参与者较高的理论水平和对实践教学的预判能力，而且能够在具体操作过程中，使得实践教学得以按时高质量完成。一般而言，实践教学实施方案包括实践教学总体设计、实践教学内容与时间的具体分配、实践教学组织形式、指导教师、实践教学的必要条件（如实践设备和耗材等）等。高校实践教学需要提前做好实施方案，这样才最大可能地减少实践教学过程中出现的种种误差。然而，就目前高校思政课实践教学而言，仍然有许多不尽人意之处。一方面，部分高校实践教学实施方案不完整，有的没有一本完整的教学方案，实践教学基本靠临时抱佛脚地制定一些应急措施敷衍过关；有的虽然有一本完整的教学方案，但是其中的内容非常不完整，仅有时间、方式等最基本的内容，而实践基地等等重要内容，要么没有，要么含混不清，没有一个统一清晰的概念。另一方面，部分高校的实践教学方案缺乏可操作性。这些高校虽然也制定了实践教学实施方案，但是都是一些不切实际的理论阐释，没有任何实践操作的意义或价值，具体方案或计划歧义条款居多，至多是一本应付检查的案头文件而已，没有可操作性。这些不完整的实施方案无法应对目前正在兴起的实践教学热潮，如果不从根本上进行脚踏实地地改进，实践教学的效果将无从谈起。

6. 实践教学效果的自由性

教学效果是教师教学过程发展的结果，它是评价教师教学是否取得预期效果的重要凭证。作为实践教学，其教学效果的评判应该包含在教学实施方案之中，即教学实施方案中应该对实践教学的教学效果提前估计和预

测。这样，教师在督促和指导实践教学过程中，就会按照实施方案提前预估实践教学效果。但是，部分高校由于教学实施方案不完整，仅仅是表面工作，因而造成其效果的任意性或自由性很大。一方面，一些教师对实践教学效果随行就市，往往是在实践教学快要结束时，根据大多数学生的实践教学资料做临时的教学效果结论。当然，由于学生的实践教学本身是在比较松散的实践中取得的，因而其材料的客观性、准确性也并不高。这样基础上得出的结论，其实很难反映实践教学本身的质量、水平、成效和优缺点。另一方面，由于材料的不准确性，导致这样的实践教学效果不能够对教师和学生的行为起到监督和强化作用。因为它既不能真实反映教师的水平，也不能对学生的学习起到刺激作用，因而不能发挥出其应有的调节作用。总之，这样的教学效果自由性，既不能使教师的计划、组织、教学能力有所提高，也不能使学生的知识、技能、品德有多大进展，最多是一张空头支票，给师生以各种不切实际的悬念，并不能在学生的实际能力上有所兑现。

（三）实践教学基地问题

实践教学基地对于学生巩固知识、参与实际、开阔视野、提升能力等有着不可忽视的作用。高校思政课建立好实践教学基地对其实践教学有着不可忽视的作用。因此，各高校目前都已建立或者开始寻找实践教学基地，以此推动本校实践教学的开展。但是，在具体操作过程中，实践教学基地往往出现某些不足之处，或者实践设备和场地不足，或者实践基地资金运行困难，或者方案不易落实等。这些都成为实践教学基地不能很好发挥作用的重要现实问题。

1. 忽视基地实践教学的方式和内容

思政课实践教学基地有各种视频、音频、实物、实物图片、演讲报告等基本内容，大学生可以对这些东西记录、采访、调查、拍照等，获得第一手的材料，让自己体会身临其境的感觉。一方面，这样的实践教学可以带动他们加深对课本知识的理解和记忆，引发他们的兴趣。另一方面，也能为他们从事研究提供真实的原始材料。同时，实践教学基地的优美风景以及优美图片，无不是学生课后放松身心的最好方法。可以说，实践教学基地的实物图片、视频介绍等为学生学习思政课提供了更加真实生动、栩栩如生的一手资料，是端正其信仰的重要方法和有利场所，每位同学都应该珍惜这样的机会。然而，目前部分大学生在这些实践教学基地并没有重视这些内容。相反，他们匆匆忙忙、走马观花地看了一遍，几乎没有看到什么，最多拍摄几张照片，以此作为他们参加实践教学的证据。部分大学生将实践教学基地作为商业性的娱乐场所，去基地的目的就是放松身心，毫无严肃性可言。实践基地对他们中的部分人而言，似乎就是游玩放松的地方。因此，他们对其中的人物事迹感触不深，他们专注于基地的热闹氛围，忽视了实践教学基地的内容所具有的教育功能。因而，其教育效果并不理想。

2. 基地实践的人员比例和时间不合理

实践教学的完成也与参加人数和时间有着很大的关系。实践教学基地是一个有限的环境，其容纳量是有限的。因而，每次去实践基地的人数和时间也是必须考虑的问题之一。首先，是人数问题。如果是一些平时开放的红色景点，同学们自动组织，利用节假日休闲时间去实践，则一般不存在人数多少问题。但是，如果大规模的集体组团、组班去参加实践教学，则在很大程度上需要带队老师和班干部提前做好计划，包括参观的人数、时间、交通工具、路上饮食、与基地工作人员的沟通等等。这是一件比较琐碎的工作，需要花工夫和实践去办理。其次，时间问题。因为实践教学是要有组织进行，特别是在教师带领学生到达实践基地后，有组织的学生团体通常需要一名导游，负责介绍基地情况，师生也要与导游进行互动。所以，学生组团去实践教学一定要选择基地人数比较少的季节，这样才能保证实践教学高质量完成。但是，目前部分高校的思政课实践教学往往在上述环节上出现问题，有的是一次参加人数太多，实践基地无法接纳；有的是去的时间不合适，基地人数多，实践教学往往草草结束，质量很低

等。不一而足，这些都严重影响了实践教学的正常进行和优质效果。

3. 学生考核方式的偏差

考核是对实践教学结果的考查和评定，它是对实践教学质量的一次总结，其结果可以作为开展下一次实践教学的依据，并以此对学生的努力进行鼓励，以及为下一次实践教学提供经验。实践教学考核的内容比较多，但是一般包括以下内容：实践教学任务内容、实践教学完成情况、考核评分原则和分值计算等；其中，实践教学的完成情况是最重要的环节，部分学校因为事前没有对这一项进行详细规定，或者虽然规定了，但是由于理论性太强，实际可操作性较差，就会导致学生完不成任务，或者任务质量较差等；另外，考核评分原则和分值计算，也关系到学生对实践教学的积极性和兴趣问题。从目前情况而言，部分学校对实践教学的原则规定模糊不清，执行起来歧义较多，各部门之间甚至出现互相扯皮现象，致使实践教学不能很好推行，特别是在考核评分方面，随意性、任意性的成分较大，造成学生对实践教学失去兴趣，或者不信任实践教学。一方面，有的高校实践教学的分值问题上，规定混乱，不能够反映实践教学的质优质劣情况，打击了同学们对实践教学的积极性。另一方面，部分高校的实践教学任务烦琐繁重，学生也不能在短时间内完成，或者能完成但严重影响了在校的学习时间等等，这些都是不利于实践教学开展的。

4. 教师考核方式的偏差

考核不仅是对学生实践教学的考查，也是对教师考核方式的考查。一般而言，考核教师主要是考察教师对学生实践教学的督促和检查情况，包括教师制定的考核标准是否合理、实践教学报告的审核情况、实践教学任务的完成情况、下一步的工作计划和情况等等。特别是教师对学生督促和检查情况，关系到整个教学实践的完成和质量情况。其次是评定标准问题，评定标准的粗细情况很能反映学生实践教学情况的质量高低。因此，高校对思政课教师实践教学完成情况的考核也很重要。然而，就目前状况看，部分高校相关部门对教师在实践教学方面的规定还有许多需要改进的地方。

第一，教师对学生的监督情况往往流于案头文件，也就是检查起来有章可循，但是实践起来常常空口无凭，拿不出实际效果。

第二，教师对学生实践教学的评定往往标准不合理，一些教师只是简单地用“完成”和“没有完成”作为评定标准，显然过分粗糙无度。有的虽然细化为分数，但是也是粗线条的分数，并没有真实反映学生真正的成绩。

第三，走一步看一步心理。部分教师对实践教学怀着敷衍心态，通常不进行下一步认真规划，只是任务来临时才开始抓，在心里没有一个严格的标准和尺度。

5. 实践基地的管理问题

实践教学基地是高校学生进行实践教学活动的重要场所，是进行教学研究、对口服务、理论联系实际的重要基地，是高校办学的基础条件之一，特别是对于思政课而言，实践教学基地既能反映学校在思想政治教育方面的理论水平、管理水平，更能反映学校对思想政治教育的重视程度。所以，在选择思政课实践教学基地时，要特别重视实践基地与学校思政课教育的具体内容如何对接、思政课专业人才与实践基地思政资源之间的关系、学校和实践基地如何进行共同管理等问题。所以，实践教育基地能否为实践教学提供源源不断的精神资源，与实践基地的管理有着密切的联系。然而，部分高校思政课实践教学基地有很多不尽如人意的地方。

第一，基地成为摆设。有些高校只是在实践教学基地挂了一块牌子，并未进行此后的实践教学，所以我们常常会看到实践教育基地有一块牌子，却很少见真正的有组织地进行实践教学的学生。

第二，基地有，但是管理不善。没有发挥基地应有的功能和作用，学校很少派人去基地进行联系或做报告，基地也不能很有效地为学校报送有价值的实践教育资料。双方都缺乏统一的规划和管理，经验交流很少，双方没有形成互补优势，实践教学基地有名无实。在实践基地教学中没有专

门的监控体制、评估体系，更谈不上对实践教学的设计、预测等方案。

6. 学校与实践基地的关系不稳定

处理好与实践教学基地的问题也是搞好实践教学的重要环节。实践表明，如果处理好与基地的资源共享，优势互补的关系，就能够实现双方互利共赢，共同发展的关系。就思政课而言，高校学生急需将课堂上的知识转化到现实中进行印证，以此达到巩固知识，开阔视野的目的。对于实践基地而言，高校学生能经常参观基地，将对基地建设在思想指导、结构安排、人员对接、知识提升等方面起到相当大的作用。所以，建设好实践教学基地是对双方都很有利的事情，但是目前高校思政课的实践教学基地主要存在以下问题。

（1）人事关系对接不好。学校和基地在加强双方沟通方面存在诸多问题，双方只是在固定时间内，有形式上的交流，例如：学校派人做做讲座之类，几个学生代表过去参观一下等，平时则很少进行沟通，有时基地出现新的资源，或者学校有啥新的理论动态需要与基地进行对接和交流也成为不可能，造成学校实践资源严重滞后于课堂理论的弊端。

（2）实践基地太多。有的高校急于求成，想在短时间内搞好实践教学，于是就同时建立好多个实践教学基地，使得实践教学成为花样翻新的形式和过场，根本没有时间进行统一规划和管理。至于基地提升、资源共享、互利互补等互动行为，则更成为不可能。

二、实践教学之构建特点

（一）特色性

办学特色是每个学校之所以区别于其他学校的重要标志，是每个学校生存和发展的源动力。实践教学作为高校办学的方式之一，在显现高校办学水平和资源方面，有着重要的作用。实践教学因为学科特点会显现出不同的特点，例如：企管专业的实践教学基地，就会涉及管理模式、产学研相结合等特点，而对于高校思政课而言，则是围绕如何实现理论与实际相结合的问题。

1. 地域特色

地域是有一定的空间范围，在这个空间范围内表现出相仿或相类的特点，而且这些特点具有连续性和跨时间性，与其他地域表现出明显的不同。思政课是一门思想教育导向功能很强烈的学科，因而对周围环境资源有强烈的现实敏感性。一般而言，某地有何思政资源，思政课教师会在第一时间有所反应，并力求将其应用于自己的课堂教学之中。例如：武汉的辛亥革命资源、红安的将军文化、陕北的延安精神等，都是富有地域特色的思政教育资源，这些资源或文化对于深化课堂理论，巩固学生知识都起着十分重要的作用。

（1）这些地域特色增强大学生的自豪感和自信心。由于红色资源都是革命战争年代老一辈革命家用鲜血和生命铸就的精神资源，都是他们克服了常人难以想象的困难之后创造奇迹的写照，常常让生活在今天幸福生活中的人由衷敬佩。所以，每当大学生了解到当地有这样或那样的红色资源后，他们常常为中华民族有这样的英雄和事迹而感到自豪，也更加对今天来之不易的生活感到由衷高兴。

（2）为思政课增加了更为便捷的实证资料。正是因为这样的资源，使得思政课教师在教学过程中，能够相对比较容易地就近发现更加确实可靠的教学资源，找到令学生信服的材料，从而为思政课的顺利进行奠定牢固的基础。

（3）为大学生增添了更加可靠的实践基地。实践教学基地是大学生思想政治教育的实际场所，很多学校因为经费问题，实践教学基地常常选在离自己比较近的地方。那么，很多思政教师总是选择具有本地特色的革命遗址作为基地，这样既节省资金，也能够顺利完成教学任务，而且因为有家乡情结的关系，许多学生愿意进行这样的实践教学，利用节假日，随时进行参观和实践。

2. 课程特色

同为思想政治教育课，四门思政课的内容和侧重点有着明显的不同，这就为实践教学在内容的选择上提出不同的要求。《毛泽东思想和中国特色社会主义理论体系概论》着重讲授中国共产党将马克思主义原理与中国实际相结合的历史进程，充分反映马克思主义中国化的两次飞跃和两大理论成果。这样的课程特色就要求在实践教学过程中充分提取那些能反映这一理论成果的教学内容，例如：博物馆中关于新民主主义、社会主义、改革开放的展览就很能说明这一理论。《思想道德修养和法律基础》是指导大学生成才成功成长的重要课程，是着重探讨培养合格的社会主义建设者和接班人的重要课程。因此，实践教学应该从老一辈革命家身上吸取道德风范作为标准，才能造就新一代的高级人才。《马克思主义原理》着重介绍马克思主义的基本原理，帮助学生树立马克思主义的世界观和方法论，树立科学的世界观和人生观，它在马克思主义理论教育中具有十分重要的地位。这门实践教学一方面要注意学生多参与社会调查，分析具体问题；学生要多参加社会实践活动，要走入社会，同企业、事业单位联合，了解社会主义市场经济的特点特色。《中国近现代史纲要》是以中国近代历史人物和历史史实为主要线索展开的教学，这一课程的实践教学特点，就是要侧重了解红色景点的各种人物和先进事迹。红色景点的文化就是中国优秀传统文化的重要组成部分，它加深学生对课本线索的印象，起到深化课程效果的作用。

（二）实用性

实践教学体系的构建，是与思政课的具体内容相结合，充分体现思政课四门课程的特色和要求，与这些课程的学术前沿、思想理念紧密相关。组成一个系统明晰、内容健全、结构分明的实践教学体系，其第二个特性就是实用性，可以从实践教学基地、学生、教师三个方面阐述实践教学的实用性。

1. 实践教学基地与高校师生可以互通有无

作为实践教学基地，其实用性表现在实践基地本身的实用性和从高校的参与中获得发展资源两个方面。从实践基地而言，其本身具有很多丰富的感性材料，包括文字材料、遗物、音频和视频、实地遗址、健在的革命老人等，这些资源能从具体形象上引起人们的兴趣，其对于教师科研、学生学习、其他单位进行爱国主义教育有着不可忽视的实际价值，能为高校师生提供丰富的教育资源。从高校参与实践基地而言，实践基地的实用性也得到提升。

第一，实践教学基地需要高校理论资源的理性提升。实践教学基地以感性材料为主，其生动性不言而喻。然而，其材料背后的理性价值却需要高校师生的参与才能被挖掘和提升，即高校师生为基地的建设和发展做理性的策划和指导，为基地的宣传提供有益的帮助，不断提升基地的实用价值。因而，基地有必要通过师生的参与来提升其实用性。

第二，实践基地的工作人员需要提高素养。实践教学基地工作人员的素养，对基地的发展和前景也是十分重要的。就目前全国大多数实践基地的情况来看，基地工作人员以本科毕业或者本科毕业以下为主，从知识结构和层次上而言，这是实践教学基地需要提升之处。因此，高校定期向实践基地输送人才，或者定期进行讲座和实习，对基地工作人员进行培训，都是基地提升工作人员素养的重要途径，也即高校的指导对基地有一定的实用性。

第三，实践教学基地需要提高自己的形象。正是通过上述规划和建设，实践教学基地在材料的不断发掘、外部宣传的合理化、人员素质的提升方面等，都取得前所未有的实际效果。

2. 教师从实践教学中取得一手的感性材料

实践教学基地的原始材料或古迹遗物，对高校思政课教师有十分重要的意义。首先，教师可以为教学寻找一手资料。实践教学基地都是与课本的内容相关的感性材料，这些材料都是思政课本内容的活化石，可以用来

佐证课本内容的真实性，从而加强学生对思政课内容的理解，进而起到加强教学效果的作用。一方面，这些真实的材料可以强化学生的记忆，帮助学生理解课本内容。另一方面，这些材料可以开阔学生视野，提升学生对课本的兴趣，从而加强思政课的吸引力。另外，这些材料也能以实体形式强化学生正确的价值观和世界观，端正他们的思想和态度。其次，教师可以为科研寻找一手材料。高校教师既是第一线的教师，也是科研工作者。他们在教学的同时也在搞科研工作，特别是思政课教师，他们要写作相关论文，需要很多的思政材料。实践教学基地为教师提供了最直接、最真实、最可靠的论文材料，为他们搞科研提供了便利，给他们一个提升自己科研水平的平台，有的教师还能凭借基地的资源，发现本领域的前沿问题，实现科研领域的突破。再次，教师本身也开阔了视野。高校教师经常在办公室里和课堂上，对外界的接触相对于行政人员较少。因此，实践教学基地成为高校教师开阔视野、增长知识、放松身心、提升修养的重要领域。一方面，教师可以用实践教学基地增长自己的见闻，特别是实践基地有一些新发现或者新展出的文物，这些文物对教师搞科研有重要意义，是教师了解最新感性科研材料的好机会。另一方面，作为教师，他们个人修养也在实践教学过程中得到提升，特别是一些青年教师，他们理论知识丰富，但是缺乏实践机遇，实践教学基地成为他们绝好的实践机会。

3. 学生从实践教学中获得良性认识

莘莘学子是祖国的未来，他们在校学习多年，只是从书本上获得了知识，但在实践教学基地，学生可以获得自己书本上谈起过、老师嘴里讲到过的知识。首先，巩固了自己的知识。百闻不如一见，学生从实践基地看到自己喜欢的遗物、遗迹，不仅增加了亲切感，而且加深了对课本内容的印象，对自己学到的知识起到巩固的作用，特别是有一些课本上难以理解的理论问题，在实践基地找到了答案。不仅使学生强化了知识，也提升了他们的兴趣，让他们认识到思政课的重要性。一方面，学生认识到思政课是言之有物，不仅有形而上，也有形而下的东西，是接地气的一门学科。另一方面，思政课是对实践教育基地内容的一种提升，实践基地是对思政课的扩展和补充，双方优势互补，共同促进高校思政课教学的开展。其次，开阔了学生的视野。学生每天坐在教室里，他们面对的主要是课本和同学、老师，认知范围比较有限，实践教学基地的开展，使他们能够走出教室，见到平时看不到的资源，这些资源不仅可以放松身心，而且对自己的学习有很大的帮助。实践教学基地的遗迹、遗物，让学生平添几分亲切感，让他们身临其境，感同身受，受到极其深刻的教育，特别是那些感人的英雄人物事迹会长期铭刻在他们心间，这是在课堂上难以听到或见到的，这对于他们的人生都起着至关重要的震撼作用。再次，端正了自己的学习态度。态度决定一切，很多事情，正是因为态度端正了，才能有一个正确的发展前途，正是因为参观了实践教学基地，学生们的世界观、价值观和人生观经常会发生很大的变化，特别是对世界观正在定型时期的大学生而言，实践基地对于端正他们的学习态度，坚定他们的毅力，催促他们前进，矫正他们的缺点，强化他们的情商，树立学生明确的学习目标，抓好学习的每一个环节，努力实现自己的目标，培养自己良好的学习和生活习惯等，都有着十分重要的作用。

（三）综合性

资源是一国或一定地区内拥有的物力、财力、人力等各种物质要素的总称。分为自然资源和社会资源两大类。高校的实践教学是一种综合性的资源，在实践教学中，支撑教师的教与学生的学等活动开展的资源，包括实验、实习、实训、课程（毕业）设计等实践环节所需的人财物等资源。高校思政课实践教学的综合性具体体现在，它综合了教师和学生、理论和实践、教室和实验室等共同体的资源。它打破了原有教学资源的设置，在新的基础上重新整合思想政治理论课的各方面资源，给学生以一种全新的实践感受和体验，是一种实践模式的混合型教学。

1. 综合了教师和学生的资源

作为高校教师，应该具备的素质至少包括正确的教育思想、良好的职业形象、前卫的职业理念、多元的知识结构、健康的心理素质、多向的教育交往等。这些基本的素质，要求高校教师能够坚持用正确的思想引导学生，从民族、国家和未来的角度考虑问题；不断努力提高自己的个性素养，努力用自己的良好行为示范学生，以身作则，严守纪律；不断提升自己的职业理念，努力用科学的方法和思维，培养学生适应自己的教学风格；不断学习，充实自己，用知识本身的魅力提高自身对学生的吸引力；保持积极乐观的心态，无论遇到任何困难，都能以冷静的思维去对待；能与不同的学生进行正常交往，能与学生平等交往等。作为大学生，他们应该拥有青春的热情和冲动、有不断学习和实践的精神、强烈的责任和担当意识、内心感情丰富，强烈的个性色彩，对新生事物的渴求等。思想政治工作从根本上说是做人的工作，必须围绕学生、关照学生、服务学生，不断提高学生思想水平、政治觉悟、道德素质、文化素养，让学生成为德才兼备、全面发展的人才。这些基本素质资源，能使大学生时刻保持一种积极进取的乐观精神，去迎接新时代面临的困难和挑战；能使大学生不断学习新的知识，用于探索社会氛围中存在的各种新式问题；能使大学生在大是大非面前，勇于承担自己的责任；能使大学生有一股子强烈的爱人如己、自尊自爱的品格；在发扬集体主义的同时，保持自己个性的张扬；能使他们与时俱进，不断接受新的东西。而作为实践教学基地，则具有教师和学生两种资源都能满足的特点，实践基地在涵养师生情操，培养师生上述素养方面，都有积极的作用，能使教师和学生从中受到很多启发和教育，进而实现师生自身的奋斗目标。同时，实践基地的资源特点，也能互相转化、利用和共享，推动师生的思政教育素养共同提高。

2. 综合了理论和实践的资源

从习惯心理上来讲，人们认为实践基地只具备实践的功能，不具备理论资源，或者理论提升的能力。但事实上，随着近年来高科技的发展，新的资源不断被发掘出来，实践教学基地不仅具有实践资源，而且拥有理论资源。理论资源通过实践教学基地直接和间接地表现出来。首先，是实践基地本身拥有的文书资料。文书资料包括公文、书信、契约等，这些资料通过文字、书法、图籍等形式，向师生展现一种可以借鉴的理论信息。这就说明这些资料有一定的理论价值，师生可以用来搞教学，搞科研，既可以以其作为科研的原始材料，也可以以其作为一种观点或理论，服务于教学、学习和科研。其次，实践基地的遗物、遗存也可以发掘出他们的理论价值，这些遗物都是过去留到今天的遗产，我们从这些遗物上面，读懂很多过去的东西，猜测出过去时代的特点，生产力水平等，我们可以从这些遗物、遗存上面找到其时代价值和意义，转化为当今的语言和价值观，最终服务于当今新时代中国特色社会主义理论的传播。再次，实践基地本身的规划、建设和将来的发展，具有长远性、全局性和战略性等特点，这些东西在某种程度上都在考验着师生的辨别能力、策划能力，提升师生对实践基地的再认识、再创造等能力。因而，实践教学基地有着十分重要的理论和实践教育资源，它为高校思政课提供优良的理论和教学资源，是理论和实践的综合体。在一定程度上，可以提高师生的观察能力、实践能力、思维能力和交流能力，是一个有机统一的整合系统，锻炼师生多向度的能力和品格。

3. 综合了教室和实验室的资源

教室是教师向学生传道授业的地方，是教师展现自己理想和抱负的场所，是学生接受知识，涵养情操的领域；实验室则是学生将自己的知识应用于实践，或者验证自己知识正确与否的地方。实验室是科学的摇篮，是科学研究的基地，对新的发明和创造有着十分重要的意义。二者有一定的区别，但也有一定的联系。如何利用他们之间的联系将二者融为一体，这是一件艰难的工作。而实践教学基地就很好地容纳二者于一炉。首先，实践教学基地是教学场所，也是教室，师生可以在这个开阔的教室里得到自己所需，实现自己的学习目标。其次，这也是一个开放的大实验室，师

生可以利用其中的资源进行各自未来的规划和设计。教师可以根据实践基地的资源设计自己的教学计划，甚至布置教学作业。学生可以利用实践基地的人物遗存、文献材料，对应自己在课本上学到的知识，开阔自己的视野，这是学生的大教室。总之，实践教学基地能把教室和实验室两个功能联合起来，发挥二者的综合作用，不仅有利于基地自身的发展，也有利于师生的学习、工作等，乃至于有利于民族和国家的未来。

小 结

实践教学就是让我们从实际中体会马克思主义这一指导思想的重要场所，每一所大学一定要利用好这个场所，要努力克服实践教学仍然存在的缺点，搞好实践教学。习近平在党的十八届五中全会上指出，要把“增进人民的福祉、促进人的全面发展作为发展的出发点和落脚点。”所以，大学要以实践教学基地促进学生的全面发展，通过实践教学培养出合格的接班人。

话题八：实践教学的现状、困境及构建措施

【话题导引】实践教学开展多年来，各高校取得了一些成效，诸如指导思想明确、严格的考评体系、建立实践教学基地等，但也有诸多不足之处，诸如教学理念滞后、师资力量问题、资金问题等。本话题将对这些话题展开讨论，在分析解决这些问题的困境之后，提出适当的建构措施。

习近平曾经在思政课教师座谈会上强调，近几年来，思政课取得明显效果，但是，思政课中的一些问题也亟待解决。这就要求我们思政工作者，在正视现实的基础上，把实践教学搞好。

一、实践教学现状

关于实践教学的现状，既有成绩，也有不足，体现出实践教学在探索中发展和前进的境况。

1. 实践教学取得的成绩

第一，大部分高校对实践教学有正确的指导思想和较为正规的章程制度。首先，明确的指导思想。坚持以马列主义、毛泽东思想及中国特色社会主义理论体系为指导，深入贯彻教育部关于实践教学的指导精神，完善高校实践教学体系，整合并利用高校一切可能有利于实践教学的资源，以达到实践教学目标，取得完美的实践教学效果。这种指导思想在深刻地影响着高校实践教学的主导方向，同时也影响着学生的实践教学

规则意识。组织行为管理学家欧文斯曾分析制度文化对学生的影响：“在学生的学习和发展方面，组织及其管理制度所蕴含的价值观、信仰、规范，甚至于认识，都会对学生发生强有力的影响，并成为‘游戏’规则。”[①]通过规则的完美，感受到遵章守纪带来的利益最大化，形成大学生主动守法的习惯性思维。这正说明指导思想在塑造学生实践教学思维方面的重要性。其次，严格的教学过程。实践教学在提高学生的专业能力、实践能力、创新能力方面，有着重要的意义。为防止在实践教学过程中出现懒散、敷衍、懈怠的情况，大部分高校能够根据自己的情况规划实践教学，诸如实践教学的地点、时间、指导教师、实践教学流程、实践教学信息搜集过程、实践基地、与实践基地的共商共建规则等，使得实践教学有据可查，学生实习有章可循，师生在民主法治的氛围中，增强他们的规则意识、权利意识，提高他们对实践教学规则的认同感和获得感，不断提高实践教学质量，完善实践教学效果。另外，有的学校还进行安全教育，使学生对实践教学过程中可能出现的安全问题，提前有了心理准备，也便于教师进行及时提醒和管理，顺利完成实践教学任务。再次，明确的考评体系。为激励和督促学生更快完成实践教学任务，大部分高校都制定了相应的实践教学评估标准、管理办法，不但考评学生对实践教学的完成情况，也考评教师督促学生完成实践教学的进度。一方面，将实践教学与教师的薪酬制度、职称晋升挂起钩来。部分学校将教师实践教学的质量、工作量等，量化为奖金制度、职称晋升和考核等，让教师切实感受到实践教学与自己的利益紧密相关。另一方面，将实践教学与学生的综合评定挂起钩来，部分高校把实践教学作为学生的必修学分。按照学生实践教学报告的内容、质量等评定成绩，或者融入平时成绩，或者融入期末考核。有的则让学生上台展示自己的实践教学成果，教师和其他同学在下面做评定，以此作为大家互相交流实践教学经验的

---

① 罗伯特 .G · 欧文斯 . 教育组织行为学 [M]. 上海：华东师范大学出版社，2001.

一种形式，大家受益匪浅，使学生明确了实践教学的重要性，从而改进了传统的实践教学，提高了效率。

第二，实践教学方法取得新进展。2008 年，教育部为了提高实践教学的重要性，规定本科院校必须划出 2 个学分，专科院校划出 1 个学分作为实践教学的学分。这就为全国各高校推行实践教学，制定了具体的努力方向，大大促进了高校实践教学的发展。首先，课堂实践教学花样繁多。随着时代的发展，课堂实践教学的方法也在进步，除了传统的课堂讨论、课堂辩论、课堂讲演之外，学生也充分利用现代多媒体技术，展示自己实践教学的成果，如大学生自己登台演示实践教学的 PPT、利用雨课堂和短视频与老师在课堂上即兴沟通、利用多媒体软件即兴配音表演课堂内容等，这一方面反映了高科技带给课堂实践教学形式多样化的选择，也反映出大学生充分利用自己的聪明才智，对课堂实践教学的一种新创造；另一方面也折射出大学生作为新一代，对高科技的娴熟应用与创造，新的课堂实践形式正是通过大学生这种不断的热情而创造出来的。其次，校园实践教学如火如荼。在上级鼓励与高科技发展的情况下，校园实践活动也蓬蓬勃勃地开展起来。除了传统的演讲比赛、知识竞赛、辩论比赛、话剧演出等外，由于科技的发展，现在又出现了拍摄微课、微电影比赛、虚拟现实体验等现代教学实践形式，为校园教学实践教学增色无数。这不仅丰富了学生的课余文化生活，充实了学生的学习空间。而且，在巩固知识的同时，也大大调动了学生的兴趣，使学生们枯燥单调的生活变得绚丽多彩。学生们的课余生活因为这样的实践教学而变得丰富多彩，有声有色。从侧面使得思政课的粉丝大量增加，变相减轻了的教师课堂教学的难度，为实践教学效果的提升奠定了一定的现实基础。再次，课外实践教学方兴未艾。如果说课内实践教学、校园实践教学是实践教学的主干外，那么校外的实践教学也成为高校日益兴起的新型实践教学形式。许多高校大学生通过暑期社会实践活动、志愿者活动、“三下乡”活动等，不仅锻炼了自己的能力，更主要是接触了社会上那些书本上闻所未闻的东西，开阔

了他们的视野。对于思政课教学而言，许多高校都动员师生积极参加当地红色旅游景点的实践教学活动，同学们参观革命纪念馆、拜访革命老区、寻访革命后代等，拓宽了学生学习的渠道，增强了学生学习思政课热情，也放松和愉悦了自己的身心，无论从知识方面，还是心理方面，都很好地满足了学生的需求，真正实现了理论课教学和实践教学的融合。

第三，大部分高校有自己的实践教学基地。实践教学基地是理论知识实践化，促进理论和实践完美结合的地方，大部分高校有自己的实践教学基地。首先，实践教学基地为高校提供了丰富的实践材料。实践材料是有形的物质形态，它们在很大程度上将课堂理论以物化的形式展现在师生面前，使师生有一种更加直观的感受，更容易理解和巩固课堂知识。同时，实践材料也能为师生的研究提供有利的帮助，很多师生正是在实践基地得到材料，最后产生了自己的科研成果，特别是一些稀有的珍贵文物，是师生在课本上所不能寻找到的实物材料。这在某种程度上加强了思政课教学在学生心目中的珍贵性。很多学生正是在这些实物材料的感召之下才喜欢上思政课这门以前他们认为枯燥的课程，提升了他们的兴趣，拓展了他们的思维，间接为他们走向社会提供了一些心理铺垫。其次，实践教学基地为高校学生提供了受教育的现实场所。学校是学生受教育的主要场所，很多理论知识就是从课堂上获得的，但是如何使这些知识深入学生脑海，只有通过实际生活的体验才能完成。实践基地就是为学生受教育提供了更加形象生动的场所，特别是这里栩栩如生的图片、文字、音频、视频，甚至是真实人物的叙述，都是很好的教育舞台，学生从中可以感受比课堂更加深刻的道理。这比单纯的课堂讲授更容易感染和打动学生的情感，更易记忆悠长。特别是一些革命战争的遗物，是最能让学生感受时代氛围的物品，能将记忆铭刻于学生心灵的深处，留下永久的回忆。再次，实践教学基地是师生提升组织能力、研究能力的场所。每次拜访实践教学基地，教师和学生都要进行提前的策划和调查，这就需要师生在拜访的时间、地点、天气、交通工具、安全等方面，做足功课。一次完整的成功的实践教学，往往与同学们精心的设计和努力设计是分不开的，特别是班主任和任课老师以及班干部等，一定要花很大力气提前设计实践教学过程中可能出现的各种问题，稍有不慎，很可能造成整个实践教学的崩溃。另外，师生与实践教学基地人员的相互了解和配合，也需要长时间的磨合和锻炼，这需要相当心理素质的学生和教师才能完成好这项工作，否则经常会前功尽弃、得不偿失、事倍功半。

2. 实践教学进展的不足

金无足赤人无完人。任何事物都不可能完美无缺，所以，实践教学目前也有许多不足。

第一，教学理念滞后。2008 年，国家关于思政课实践教学文件颁布以来，各高校就轰轰烈烈地开展实践教学，但是在具体贯彻落实过程中，部分高校关于文件的真正理解和落实到位就出现了的问题。首先，是实践教学的目标准入问题。思政课实践教学的目标是立德树人，为达到这一目标，就必须注意有机渗透、任务细化、内外结合等方法问题，但是部分高校对于立德树人这一高层次理念无法理解透彻，却盲目追求现实任务是否完成，未强调思政课教学理念是否通过实践教学入学生之脑、之心，真正内化于心，外化于行，因而没有真正从修养层次、精神层次上达到立德树人的目标。其次，是方式方法理念问题。方式方法是实践教学目标实现的桥梁，如何理解方式方法问题呢？部分高校认为“方式方法”就是将实践教学所要采取的过程、方法，写成条文，通知大家，然后大家按日程履行完实践教学行程，最后交上实践报告即可。特别是在这一过程中，教师只让学生撰写诸如实践日程、实践日记、实践成果、实践感想、实践评价等，只要有这些材料，实践教学学分即可拿到，并未告诉学生，完成这些材料的真正目标是让学生从思想上能够吸收思政课的教育理念而服务的。再次，评价标准理念的滞后问题。评价标准，是为考核服务，考核是为了让学生对实践教学引起足够重视，进而将立德树人的理念渗

透到学生的世界观、价值观之中。而部分高校仅仅认为考核评价只是为了学生完成形式上的实践教学任务，最多就是让学生完成学分，至于在精神上、思想上学生有多少进步，则不是主要实践教学的主体。正是这样，使得部分思政教师的实践教学流于形式。

第二，师资力量问题。有了正确的理念，就要有实际的人员投入。2017年，国务院印发《关于加强和改进新形势下高校思想政治工作的意见》，其基本原则的第三条即规定，即“坚持全员全过程全方位育人”的原则，但是部分高校的思政课其实只有思政课教师单干。一方面，有的高校思政教育完全是思政课教师的事情，都是思政课教师单打独干，其他人，特别是专业课老师，从不关心思政教育问题。所以，难以提高学生的积极性、参与性。另一方面，有的高校似乎也规定了一些专业教师参与思政课的措施，但是仅仅是从形式上或者制度条文上有如此规定，真正落到实处，却并非易事。同时，在推行过程中，各种问题层出不穷，例如：教师工作量问题、教师与教学的搭配问题、行政领导与教师的关系问题等，都在一定程度上削弱了师资力量在实践教学上的分配，最终导致思政课实践教学力量单薄，被边缘化、弱化，实践教学效果不明显。

第三，资金问题。实践教学的正常开展，最物质化的东西，首先遇到的是资金问题。因为无论是教师考核工作量、实践教学交通问题，还是实践基地策划、培育问题等，都与资金直接相关。首先，各学校的重视程度不一致。有的学校比较重视，规定了相应的资金使用制度，资金到位，数额充足，有力地推动了实践教学的开展。有的学校毫无章法、资金拖拉，或者资金稀少，或者资金不到位，打击了师生的积极性，影响了实践教学的进度、质量和效果。其次，资金到位，但很难落实。有的学校虽然在制度上明确规定有实践教学资金，但是在使用过程中，却出现挪用资金的现象，真正落实到实践教学的资金寥寥无几，只是一些象征性的数额能落到实处。再次，资金落实了，但各学校的数额却大相径庭。资金的多少也是影响实践教学的重要问题，有的学校资金过多，造成浪费；有的学校资金适中，实践教学效果明显；有的学校资金过少，根本起不到支持实践教学的作用。

第四，师生认识错位问题。思政课是人文学科课程，大学生通过自己的课外阅读，就能够掌握很多相关的知识，自我学习获得感比较强烈。所以，随着新媒体技术的发展，很多学生从网络媒体上了解到很多思政知识，其中一些学生的知识范围已经超出教师的讲授之外，这样就造成教师在课堂上的传授知识是否具有新鲜度，教师的知识是否与学生的知识对应的问题。因此，部分高校的思政课教师就出现以下情况：一是思政课教学门槛太低，教师课堂上的实践教学难度与学生的信息量相比，明显偏低，不能够引起学生的兴趣。学生对教师的授课期待值，需要教师不仅在理论课上提高自己的知识难度，而且在实践课上增加实践教学的数量，以实践形式提高思政课本身具有的吸引力；二是教师传统的实践教学方式难以满足学生的需求，特别是红色旅游兴起之后，很多学生自费旅游了很多红色景点，这就使得教师的实践教学如果用单纯的看看景点就能完成实践教学任务的做法，显得有点落伍，不能够引起学生的兴趣，根本达不到实践教学原先预估的效果。

第五，实践教学方式方法古板化和商业化、娱乐化。思政课教师是教学的辅助者和指引者，直接影响着实践教学的方向和效果，其本身具有的知识水平、实践经验、教学方式等直接影响着实践教学的效果问题。目前，由于学校教师的高学历、年轻化问题，带来实践教学上的两极分化。一极是老教师实践教学方式的古板化、单一化问题，一极是年轻教师没有思政课实践教学经验，将思政课实践教学娱乐化、商业化的问题。前者往往以年龄较大的教师为主，他们对实践教学的方法基本上沿用过去的课堂教学方法，要求学生参观、拍照、写报告这一套老套路，没有新鲜度，学生也学会应对这种套路的方法，实践教学其实是走过场；后者以年轻教师为主，他们没有实际的实践教学经验，主要从理论设计方面对实践教学进行规划后，将实践教学的内容和目标过分泛化，使得学生只要去过那个景

点看看，甚至有的学生网上下载一些景点图片，就能充当实践教学作业，有的学生因为没有教师指导，自己到景点玩玩，就算实践教学，完全将实践教学商业化和娱乐化。

第六，实践教学中学生的获得感问题。实践教学的目的是要学生通过实践，加强和巩固课堂知识。但是，当今大学生除了接受课堂知识外，他们对网络知识接受也非常快，很多先进的链接老师不一定懂，但是学生往往能够链接上，他们从网络上获取了很多相关知识，这些先入为主的东西，往往在学生脑海中占有一定的位置。这样实践教学的内容再想嵌入学生的脑海，就不是十分容易的问题，特别是一些课堂上的重要案例，学生往往有自己的看法，这是教师十分头疼的问题。因此，实践教学究竟如何让学生学会正确辨别网络上遇到的经典案例与实践教学中学到的东西，这是网络化时代很多思政课实践教学遇到的问题。一般而言，部分高校也重视到这一问题。一方面，有的高校思政课教师有意识地在课堂上专门纠正这一现象，尽量转变学生对课堂案例因为网络问题造成的不良印象；另一方面，却是部分高校的部分教师对这一问题采取睁眼闭眼、视而不见的麻木态度。因此，各高校应该充分重视这一问题，否则对思政课形成的冲击不堪设想。

第七，实践基地匮乏问题。实践基地是学生印证课堂教学内容的重要场所，随着高科技时代的发展，实践基地愈发成为学生进行思想磨炼，端正态度的场所。但是，目前很多非思政专业的课程有很多实践基地，但是思政课的实践基地却较少。根据笔者目前的了解，思政课实践教学基地主要存在以下两种情况。一方面，部分高校根本就没有实践教学基地，至多是在课堂上，或者校园内，对学生进行思政课的实践教学活动，范围非常有限，对知识的映照程度可想而知。另一方面，部分高校虽然有实践教学基地，但是只有教师在某一段时间内去拜访一次，而学生却根本不去，或者没有机会去。所以，这样的实践教学基地实际上只是摆设，没有什么实际意义。同时，由于资金、组织管理等原因，实践教学基地与学校之间的关系，很多情况下只是形式上的关系，平时的交流并不多，起不到实践教学基地应有的作用。

二、实践教学的困境

前面分析了实践教学的现状，可谓喜忧参半，那么实践教学目前处于怎样的困境呢?

1. 难以处理理论和实践的关系，思政理论难以融入生活

实践性是马克思主义的重要特征，思政课是马克思主义传播的平台，因而，实践性自然也是思政课的本质特征，否则，这门课程将难以实现对马克思主义的传播，所以，思政课一定要回归到实践中，才能验证其与生活的契合程度，即思政理论课的教学内容要回归生活世界，通过理论供给与生活实践紧密结合。也就是思想政治理论一定要生活化，才能真正体现其价值性存在。但是，目前部分高校的理论教学却难以与实践教学相结合。一方面，部分高校采取忽视实践教学的态度，对实践教学的管理缺乏体系化，常常是想什么就实践什么，随意性很大，实践教学没有固定的目标，无法将思政课中所阐述的原理、党和国家的政策理论以及日常生活的规律有机结合起来。所以，学生虽然参加实践教学，但是理论和实际仍然是两张皮，没有做到思政课理论内化于心，外化于行的目的。另一方面，部分高校学生的功利主义心理强烈。他们选择实践教学，主要是为了完成学分，因而功利主义的心理浓厚，在实践教学过程中，常常表现出敷衍应付的被动心态，常常出现“实践过程走马观花”“实践报告网上仿写”“网红打卡游山玩水”“实践课混学分”的状况，未能真正实现理论与实践的有机融合。

2. 难以把握实践教学与社会实践之间的关系

思政课实践教学和社会实践都是与“实践”有关的活动，所以，有的师生在二者的关系问题经常搞混淆。

（1）在课程的性质和目标方面。在课程性质方面，思政课实践教学是以马克思主义为指导思想，以思政课的内容原理为基础，在学校、院系班级统一组织指挥之下，由辅导员或班主任统一安排，让学生参与到与思政内容相关的社会生活之中，充分发挥学生的主观能动性，以学生个体的思维，发现、分析和解决社会生活中的实际问题，从而更加深入地理解课堂理论的课程，是实践活动印证理论正确性的过程；而社会实践则是在学校相关部门的统一指挥下，有院系班级具体组织的，为完成学校规定任务，了解国情、民意，有效融入国家政治、经济、文化等活动的一系列社会实践活动。在课程目标方面，思政课实践教学的目标不仅在于培养学生理论联系实际的能力，更在于通过实践的映证，达到思想政治理论知识与社会生活的融合，使得正确的思维意识在脑海中扎根发芽，入脑入心；而社会实践活动，则是以问题意识为导向，通过有计划的参与社会活动，锻炼和培养大学生了解社会，发现、分析、解决问题的能力，在思想上和能力上有综合的提升。而就目前情况而言，很多师生往往把思政课实践教学和社会实践混为一谈，认为这是可以等同为同一性质和目标的“实践”活动，二者等量齐观，整齐划一，从而造成学生在实践思维意识方面的混乱，最终影响两种活动的正常有序进行。

（2）课程内涵和范围方面。在课程内涵方面，二者虽然都是“实践”活动，但是“实践”的程度是有差异的。思政课实践教学是以学生参与社会活动，验证思政课理论正确性的过程，虽然学生接触实际，但是它从根本上而言仍然是属于教学活动，是课堂活动的向外延伸，是在马克思主义理论基础上，学生思政课内容的向外扩展，是服务于思政课教学的，它更加注重塑造世界观、价值观的过程；而社会实践活动则重在“实践”过程，其参与社会活动的“实践”程度远大于思政课实践教学，它要通过学生接触社会、融入生活、了解社会、锻炼自我。它更加强调实践主体自身行为的实践意义、现实意义，是大学生主观能动性的现实体验，更加注重客观性的过程，培养学生现实操作和活动的实际能力，是服务于现实的。

因此，二者虽有“实践”的相同理念，但是其方法、路径、思维是有区别的。在课程范围方面，二者也不同，思政课实践教学是属于课程性质，是思政课的组成部分，是学校教学过程的一部分，是明确规定在教学大纲范围之内的内容。而社会实践活动则是课外的实践活动，它不属于课程性质，不在教学大纲范围内，组织者多为学校团委、院系团委，它至多是一种教学课堂的课外补充而已。但是，目前部分高校的学生，经常把二者混为一谈，以社会实践内容，充当实践教学内容，冲淡了思政课实践教学塑造世界观的特性，也削弱了社会实践的“实践”性。

（3）课程内容和实施方面。思政课实践教学和社会实践在课程内容和实施方面也有很大差异。在课程内容方面，思政课实践教学注重马克思主义的传播，是新时代中国特色社会主义的传播者，其最终目的是立德树人，培养社会主义事业的综合型人才。思政课实践教学是一门独立的科目，其具体内容是与德育相关联的材料；而社会实践活动则不是一门独立科目，其组织形式、体系结构远不能与其他独立课程相比。其实践形式、实践时空也较为多样，其灵活性远非思政课实践教学那样严格，其内容较为广泛，涵盖德、智、体、美、劳等各个方面，主要是提高大学生综合素质和能力。在实施方面而言，高校思政课程实践教学是紧密配合思政课的教学内容，其内容结构体系与课堂内容相关联，其实践具有长期性、计划性、规范性、系统性等特点，可以在周末短期进行，也可以在假期较长时间内进行，其具体组织和实施者是思政课教师；而社会实践则是利用寒暑假较长的时段内，由学校牵头，团委具体组织实施的实践活动，其规模、人数较大，其一次性持续的时间较长。但是，部分高校师生虽然知道这是两回事，但是不知道其具体区别。因此，在安排两种“实践”过程中，往往把两者的内容经常混合起来安排，不分彼此，特别是在写实践报告的时候，经常将二者内容互相通用，弄得两种课程都没有达到预期的效果。

3. 实践教学不规范，很多事情流于形式

规范是指事物发展符合逻辑，能够客观、真实、全面、完整地反映事

物的全过程。思政课实践教学虽然得到很多高校的重视，但是其实际操作过程却并非那么简单，在整个教学过程中的教学地位并不高，部分学校并没有将思政课实践教学真正放上教学议事日程，其实践内容、实践时间、实践地点，也常常随教师的个人意愿而定，所以，教师的个人素养和水平常常左右实践教学的效果，其评价标准的随意性也很大，只是很笼统地规定为合格、不合格等。因此，其效果并不能真实反映学生实践教学的客观情况，至多是从大体上反映了学生的活动轨迹，不是对学生实践教学的准确评价。同时，实践教学也常常流于形式，《高等学校思想政治理论课建设标准》规定："实践教学纳入教学计划，统筹思想政治理论课各门课的实践教学、落实学分（本科 2 学分，专科 1 学分）、教学内容、指导教师和专项经费。实践教学覆盖全体学生，建立相对稳定的校外实践教学基地。"但是，部分学校片面理解这一规定，除学分是 2 学分外，其他内容则多为案头文件，师生心中对此并未有清晰的概念，而且经常和社会实践混为一谈。同时，部分大学生对思政课实践教学的目的认识不清，态度不端正，敷衍交差的倾向性明显。

4. 师生关系处理不当，学生积极性下降

师生关系是影响教学实效性的重要砝码。高校思政课实践教学能否有效发挥学生主体性，直接关系到高校思政课的实效性。而学生主体性又是影响师生关系的关键因素，思想政治教育主体的最根本的特点是具有主体性。特别是现如今，学生个性要求很强烈，学生主体性的发挥与否，成为师生关系发展过程中的重要推力。在思政课实践教学中，部分高校的师生关系有诸多不尽人意之处，很多实践教学都是教师硬性指派，学生根本没有积极性和主动性，这很明显反映出师生关系的不到位。一方面，由于种种原因，高校实践教学往往成为一种摆设，不能够成为师生共同学习、实践和情感交流的场所，往往成为教师完成教学任务，学生修满学分的被迫因素。另一方面，教师习惯于课堂的单方面灌输，在实践教学方面仅仅是指定地点、规定大概方向，囫囵吞枣，给学生的感觉就是敷衍应对，没把学生的实践活动放在心上，根本没有满足学生的个性化需求，无法激发学生的兴趣和参与热情。同时，极个别高校由于经费、基地等原因，往往只让学生中“精英”“学霸”等作为代表参与实践教学基地活动，这就更加打击了学生的积极性。

5. 实践教学效果差，评价体系不完善

实践教学近年来渐受重视，但是其效果未必令人满意，其中原因之一就是部分教师习惯于讲授。对于实践教学亦是如此。思政课教师往往走极端。一方面，教师在实践教学开始前给予学生太多的理论材料，提前把重要案例都讲给学生，学生对未知的实践教学过程缺乏探究的兴趣和引力；另一方面，有的教师对未来实践教学不发一词，只给学生一个大概的方案，然后学生按照自己的理解去自己实践，因而很多具体细节都是学生自己编的，根本不可能在实践中真正兑现。同时，少数学生受网络负面新闻和西方价值观影响较深，其人文道德素质在短时间内不能及时得到很好纠正。另外，很多高校的实践教学评价体系也不完善，因为“实践教学的考核评价侧重学生在实践教学中的参与度和收获。实践教学内容的抽象性、思想的复杂性、进展的阶段性和社会环境的不确定”①，都增加了实践教学的难度。而各高校目前的思政课实践教学仍然处于起步阶段，部分考核评价体系不健全，相当部分实践教学的结果评价随意性很大，具体评价条目都是粗线条的，缺乏具体依据，造成评价结果不准确，评价过程走过场，既不能刺激教师积极作为，也不能调动学生的积极性。

6. 课程与资源的关系不协调，缺乏全员合力育人机制

实践教学的开展，不仅需要财政的支持，也许要学校健全的管理体系，还需要实践教学基地的大力支持和配合，要遵循教育部关于“三全育人”的标准，开展实践教学工作，即实践教学的开展不仅需要思政课程与相关资

① 王志玲 . 当前高校思想政治课实践教学存在问题及对策 [J]. 教育探索，2013(02): 117-118.

源的配套进行，更需要相关行政或教学辅助人员的配合进行，如此才能形成实践教学综合育人的全方位场域。然而，部分高校的现实情况却是：

（1）行政与教学不能很好配合。作为高校，不仅有思政课实践教学，还有社会实践。作为行政人员，大多只关心大学生社会实践，而对思政课实践教学，往往误认为是院系行为，是思政课教师自己的事情，这样往往教师因为负担过重而敷衍交差，造成实践教学资源的浪费。

（2）教学与基地的关系时冷时热。实践教学基地资源的紧缺也是实践教学难以顺利开展的原因，现在高校多，实践教育基地有限，这样实践教学基地的资源很难应付如此多的实践教学，而部分高校与实践基地的关系也是，上级检查就联系多，不检查就联系少。

（3）课堂资源挖掘不够。实践教学是课堂资源的外延和伸展，课堂内容资源讲得透彻，学生听得明白，在实践教学过程中，就能够自觉应用。否则，学生很难在实践教学中找到课堂内容对应的实践教学客体，实践过程当然成为走程序的事情。

7. 课程和信息变化的不平衡，影响实践教学的全面性和完整性

思政课是宣传马克思主义的平台，更是传授马克思主义中国化的重要载体，同时，它又与当前国家的形势、政策、方针紧密联系。所以，课程的内容要经常随着国家形势的变化而不断变化，相应地，实践教学内容也应该与当前的信息默契配合，才能完成传播马克思主义理论，传播新时代中国特色社会主义理论的任务。然而，目前部分高校的思政课实践教学只是单纯从原有课堂内容出发进行，并不能对形势变化部分进行及时调整。实践教学的步伐也随之滞后，实践教学内容陈旧，实践教学方法落伍，随之产生的实践教学效果也具有更多的猜测性和主观性。特别是一些学生掌握信息的速度远远胜过教师，他们忽视教师的实践教学活动，对其评价也有不屑一顾之感，至于学生是否能够按质按量认真完成教学任务，就可想而知了。上述问题，势必影响实践教学的立体性，即实践教学的完整性和全面性。

三、实践教学的构建措施

既然实践教学有上述困境和不足，我们该如何改进呢？这就要从理念到教学，从理论到实践来一个全面的改观。

1. 加强对实践课重要性的认识，强化思政课革新理念

思政课是当前的权威课，是端正大学生思想的重要课程，因此，其重要性和理念的巩固具有十分重要的作用。

第一，领导及相关部门重视。2019 年 3 月，习近平在学校思想政治理论课教师座谈会上的重要讲话，明确提出思想课的重要意义，分析了思政课程改革和思政教师的重要性。2015 年，中共中央组织部、宣传部、教育部《关于领导干部上讲台开展思想政治教育的意见》，说明领导干部上讲台“是加强高校党建和思想政治工作的重要举措，是党的群众路线教育实践活动的延展深化”。这就为领导干部重视实践教学开了一个好头，树立了一个标杆。所以，各学校、院系相关部门负责人要从自身做起，带头抓好思政课，提出符合本校、本系的具体实践教学计划。

第二，强化思政课理论和理念。马克思说：“理论只要说服人，就能掌握群众；而理论只要彻底，就能说服人。所谓彻底，就是要抓住事物的根本。”[①] 思政课教师不仅要有正确理论，还要有正确的理念。要放弃教师的“领导”理念，将自己放到与学生平等的地位，这样，才能适应青年人活泼好动的特征，因而也就极易调动大学生求新求异的积极性，触动他们进行深入思考。从而使教师变领导为指导，学生主导地位提升，就激发了他们的自主力和创造力，增强其成就感，真正践行以学生为本的理念。

---

① 中共中央马克思恩格斯列宁斯大林著作编译局. 马克思恩格斯选集（第1卷）[M]. 北京：人民出版社，2012.

第三，完善保障机制。实践教学是思政课建设和改革的主要内容，要想开展好，必须得到学校的高度重视，在资金、人员、物力方面的又能保障，才能顺利进行。另外，由于处于网络时代，新媒体具有可控性不完善和无序性，大学生有许多网络不规范行为，影响高校思政教育。所以，需要高校相关部门加大力度，营造健康纯净的新媒体应用环境，规范大学生的网络言行，保证大学生在新媒体下健康成长，排除新媒体的消极因素对实践教学的影响。

2. 利用思政课体现的学校专业特点，整合资源，全员参与

（1）思政课实践教学要体现学校专业特点。习近平在全国高校思想政治工作会议上强调，各类课程都要与思想政治理论课同向同行，这就要求每一个高校都要运行好“课程思政”这一重要形式。所以，各个学校要充分估计自己学校专业课的特点，自觉践行“全过程育人、全方位育人”的思想，充分挖掘本校专业文化课的思政资源，然后在考虑思政课特征基础上，将二者有效融合。高校也要延伸思政课的广度和深度，在思政课上体现本学校专业课的作用和意义，在专业课中逐渐汇入思想政治内容，让学生在接受专业课内容的同时，潜移默化地将思政教育融入脑海，最终达到全员、全程、全课程的育人格局。

（2）充分调集全方位资源，实现全员参与。一方面，思政课要调集学校全体教师、辅导员、班主任以及其他相关行政部门，实现师资力量、各专业、教学设施，甚至是保障制度的有机调配，避免思政教师自己单打独斗，走过场，乱点缀的缺点。另一方面，要注意全员参与的体系化、理性化，既然是全员参与，就要进行有效的组织，才能发挥综合效应，避免资源浪费。要积极利用新媒体技术所引入的资源广泛性，利用大数据平台所具有的系统性、全面性等特点，系统调整相关思政资源，做到资源有效配置，全员高效，推动实践教学向趣味化和丰富化方向发展。

（3）搭建多向度教学平台。实践教学有课堂实践教学、课下实践教学、校园实践教学、校外实践教学等多种，随着新媒体技术的发展，可以

发展网上实践教学平台，充分利用微信、微博、QQ 等软件，借助其快捷性、广泛性、交互性等特点，突破时空限制，对大学生进行随时随地的实践教育。一方面，可以在此等软件上开展演讲、比赛、辩论等活动，借此扩展思政教育知识；另一方面，师生借此平台互相建立小平台，利用网络的匿名性和虚拟性，克服学生羞涩不愿意表达的缺点，充分发挥学生自由的思想，解决学生的困惑，提高实践教学的实效性。同时，在与学生互动的过程中，锻炼学生使用思政理论分析社会问题，正确看待社会事件，真正做到课堂与实践有机融合。

3. 利用传统文化开展实践教学，延伸实践教学内容

（1）在实践中体会中国传统文化。文化是一个民族赖以传承的精神和灵魂。习近平指出："文化自信，是更基础、更广泛、更深厚的自信。在5000 多年的文明发展中孕育的中华优秀传统文化，在党和人民伟大斗争中孕育的革命文化和社会主义先进文化，积淀着中华民族最深层的精神追求，代表着中华民族独特的精神标识。"要深入理解中华民族深层次的文化，单靠课堂讲学不够，要有选择性地进行实践教学，特别是利用最能体现中国传统文化的实践基地，将传统文化渗入思政教育，深化大学生对新时代中国特色社会主义理论文化的理解。

（2）在实践中深化爱国主义情怀。党的十九大报告指出："继承革命文化，发展社会主义先进文化，不忘本来、吸收外来、面向未来，更好构筑中国精神、中国力量，为人民提供精神指引。"要带领学生重温革命旧址，并有意识地选择革命旧址中爱国主义成分强烈的材料，对学生进行重点讲解。一方面，可以让学生了解过去前辈的艰辛，更加注重思政课堂理论的真实性和可靠性。另一方面，通过这些不朽精神，感悟今天幸福生活的来之不易。增强民族自信心、自尊心、自豪心。

（3）延伸专业文化课实践内容。每个学校都有自己不同的专业，要以自己的专业为切入点，从思政角度激发学生学习专业课的热情。例如：经济学院的学生，可以通过实践教学，感受新中国成立前后，中国经济变化

的不同，提前收集资料、数据分析，再通过实践教学中有关经济的材料进行对比分析，变被动学习为主动学习，最终得出新中国的成立推动经济快速发展的结论。让学生认识到思政课的重要，也连起了思政课和专业课的桥梁，同时促动学生对经济学的热爱，增强了他们爱国主义的心理，使他们更加愿意为新时代中国特色社会主义的经济发展贡献自己的一份力量。

4. 开展各种培训，提升师资力量

理论课的实效主要在于教师，教师力量在很大程度上是思政课取得成效的关键。

（1）培训教师队伍，提高教学能力。早在2008年，中宣部、教育部就在《关于进一步加强高等学校思想政治理论课教师队伍建设的意见》中指出加强思政课队伍的重要性。所以，从教育部而下，乃至各省、高校都开展各种形式的师资队伍培训，有的是专业技能培训，有的是基本文化素养培训。无论是国培、省培，还是校培、骨干培训等，都在不同程度上提升了教师教学能力。不仅再次巩固和提升了他们的理论能力，也锻炼了他们的实践技术能力，增加了教师接触社会的机会，为他们宣传党的方针、政策，完成立德树人的任务奠定了基础。

（2）完善思政实践教学队伍，不断提升教师实践教学的能力结构。教师教学能力是学校软实力的象征，在教学队伍中，有些教师，特别是刚刚入校的年轻教师，他们缺乏一定的能力。俗话说："名师出高徒"，教师缺乏能力，在很大程度上也就难以培养出优秀的学生，难以满足立德树人的要求，高质量的教师对于高校的正常发展起着"半边天"的作用。所以，需要教师的政治素质过硬，爱国情怀要深、创新能力要强、视野更加宽广、自律精神严整、人格作风要正。只有这些具备了，教师才能够具备强硬的引导力、指导力和互动力。

（3）增强师资力量，完善队伍结构。师资力量中的年龄结构也是高校思政课实践教学的重要表征，特别是互联网时代，面对信息量庞大、信息传播快等特点，需要教师能在短时间内掌握各种信息获取工具，这就要求教师能在短时间内对新的软件、工具等应用熟练，并将其应用于自己的工作实际。在这方面，年轻教师比老年教师更有优势。因此，高校应该建立一支既懂得新媒体技术，也能适应现代社会的年轻教师队伍，适当调整老中青三代的教师结构，不断强化教师整体上的信息处理能力。

5. 利用互联网教育，加强区域合作

互联网时代最大的优点就是能够实现区域优势互补，更高、更快、更强地实现教学提升。

（1）开展思政实践教学互联网教学，实现区域协同发展。利用网络空间的无限性，实现跨区域高校联网教学，积极通过网络引进兄弟高校所拥有的实践教学资源，在网上进行实践教学的经验交流、资料共享、问题探讨；通过雨课堂、慕课、学习通等，实现跨区域协同发展，实现双赢互利，共同提高教学实效，最终实现跨区域系统发展。让网络技术真正帮上实践教学的忙，让网络技术帮助思政课实践教学，从时间、基地、经费等方面，进行有计划、有步骤地进行网络管理，实现更大更广范围的联合发展的实践教学。

（2）优化区域协调体系，形成全社会范围实践教学的良性互动。互联网不仅可以协调区域之间的实践教学，也可以在全社会形成实践资源的互相流动，实现实践教学相关单位与高校进行联合工作，实现教育单位与非教育单位共性资源的互通有无，彻底打破区域分割和利益分配观念，补短板、强弱项，实现思政教育在内容、目标等方面的大力提升。

（3）革新思政课互联网理念。学校要定期培训思政课教师的互联网知识，特别是关于互联网实践教学的相关事项，要动员年轻教师对老教师在互联网实践教学方面进行帮扶带的工作，实现互联网实践教学的全覆盖，使所有的思政课教师都会使用互联网进行实践教学。

6. 加快实践教学基地建设步伐，积极培育全新的思政实践教学场域

实践教学基地的不断提升也是思政课实践教学取得高效的重要环节。

（1）不断完善原有教学基地。加大对原有教学基地资金、人力的投

入，不断改进基地设施，重视与基地保持密切的联系。一方面，对基地进行设施、人员的功能提升，对基地的重要资源要积极利用，做到“物尽其用”；另一方面，双方人员要经常进行互动，做到师生依靠基地巩固知识，基地依靠师生提升理论素养。

（2）建设思政课实践教学的场域。一个场域可以被定义为在各种位置之间存在的客观关系的一个网络，或一个构型。实践教学既是一个独立的空间，也是与周围因素存在联系并且互动而构成一定场域的因素。很多情况下，实践教学的成败与否，同这一场域的关系十分密切。所以，作为思政课实践教学的推行者，一定要注意场域内部之间各要素的相互作用，既要注意教师能力、学生的配合、实践基地的条件等，也要注意他们三者之间如何协调配合，努力找到三者意见的逻辑聚合，实现实践教学的指导能力和学生实践教学的“主体性”相结合，营造促成实践教学发展的良好氛围。

小　结

实践教学在指导思想、教学方法、实践基地等方面取得一定成绩，但在教学理念、师资力量、资金问题等方面还存在诸多问题，为处理这些问题，我们必须走出理论和实践协调关系、实践教学和社会实践的联系与区别、课程与资源关系等困境，采取加强实践教学重要性认识、延伸实践教学内容等构件措施，不断完善高校实践教学工作，真正使它成为巩固学生课堂知识，树立学生世界观的重要形式。

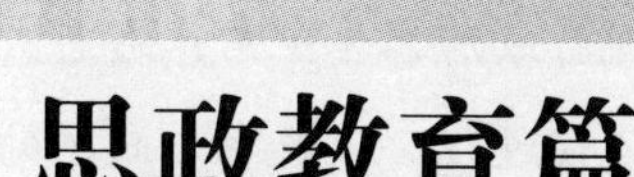

思政教育篇

话题九：政治认同视阈下的新时代大学生党史教育探析

【话题导引】政治认同是人们在社会政治生活中产生的一种感情和意识上的归属感。它是指一定政治体系中的政治主体在社会生活中产生的对现存政治客体（意识形态、政治态度、政府运作等）的政治归属感与心理认识过程，以及参与政治的实践活动。换言之，政治认同也是人们依据一定的认知、价值观、信念等确定自己的身份，达成政治共识，产生政治归属感，形成积极肯定的政治态度，进而主动热情地支持和参与这种政治体系的运作。有政治认同感的人，会自觉地以自己认同的对象要求来规范自己的政治行为。亚里士多德说过："一种政治统治之所以能够得以维持，一种制度能够得以延续，在很大程度上取决于人们对该统治认同问题。"[①]随着时代的发展，大学生的政治认同主流越来越明显，党史教育作为大学生新时代中国特色社会主义核心价值观政治认同的重要环节，在思想政治教育中起着十分重要的作用。习近平在党的十九大报告中明确指出："青年一代有理想、有本领、有担当，国家就有前途，民族就有希望。"因此，如何通过党史教育培养大学生政治认同感，如何在政治认同前提下加强新时代大学生的党史教育，使得他们更加清楚地认识到中国共产党在民主革命、社会主义革命乃至社会主义建设和改革开放过程中的重要作用，从而为实现中国梦而奋斗，成为高校思想政治教育的重头戏之一。

① 亚里士多德 . 政治学 [M]. 北京：商务印书馆，1996.

习近平在思想政治理论课教师座谈会上，曾经谈到思想政治教学“涉及党史、国史、改革开放史、社会主义发展史，涉及世界史、国际共运史”。所以，对大学生进行历史教育，特别是党史教育，对其深刻认识中国共产党带领中国人民建立新中国，进行改革开放，实现中国梦的理解，有着极其重要的意义。所以，我们应该对这一问题做深入细致的探讨。

一、当前大学生政治认同现状的优势与不足

政治认同是一种心理状态，人们并不能通过外在感觉器官直接体会到，但是，政治认同可以通过某一类人群的行为趋向及其对某一政治现象的态度进行考察。目前，高校大学生在政治认同方面优势与不足简要概括如下：

1. 政治认同总趋势令人乐观

政治认同趋势反映大学生对政治信仰接受程度，对于青少年坚定自己的政治信仰，牢固树立热爱祖国，热爱人民、热爱民族的信念，起着重要的导向性作用。政治认同总趋势的正确性，直接关系到大学生正确的世界观、人生观、价值观的树立，对于其个人前途，国家命运有着重要的关系。正确的政治认同可以促进大学生积极进取的精神，错误的政治认同会毁坏大学生的精神世界，使他们变得消极不安，失去安心学习的兴趣，贻误人生、不利民族、危害国家。当前，绝大部分大学生对中国共产党的道路自信、理论自信、制度自信、文化自信高度认同；绝大多数学生认为中国共产党领导的多党合作和政治协商制度适合中国国情；大多数学生对中国共产党的执政权威持高度认同态度，对中国共产党的领导力表示赞颂，特别是新冠肺炎爆发以来，中国共产党领导下的党和政府，能够调动全中国所有的力量，集中优势，胜利完成战疫的任务，再次显示了中国共产党强大的实力。大部分同学注重思政理论与现实的结合，有效配合培养学生政治认同的教学活动。所以，当前大学生在政治认同方面总体趋势呈良好发展势头，对中国共产党在民主革命时期、社会主义建设时期、改革开放

时期的方针政策高度认同，虽然他们对党在幼年时期走过的弯路认同意见略有分歧，但并不能影响总体上高度认同的大趋势，这是令思想政治教育工作者乐观之处。

2. 政治立场认同日趋稳定

政治立场是人们对待政治问题的根本态度和看法。在一定程度上表现为一定的政治观，人们在阶级社会中生活，对社会制度、政治派别、政治局势的发展变化总是表现为赞成或反对的态度，这就是政治立场。大学生的政治立场要求一心向党、一心爱国、一心为民，即拥护中国共产党的领导，自觉同党中央保持高度一致；推动中华民族伟大复兴和中国梦的实现，自觉担当公民责任和义务；严于律己、发奋学习，勇于奉献青春和才华。政治立场影响学生看问题的出发点和角度，是他们是否为祖国服务、为人民担当，为社会负责情感树立的重要起点。一个政治立场正确的人，会以空前的热情为事业而奋斗，为人民做好事。相反，一个站错立场的人，常常以一己私利出发，甚至结党营私、拉帮结派、危害社会、贻害民族。对于青年人而言，政治立场的正确性关系到国家的前途。每一个大学生就是一个国家的栋梁之根，关系到国家未来的成败得失。当前的大学生，绝大多同学认为“社会主义核心价值观”是中国人民走向繁荣富强赖以维系的精神纽带，相当部分学生对新时代中国特色社会主义道路充满了信心，大部分大学生认为中国共产党具有绝对的凝聚力和战斗力，很多大学生认为大学生应该主动践行社会主义核心价值观，绝大多数大学生对民族、国家的发展前景充满自信，所有大学生对涉及社会主义与资本主义的问题上，都能坚定地站在社会主义立场一边，所有大学生都坚持人民立场，相信人民、依靠人民。所以，大学生的政治立场总体呈稳定发展态势。

3. 政治情感仍需要继续加强

由于我国处于由文化单一向文化多元的转型时期，转型社会是人类社会发展的特殊时期，也是常规历史进程中具有质变意义的阶段。调查显

示，大部分学生愿意参加红色实践活动，很多学生积极关心当代劳模对社会作出的贡献；相当部分学生有过“学雷锋”的默默举动；很多学生参与“学习强国”的知识学习；很多同学几乎天天都要花一定时间学习“学习强国”软件上的内容。然而，在这种政治情感日趋浓厚的大氛围之中，仍然有尚需改进之处。例如，仍有部分学生对课外实践活动、党和国家的政治生活不感兴趣；对思想政治理论课的理论讲授存在一定的偏见，对于党史知识的兴趣不太大；部分学生对法律赋予公民的基本权利不甚了解。另外一部分学生对党在抗日战争时期的中流砥柱作用认识不足，没有认识到中国共产党取得政权与自身努力的联系；部分同学对于中国共产党的先进性认识不足等。这里需要指出的是，文科和理科相比较而言，文史哲类学生的政治情感问题相对较轻，理工科出身的学生更容易显现出政治情感的淡薄，他们认为只要学好专业知识，就能够服务祖国，因而对最基本的一些政治问题不闻不问。他们对基本国情和社会主要矛盾，对中国特色社会主义理论理解不透彻，与文科学生相比，更容易表现出理想与现实的落差及消极情绪。这些显示出当前部分大学生政治情感较为脆弱的一面，是需要他们继续加强的方面，这些都应该提前引起大学生思政教育工作者的高度关注。

4. 政治参与度仍需要继续提升

政治参与一般是指公民通过一定的方式和渠道试图影响政治过程的行为。政治参与是公民实现自身政治权利的重要途径，是政治文明进程的重要变量之一，即政治主体参与的政治活动，也是普通公民通过一定方式直接或间接参与政府决策，从而影响政府活动或决定的政治行为。由于近年来人们经济水平的提高，相应的家庭收入也有所增加、受教育水平提高，公民的政治参与度逐渐增强，参与国家政治决策的积极程度逐步提高，对政治表现出更加积极的兴趣。政治参与度的高低直接反映着公民对国家发展的关注程度，对于国家的发展有着重要的作用。与此相适应，大学生的政治参与程度也逐年上升，从大学生的 QQ 群、微信群中可以看出。很多大学生关心国家大事，对于新时代中国特色社会主义的价值理念表现出较为浓厚的兴趣，对各类国家新闻报道也表现出一定的关注，很多学生积极参与国家提倡的公益事业；对于相关爱国主义、复兴中国梦等大型公益活动表现出特别的参与热情，显现出新时代大学生关心国家、关注未来、关爱民族的可贵热情。然而，在政治参与方面，有些大学生的参与度也需要提高。与前述政治认同相适应，多元文化的冲击，占据了部分大学生的关注时间和关注空间，少数大学生对国家在新时代的方针政策的关注程度仍然表现出部分程度的不足。他们有的只顾读专业书，有的沉迷不正规网络的花边信息，对这些网络信息偏听偏信，缺乏一定的辨别能力。极个别同学甚至趋向于怀疑“国内主流媒体的报道”的准确性，反而相信“境外媒体的报道”，甚至明显经不起推敲的所谓网络“爆料”，庸俗商业化趋势十分明显。这些都是大学生政治参与中亟待解决的问题。

二、导致当前大学生政治认同不足的原因

任何事物必然有其产生的原因，作为新时代的大学生，其政治认同的生成既有外部环境的诱惑、文化思潮的多元，也有学校教育、学生认识自身的因素。大学身的认同过程经历了一个客观到主观、形式到内容、现实到理想、外化到内化的逻辑演变过程。

1. 政治认知方式的直接性和浅表性

方式是指言行所采取的方法和样式。在一定的生产力发展水平条件下，表现出人类朴素的处理自然现象和社会现象的技术和能力。随着人类生产力的不断进步，人们认识事物的能力和方式也在逐步趋于简约化、高效化、速成化。特别是随着科学技术的日益进步，互联网日益普及，大学生更习惯于使用网络媒体、新奇软件等工具了解国家大事，这些现代软件具有快捷性、及时性、海量性的特点，使大学生可以在短时间内了解更宽范围的知识，但是，也使得他们的阅读习惯更加碎片化，阅读内容也更加

浅显化。大学生已经不习惯于通过长时间的观察和钻研某一事物而加深对其的认识，而是通过快餐式的、简约性的程序，完成对某一事物的认知。如此推理，党史知识、民族文化、政治方针、学校纪律等都是通过视频、短信、快餐阅读的方式进入他们的视野。因而，他们对马列经典和党史资料的了解，也远远不如过去那么深刻。久而久之，就会造成学生对党史知识等了解较为肤浅，观点陷于偏激，背离了唯物辩证法关于实事求是的精神，不利于大学生正确的世界观的形成。

2. 政治认知资源的被动性和外在性

政治认知资源的获得既可以通过书籍、课堂等教育渠道获得，也可以通过社交媒体、新式软件等现代科技工具得到。但是，由于当前网络的迅猛发展，学生通过媒体网络了解政治资源已经成为一种必不可少的途径。一方面，部分学生不能从传统的习惯性灌输式方法中摆脱出来，他们已经习惯于从教师那里直接得到关于党的历史、文化、方针政策的知识，缺乏自己寻找知识的动力，没有自己寻找知识的习惯。长期以来的灌输式教育，缺乏互动氛围，造就其惰性思维和享受意识。因此，他们的政治认知接受是被动的、外在的，没有内生的主观动力，更加缺乏寻找政治认知资源的勇气和耐心，因而他们的政治认知资源，都不是主动得来的。另一方面，部分学生则完全习惯于用媒体网络作为政治认同的资源，他们的思维几乎完全跟着网络习惯在转悠，他们对知识的寻求完全失去自我思考的动力、人云亦云，自己深陷知识片面化而不能自知，不能从灵魂深处思考有利型塑自己正确价值观的政治认同资源，仅仅将这种资源的获得寄希望于外界媒体的被动赐予，这样的学习途径难免陷于片面化。例如：大学生对党史知识的了解就有这种被动性和外在性的缺点，所以他们对党史的了解有时是片言只语，有时是网友偏激理解的有感而发，谈不上对党史民情的真正了解。

3. 政治认同价值观的工具性和多元性

政治认同是人们从内心深处产生的一种对所属政治体系情感上的归属

感，对这一归属感的理性认识就是其价值观。“20世纪中叶以来，人类的政治生活和国家建设越来越体现出认同政治的特征。因而，培养民众的政治认同，培养人们对政党、制度、国家在情感和意识上的归属感，便成为现代国家建设的常规内容和基础性工程，因为政治认同是维系政治制度合法性和政治稳定的内在力量。”① 统一的、正确的政治认同是大学生形成正确世界观和价值追求，共同为中国梦奋斗的重要思想基础。大学生对政治认同有自己的理性思考和认同。绝大部分大学生对入党有高度的认同，他们从内心认同中国共产党近百年的历史造就了新中国及改革开放事业的高度发展。但是，仍有部分大学生的政治认同价值观有一定偏差，他们的行动只由追求功利的动机所驱使，行动借助理性达到自己需要的预期目的，他们纯粹从效果最大化的角度考虑问题，他们将入党当作自己找工作的敲门砖，是为了“谋求仕途发展”，是为了更好地实现自身利益和个人发展。从“实用主义”角度定义自己的价值取向，干任何事情都怀有深深的工具理性思维。同时，社会的发展使得大学生能够在短时间内接受多元文化，使得他们在认同党的地位时，来源趋于多样化。有的学生的入党动机来自父母或老师鼓励，有的来自工作单位的硬性要求，有的来自长期研读马列经典等，呈现出多元化的格局，这就为思政教育工作者在加强认同教育方面提出了难题。

4. 政治参与认知的片面性和单一性

政治参与是公民参与国家政治的一种重要手段，它可以促使公民了解国家目前的发展状况、未来态势、发展优势与不足等，从而激发公民产生爱国爱家的美好情感，并把这种爱的情感自觉应用到改造国家和社会的层面。大学生是未来社会政治参与的主体力量之一，探讨大学生的政治参与，对于加速我国政治民主化改革具有重要意义。从这一意义而言，大

① 严庆.政治认同视角中铸牢中华民族共同体意识的思考[J].北方民族大学学报，2020（1）：14-21.

学生是政治参与的主体，政治参与也是大学生关心、了解和介入政治生活的重要方式，政治参与对于提高大学生的思想政治素质、坚定该群体的社会主义理想与信念，使其成为社会主义事业合格接班人等方面具有重要作用。但实际情况也有美中不足之处，部分大学生的“政治”概念定格在国家、政府、政党作为主体进行社会实践活动的层面，他们认为学生是学习的主体，并非政治主体，没有必要参与“政治”。部分大学生不太关注国计民生的大事，或者关注了，不愿意发表自己的意见。有的参与热情很高，但是参与的无序性、无组织问题依然存在。有的虽然参与，但是仅仅局限于在学校社团中了解一些信息，无法满足其真正了解政治的需要。加之，大学生跟外部社会联系较少，客观上参与渠道较少。他们就更少参与社会政治的机会，成为政治参与的弱势群体，部分大学生渐渐失去参与政治的心理准备，反而产生了一种被边缘化的感觉。部分大学生沉迷于网络信息，很多政治性的新闻都是从网络上获得，虽然便捷很多。但是，网络信息的来源和真实性往往大打折扣，最容易被个别组织和别有用心的人利用，造成大学生了解信息片面的特点。所以，他们对“政治参与”的认知表现出一定程度的认识错误。因而也就谈不上所谓的实际参与。

三、当前高校党史教育存在的优势与不足

党史是中国共产党诞生以来，一代代中国共产党党员，为着自己的信仰而浴血奋斗的历史，其中既包括其信仰、思想等不断积累的历史，也包括其行为、实践的现实历史。党史与高校学生的思政教育相结合，是培养大学生正确的三观，加强中国共产党领导力的重要手段。所以，高校党史教育一直以来是思想政治教育的重头戏，中国共产党近百年的奋斗史基本上成为很多大学生了解党情、国情的重要知识。就目前形势而言，高校党史教育既有令人喜悦的优势，也有令人不安的不足。

从优势方面而言，首先体现在大学生对党史的了解处于一种良好的环

境氛围之中。随着新时代中国特色社会主义理论体系在高校课堂的不断宣讲和传播，大学生对党史的了解已经从过去的概念性了解向内容性了解转化，从脉络性学习向系统细节性学习转化。不仅各种精神被整理成很多文字资料，进入学生们的知识学习视野，例如：勇于反抗和革命的井冈山精神、不畏艰难困苦的长征精神、无私奉献的铁人精神等，都已经化作学生阅读的材料；而且各种红色景点相继开放，为大学生进行实践教学提供了很好的实践教育基地。这些都是当代中国共产党奋斗轨迹的文化记述和历史见证，更为当前高校教育的精神瑰宝和实践瑰宝，也为社会营造红色文化氛围创造了条件。受党的政策、各级领导的重视影响，很多高校对党史知识进行系统化、深入化的讲解和传播。这就为大学生创造了一个更加浓厚良好的学习党史大氛围，也无疑为大学生进一步深入了解党史党情提供了便利的条件。这一方面给大学生创造了激励的氛围，使他们在无形的生活环境中得到教育和启迪，对照之下，激发起他们勇于奉献、挑战自我的心理，培养大学生勇于面对困难和抗挫折的能力；另一方面，这些氛围，不仅展示了中国共产党的伟大形象，也使党的形象自觉在大学生心目之中树立起来，成为他们学习工作的一种驱动力，使他们更能自觉地抵抗各种谣言和攻击社会主义的思想和言论。正因为如此，在党史氛围的导引下，学生才能自觉树立马克思主义信仰、新时代中国特色社会主义的信念，自觉摒弃西方颓废文化的行为自觉，成为一名德智体美全优的优秀学生。

其次，高科技的日新月异为了解党史提供了更加喜闻乐见的形式。由于当前多媒体互联网与高校教育的互通，特别是近年来各种新式软件或媒体形式的出现，使得许多党史教育的知识以栩栩如生的声光化电等表现在荧屏上、手机上、电脑上。可以说，大学生可以直接感受到党史教育在视频上的冲击力，不仅深深映入眼帘，更深深进入脑海，这些都为大学生接受党史知识提供了相当便利的条件。一方面，教师经常通过课件上展示许多老共产党员的事迹，给学生非常直观的形象；同时借助这样的条件，高

校可以通过多媒体在手机、校园网站等上面，经常播发一些党史知识，使得党史知识随处可见、随处可感，学生们自然而然地处于党史的文化空间。另一方面，一些高校经常通过网络开展党史教育知识竞赛，有的学校经常鼓励大学生通过网络媒体，在微信、QQ 群里采访一些老党员、抗日老英雄等，从他们亲身经历中感受共产党历史的辉煌和伟大。还有许多旅游景点利用电子视频不断播放红色知识，也为游人提供了很好的党史氛围。很多城市的大小街道都以中共优秀党员命名，诸如尚志路、一曼大街、靖宇县等，这些地名人名在高大的电子显示屏上显示，都是耳濡目染的党史教育。

再次，红色旅游业的发展也促使大学生能亲身体会党史教育的实践价值。红色旅游是指以游览革命老区、革命遗迹为主，同时接受爱国主义教育的旅游方式。红色旅游就是人民群众通过对革命历史文化遗址和遗物的参观，使革命历史中许多革命先辈的丰功伟绩和重大历史事件浮现在参观者眼前，印记在参观者脑中，铭刻在参观者心中，不仅可以丰富人们的革命历史文化知识，而且还可以促使人们的思想意识发生深刻的变化，进而起到对参观者的教育和激励作用。近年来，随着旅游业的蓬勃发展，红色旅游业也成为旅游行业中一股非常热门的专项项目，很多红色景点动脑筋想办法，积极开发红色资源，将理论性、客观性、真实性、趣味性融为一体，在增加经济收入的同时，也宣传了党史知识。人们在观光旅游的同时，亲自置身于红色革命景点的氛围之中，感受中国共产党的奋斗历程和民族精神。很多景点创设了一些可供参与性的项目，使游客有一种身临其境的感觉，这种旅游项目取得积极的成效，产生了较强的感染力，这些都变相为党史的普及提供了很好的条件。常常能引起学生对革命历史的兴趣，从而达到培养学生革命情操以及提高他们政治水平的目的。很多大学生正是利用放假期间旅游的同时，学到了党史知识，直接感受了党史的具体情境。他们常常被红色景点中展示的党史教育材料深深感动，对红色景点的场景念念不忘，党史意识已经深深印入他们的脑海，真正实现了入脑入心，这样的教育起到了课堂教育所无法达到的效果。

当然，目前党史教育也存在一些不尽人意之处，应该引起高校思政教育工作者的重视。这是目前的劣势所在：

1. 高科技泥沙俱下，分散了学生的注意力

注意力是对于某条特定信息的精神集中。随着科学的发展，人们开始研究注意力，有人将注意力分为四个特征，即注意的分配、注意的稳定和注意的转移。心理学家郝伯特·西蒙认为，注意力是一种非常稀缺的资源，对注意力资源的管理是成败的关键。学生注意力分散是学生学习的大敌，引起学生注意分散有其内部因素，也有外在原因。当前是一个高科技时代，发达的网络，信息的大爆炸，为人们获得信息提供了广阔的渠道，也使得人们的注意力显得不足。大学生的思想政治教育中的注意力应该是指在教育活动中所有参与者的心理活动集中和指向世界观、政治观、人生观、法治观和道德观的意识。大学生是年轻的一代，他们对高科技的接受能力正处于人生最旺盛的时期，对网络的浏览次数和获取的信息量相当广泛，这就不乏部分学生将一些不太健康的网络纳入自己的视野。在网络环境之下，大学生注意力被各种鱼龙混杂的信息分散，甚至被某种煽情信息绑架，影响到主流意识形态和价值观的传播与接受。主流意识形态在微媒体场域面临着被消解的现状。长此以往，其思想上就会产生一些不正确的意识，这些意识有时以一种先入为主的姿态占据了部分大学生的思想领域，使得他们对正在接受的党史教育有一定的抵触情绪，影响了他们对党史具体理论乃至实践教学的领悟。

2. 部分不适当的家庭教育使得学生功利化，不愿意做艰苦学习党史的工作

功利主义亦称功利论、功用主义，通常指以实际功效或利益作为道德标准的伦理学说。功利主义是建立在人类趋乐避苦的本性和自我利益追求的基础之上，它对任何人类行为给予肯定或否定的时候都要衡量该行为是增加还是减少了当事人的幸福。事实上如果一个人为了眼前的利益而作出

了有损长远和大局利益的事——就像故事“狼来了”中为了开心而愚弄他人，导致信誉降低蒙受损失一样，都违背了功利主义的原则。这就说明功利主义本身没有错，但是我们的学生却过分功利性，所以，很多学生走到了功利主义的对立面。趋利避害是一切生物的本能，一个人的教育与家庭有非常密切的关系，家庭是每个人最先来到世上接触的第一所“学校”，父母是学生最初的老师。家庭教育对儿童社会性发展具有十分重要的作用。如果家长一直采用科学合理的教育方式，儿童在遵守群体生活规则、行为的坚持性、自我评价、独立思考和解决问题、移情与同情、遵守社会规范、依恋父母、对行为动机和后果的分辨能力、意见理解和采纳能力、对情绪的自我控制能力、对同伴交往的适应能力、特殊情况下的情绪状态、与同伴交往时的情绪状态等方面，都能够表现出较高的水平。家庭教育与学校教育相比，其重要意义的体现就在于家庭教育对于学生学习以外其他事情的教育和引导，进而凸显出学生自身的个性。父母的行为常常成为学生效仿的样板，教师可谓经常从学生身上看到父母的影子。同时，现代家庭很多是独生子女家庭，许多家长对学生常存溺爱心理。所以，学生本身具有的自私狭隘心理没有得到很好的纠正，他们认为党史教育课只是一门应付国家政策的应景之课，并未在社会上有真正的实际用处，更不能在现实生活中带来经济收入。因而，许多学生上党史课是为了学分，或者是为了将来在社会获得一些政治资本而已，没有多少理想之类的想法或追求。

3. 学生不能正确理解社会上的不正之风

在发展生产，振兴经济的基础上，逐步完善社会主义制度是我们的希望所在，也是进行旷古未有的改革的目标。我国仍然处在社会主义初级阶段，生产的发展不可能全部满足人们日益增长的物质文化的需要。当人们的需要不能顺利地得到满足时，他们就可能突破原有的道德界限而采取某些可以达到目的的行动，从而使不正之风的产生有了可能性。任何一种社会风气都是时代的产物，都有它产生的物质基础。列宁曾指出，在分析任何社会问题时，马克思主义的一个绝对要求，就是要把问题提到一定的历史范围之内。不正之风并不可怕，关键是如何对待它，这里涉及部分和整体问题，遇到问题，我们一定要认真对待，但是也不能过敏，夸大它的存在，把个别人的行为看成是整个社会人员的行为，把个别团体的不正确做法，夸大为整个党组织的做法。要实事求是，而不要大惊小怪，空穴来风。对于我国而言，不正之风确实存在，但它只是社会主义发展过程中的一种现象而已，并不能代表事物发展的全部，更不代表事物发展的本质和规律。对于学生而言，学校、家庭是学生受教育之所，社会这个大学校也不容忽视。学生在学校学到和见到的，难免和社会有所差别。当前社会上一些不正之风，特别是受西方媒体影响，社会上部分人对党的历史认识不清，更容易受一些网络谣言的影响。学生在走出校门后，特别是学生在节假日接触社会后，看到或听到一些不正之风的东西，也或多或少受到这些不正之分的熏陶，产生很多消极思想，就误以为这就是社会主义的全部。也就是说，因为社会上个别人、个别党员的不正之风，让学生对党的发展和纯洁性产生不切实际的误解，产生了对党的历史的怀疑，就会影响他们对党的认识，从而形成学生忽视高校党史教育的现状，因而对学习党史这样的课程产生抵触情绪。如此，学生对接受党史难免产生这样或那样的问题，这是造成高校党史课程不能正常进行的重要原因之一。

四、政治认同视阈下提升党史教育的对策

任何事物的发展不是一帆风顺的，大学生政治认同与党史教育中存在的不足也可以说是事物发展必然经历的阶段，关键是我们如何正确对待工作和生活中出现的这些不足。因此，正确对待、冷静观察、沉着应对、制定对策，才是解决问题的根本途径。

第一，鼓励大学生在网络知识和经典书籍之间把握好方寸，克服学习党史知识表面化、肤浅化、形式化的弊端。“人民有信仰，国家就有力量，

民族有希望。”如何在贯彻新时代中国特色社会主义的同时，使大学生成为有信仰、有理想的一代，是关系到国家生存，民族进步的重要举措。高校是马克思主义信仰教育的战略高地，坚守好这一阵地，对于当前端正大学生的政治认同，树立他们自觉学习党史的决心有着十分重要的作用。做好高校宣传思想工作，加强高校意识形态阵地建设，是一项战略工程、固本工程、铸魂工程，事关党对高校的领导，事关全面贯彻党的教育方针，事关中国特色社会主义事业后继有人。大学生的学习途径多种多样，网络知识因为其快捷、量大而备受学生青睐；经典书籍因为其携带不便、理论深奥等原因，使部分学生相对疏远。正因为如此，部分大学生并未养成良好的阅读习惯，缺乏学习的积极性和主动性，阅读技巧和方法、理解能力也有待提高。因此，高校思政课教师应当注意在课堂内外主动激发学生认真研习经典著作的热情，鼓励学生分析经典著作的深刻含义，要注重培养学生正确的阅读技巧和能力，提高研读积极性和主动性。注意以经典著作的要求和含义证明其与网络知识之间的差距，从而校正学生群体中因为网络谣言造成的对党史的误会和不解。高校的行政部门也要加强对马列经典著作课程的重视和引导，完善课程测评与考核体系，采取形式多样的考评形式，适当规定一定的硬性指标，刺激学生的学习热情，让学生知晓马列理论的源头。要加强网络监管，利用网络技术优势，创新各种新的形式，使经典内容更加形象、直观、生动，凸显时代价值，从而形成润物无声、潜移默化的效果。

第二，鼓励大学生勤于开动脑筋，辨别生活中真假党史。人的辨别能力是在人们不断获取外界知识基础上，积极开动自己脑筋，最后获得的一种正确体验。列宁说过：“哲学家们只是用不同的方式解释世界，而问题在于改变世界。”[①] 我们大学生要重视参加实践活动，在实践中识别真假马克思主义。马克思主义者不在于解释世界，而在于改造世界。实践的观点

① 列宁选集（第1卷）[M]. 北京：人民出版社，1995.

是马克思主义哲学首要的和基本的观点，我们学习马克思主义理论就是要学会用正确的理论来指导实践，就是为了在实践中改造主观世界和客观世界，从而在实践中实现个人与社会的统一。教师要用生动的现实实践，证明马克思主义与党领导的革命和建设事业是紧密联系在一起的，同人民的命运、人民的实践紧密联系在一起的。特别是在新时代社会主义的今天，我们抗击新冠病毒的现实经验，就再次说明中国共产党坚持的是真正的马克思主义。就此，教师要不断鼓励大学生应用自己所学知识，积极辨别社会上、网络中党史知识的真假成分，特别是辨别在网络上的很多谣言，要把这些东西与正确的东西区分开来，增强自身抵制网络消极因素的免疫能力。学校要采取相关措施，教育学生如何判断网络上流行的各种错误认识，逐步摸索出一套通过网络信息检索判断真假马克思主义的方法。另外，教师也要鼓励学生勇于揭露和抵制社会上的谣言，增强辨别谣言的能力，增强对党的忠诚度。

第三，鼓励学生利用业余时间多参观红色景点，感受党史知识的实地情境。红色旅游，指的就是以革命纪念地、标志物为载体，以其所承载的革命历史、革命事迹和革命精神为内涵，组织接待旅游者开展缅怀学习、参观旅游的主体性旅游活动。发展红色旅游，是党中央和国务院继西部大开发后作出的一项重要战略部署。充分挖掘和利用革命历史文化资源，努力发挥党史工作以史鉴今、资政育人的重要作用。中国共产党领导人民进行民主革命的历程，建立了许许多多彪炳史册的丰功伟绩，留下了足够教育人们的红色景点和标志建筑。这些景点成为和平时期教育后人，怀念英烈的生动课堂。高校党史的教育途径是既要重视课堂教育，又要重视课后教育，使二者结合。亲身感受红色文化，是大学生增强政治认同，了解党史的有益途径。红色旅游是以中国共产党领导的，在各个历史时期建树丰功伟绩所形成的纪念地、标志物为吸引物，以其承载的革命历史和革命精神为内涵，组织和接待旅游者进行学习缅怀或参观游览，从而形成学习革命历史知识，接受革命传统教育和振奋精神，放松身心、增加阅历的一种

旅游活动。高校要根据地方特色，如百色地区、井冈山地区、大别山区、太行山区、延安地区等，从南到北，各地都存在着大量的红色景点，高校教师应当鼓励学生利用节假日时间，多参观附近红色旅游景点。有条件的高校还要参观远一些的红色景点，并结合学生兴趣程度或针对学生特殊事件对党史课程进行动态调整。对一些重大意义的红色景点要结合课本进行深入细致的体验，亲身感受党的前辈在革命战争年代建立的丰功伟绩，加深对党史知识的根源性体会，增强大学生政治认同的实践依据，从而自觉为社会主义核心价值观的建立奠定现实基础。

第四，鼓励学生积极参加党史教育方面的课外活动，克服认识上的片面性。党史教育习惯上是课堂上的事情，课堂从内涵与外延视角来定位课堂中党史文化的植入。其实，良好的外部环境、浓厚的校园文化氛围、各种喜闻乐见的文艺形式，也是形成政治认同、加强党史教育的很好形式。一方面，要重视校园党史文化氛围的建设，创立多时间、多空间的党史教育体系。在校园内定期播放特定主题的革命题材电影、电视剧，为党史在学生娱乐成长空间中争取更多的话语权。学校要多举办类似的党史教育活动，通过讲演、讲座、话剧、歌曲等形式，以学生非常喜欢的文娱形式，将党史教育知识贯穿其中；要通过网络建设，通过网站传授党史信息、举办网络党史知识竞赛；也可以校园广播、校报等为载体，定期刊登播发一些党史宣传，力争真实、生动地再现党史中的史料。另一方面，建立关于党史知识的评价机制，规范评价流程、确定评价目标，重视考核的激励作用。对于活动优秀的单位进行鼓励，打造精神鼓励的榜样，增强榜样的示范带动与引领力。最后，还要鼓励学生深入社会实践，拜访老党员、老模范，让他们讲授党史上的光辉业绩，收集优秀共产党员的先进事迹案例、积累党的重大史事典型案例。争取在校园的每一个层面、每一个角落都有党史文化的栖息地与承载地，营造大学生自我对齐、自我规范的有利环境，使学生在潜移默化中，润物细无声地接受党史教育，坚定他们的政治信仰，加强政治认同，从而为实现中国梦奠定思想基础。

小 结

政治认同视阈下党史教育的顺利进行并非一日之功，需要高校思政工作者进行长期不懈的努力。这是关系莘莘学子前途的政治大事，更是关系到祖国千秋万代、繁荣昌盛的重要保障。只有使大学生在政治认同的基础上接受党史教育，才能使学生的党史知识真正入脑入心，也才能使学生真正从心底里心服口服地认同社会主义核心价值观，增强对党的领导的认同和信任，自觉树立中国共产党的伟大形象，从而为学生接受新时代社会主义核心价值理念打好基础，为实现中国梦做好保障。

话题十：红色文化如何有侧重地融入高校思政课教学

【话题导引】红色文化是中国共产党在民主革命时期和社会主义建设时期的先进文化，它有引领文化，端正信仰的作用。在当前高校思想政治教育课中有重点、有分别地融入红色文化，可以解决思政课中理论与实际、理论教学和实践教学、显性课程和隐性课程之间的关系，更好地为高校思政课的教学实效服务。

习近平在思政课教师座谈会上指出："中华民族几千年来形成了博大精深的优秀传统文化，我们党带领人民在革命、建设、改革过程中锻造的革命文化和社会主义先进文化，为思政课建设提供了深厚力量。"其中，"革命文化"和"社会主义先进文化"就是"红色文化"的重要组成部分，他们都属于中华民族的优秀文化之一部分。如何在高校中延续这些红色文化？这也是今天我们高校思政课教师不得不面对的课题。

一、红色文化资源在高校思政课中的作用

红色文化是中华民族在中国共产党的带领下，在中国革命、建设和改革的历史阶段，坚持马克思列宁主义指导思想，继承和借鉴中外优秀传统文化中的营养成分而形成的先进文化，集中体现了中国共产党人和广大人民群众的崇高精神、优秀品质和优良传统。红色文化是中国共产党在

民主革命时期和社会主义建设时期的先进文化，是中国共产党人团结中国人民为摆脱近代以来中国人民被奴役、被压迫而进行的艰苦卓绝的斗争写照。一般而言，它包括红色物质文化和红色精神文化两个方面，前者是中国共产党在战争年代、社会主义革命、社会主义建设和改革开放以来遗留下来的战争遗址、文献资料、英雄纪念碑、革命纪念馆以及各种图片、音像资料、文学艺术作品等，例如：红安革命纪念馆、井冈山革命纪念馆、延安革命纪念馆等；后者是中国共产党领导中国人民进行革命战争、国家建设、改革开放过程中形成的自强不息、不屈不挠、视死如归、无私奉献、团结奋进的精神等，例如：井冈山精神、长征精神、西柏坡精神、航天精神、奥运精神、抗震救灾精神等。红色文化在思政课中有多重引领作用。

红色文化的政治引领作用。政治引领就是执政党用先进思想引领其他人，打牢团结奋斗的共同的政治基础。政治引领可以凝聚共识、指导实践，对青年人有铸魂于心的作用。红色文化是中国人民在中国共产党领导下反对外来侵略、争取民族独立、实现国家富强过程中形成的先进文化，它在革命文化传统教育、爱国主义教育、社会主义核心价值观的培育和实践，特别是习近平新时代中国特色社会主义核心价值观教育中起着十分重要的作用。面对当前多元文化的浸染和熏陶，红色文化已经成为大学生思想政治教育中一支不可忽视的思想主流，它对青年学生有一定的引领作用。

（1）它可以引导大学生树立正确的政治信仰。随着网络的开放，大学生接触各种思想的渠道比较多元，这固然可以开阔学生视野，使其获得更加广博的知识。但是，某种程度上也动摇了学生的信仰，特别是西方绝对自由化思潮，影响学生的马克思主义信仰，而红色文化则对这种网络中不正确的因素加以校正，使学生回归正途，端正自己的信仰，促进其对社会主义核心价值观的认同感，最终形成正确的人生观、价值观、世界观。

（2）引领学生坚信中国共产党的领导。红色文化包含着中国共产党从

建党到建国乃至改革开放过程中，中国共产党领导力的发挥进程。单单通过政治课堂的说教，并不能使学生牢固树立对中国共产党的坚定信仰，特别是一些网络利用党在革命和建设中走过的弯路，故意夸大甚至抹黑党的形象，学生们最容易上当。因而，红色文化可以通过形象生动的展示，坚定学生对党的领导力，相信中国共产党在革命、建设和改革开放中的巨大作用，使大学生认识到对党忠诚、矢志不移，对共产主义信念坚定的无比重要性。习近平曾说："把红色资源利用好，把红色传统发扬好，把红色基因传承好"，正是强调红色文化的重要引领作用。

红色文化的形象塑造作用。习近平在中共中央政治局就中国特色社会主义理论和实践进行第七次集体学习讲话中指出："历史是最好的教科书。学习党史、国史，是坚持和发展中国特色社会主义，把党和国家各项事业继续推向前进的必修课。这门功课不仅必修，而且必须修好。"中国共产党带领人民奋斗的历史，就是红色文化的组成部分，它可以增进大学生的爱国主义情感，培养他们健全的人格和品德，自觉抵制近年来历史虚无主义思潮的侵蚀，教育大学生积极投身于习近平新时代中国特色社会主义的建设中去。一般的理论课比较枯燥无味，但是，红色文化相比于大学生思想政治理论课而言，具有形象化的作用。

（1）红色文化的渗入使思政教育更加完整。它可以从形象思维上给学生的教育以立体感，克服思想政治教育课枯燥无味的现象，以形象性的姿态对学生进行感性教育补充，增强大学生对思想政治教育课的兴趣，不但巩固了课堂知识，同时也为他们今后工作中自觉遵守党的方针政策，自觉遵守国家法律法规，自觉克服言行中的不利因素奠定良好的基础。

（2）红色文化可以引发学生自觉形象的思考。因为那些红色经典的感人案例可以生动地激发人们的内心情感，它用一种形象化的语言，加深学生对那段刻骨铭心历史的回忆。真正让大学生牢记历史，不忘使命，树立跟党走的坚定理想信念，砥砺奋进、助力中华民族伟大复兴。

（3）培养学生坚强勇敢的气质。"气质是指一个人在行动坐卧中表现出的精神特征。这种特征往往具有褒义，除了表象的体现外，更是一种性格特点和内心意蕴的外露。因此，从这个意义上讲，气质也是每一个人不同于他人的内心特点和表现在颜面、禀赋、行动等诸方面的行为体貌。"[①]气质作为心理活动，影响着个体活动的一切方面。大学生出生在和平的环境，没有经受过生死的考验，因而在性格中，总有些懦弱的成分蕴含其中。而红色文化中有许许多多勇敢的形象可以激励他们逐步改变懦弱的性格。例如：刘胡兰、董存瑞、黄继光等，对于青年学生而言，这已经是陌生的形象。但是，如果再把这些形象重新展示在当代大学生面前，一定能够帮助大学生自觉塑造勇敢的形象，不仅有利于他们的学习，而且在生活中可以锻炼较强的工作能力。

红色文化的优化作用。红色文化是融理性与感性为一体的文化体系，它可以感染和影响人的心理、工作、生活和环境。

（1）优化大学生的心灵。大学生有着年轻而探索的心灵，有一定的主体责任意识。高校思政课承担着塑造大学生灵魂，培养大学生正确的价值观，端正其信仰的作用。然而，仅仅靠思政课，塑造大学生的灵魂，还远远不够，需要把红色文化引入，特别是用红色文化中那些生动的案例，使大学生进一步明确自己的使命和责任，发挥学生的主体性作用，保证学生有更积极的主观能动性。这不仅有利于他们加强其理论学习，增强对各种不良思想自觉辨别和抵制。同时，也能促使他们接受主流意识形态，合理安排自己的学习和生活，有效养成自主学习的习惯。

（2）优化大学生的教学。红色文化融入大学生思政课中，可以丰富思政课的教学资源，拓宽思政课的教育途径，提升教学方式的现实感，增加思政课教学的感染力，优化思政课的教学结构。一方面，帮助教师进一步解释清楚思想政治理论。思政课是一门以理论教学为主的课程，其理性成分常常要通过艰辛的思考才能领会。如果能插入一些生动的东西加以点

① 崔伟. 气质也是风格 [J]. 中国京剧，2008（1）：44-45.

缀，就能使其变得更加生动，真正达到净化人的灵魂的作用。红色文化是中国共产党在长期的革命实践、建设实践和改革开放中总结出来的文化，既具有一定的理性成分，但更具有生动的成分在里面。在枯燥的思政课中融入鲜活的红色文化，不仅有利于学生理解思政理论知识，将枯燥的东西生动化，也有利于红色文化本身的进一步发展，使得红色文化更具有感染力和吸引力，使其真正成为净化人灵魂的东西，促使大学生更加认可社会主义核心价值观。

（3）净化大学生的网络学习环境。网络文化是一种新型的文化形态，它越来越深刻地影响着大学生的学习、工作和生活，对大学生的世界观、价值观作用愈发明显。同时由于大学生正处于身心发育阶段，对新鲜事物接受能力强，这就使得网络文化成为大学生思想是否健康成长的重要敏感期，网络成为影响大学生是否拥有健康人格的重要武器。因此，如果将红色文化渗入思政网络，不仅可以优化思政课的教学方式，丰富学生的教学资源，使学生在多样化的情境中理解红色文化的魅力，而且成为有效管理学生的良好方法，用红色人物和精神占据网络平台，引导学生的思想动态，创建优良的网络育人环境，塑造学生自我约束、自我规整的好风尚，为人生今后工作顺利和人生前途打下坚实的基础。

二、四门思政课的不同侧重点

高校思政课在高校课程体系中居于核心地位，是对大学生进行思想政治教育的主阵地、主课堂。高校思政课主要分为四门课程，即《思想道德修养和法律基础》《毛泽东思想和中国特色社会主义理论体系概论》《马克思主义原理概论》《中国近现代史纲要》，这四门思政课是教育部专门制定的大学生思政课程，是落实立德树人根本任务的关键课程。他们在培养大学生的社会主义核心价值观，端正学生信仰，认准爱国主义教育的目标上是一致的。不过，在每门功课的具体讲授中，在教学内容、教学方法、案例选取、实践教学、社会调查环节等方面，它们却各有侧重，各有特色。

1.《思想道德修养和法律基础》

第一，通俗性，广泛性，导向性。这门课主要侧重点是要教会学生如何树立正确的世界观、价值观和人生观。一方面，它用通俗的理论，教育学生在理想的追求中，如何体现自己真正的价值。最终树立学生正确的世界观、价值观、人生观、道德观和法律观，提高学生的道德修养。习近平曾说："高校立身之本在于立德树人。"正是这样的含义。另一方面，从内容上来讲，这门课注重道德和法律，结合教学目标和人才培养要求，既具有培养中国特色社会主义合格者的特点，又具有价值引领，促进大学生全面发展的使命。涉及人的价值观、世界观、人生观等广泛的内容。总之，这门课以社会主义核心价值观为主线，以理想信念教育为核心，以树立大学生正确的世界观、人生观、价值观、道德观和法律观为导向，在增强大学生对中国特色社会主义道路自信、理论自信、制度自信、文化自信的过程中，作用非凡，意义重大。

第二，现实性，针对性，典型性。这门课注重与生活的关系，即现实性，特别是学生进入社会后，如何处理好理想与现实、权利与义务、个人与集体、自由与纪律、友谊与爱情、学习与工作等关系。这些都注重与学生日常生活紧密联系，将学生的实际心理需求、面对新环境的迷茫困惑、对新生活的不适应等现实问题融入课堂，有很强的现实性。同时，这门课有十分强烈的针对性，课堂内容尽量选择题材新颖的社会热点问题，针对时代感强烈的问题，激发学生的参与热情，从而使他们更好地投入到学习和工作之中。讲课时，应用的案例一定具有典型性，结合古今中外的案例，既包括教材的热点难点相关的案例，更包括学科前沿的典型案例，特别是涉及当代中国马克思主义新成果引发的典型案例。这样才更有亲切性，更能刺激学生的求知渴望。

第三，鲜活性，生动性，直观性。因为《思想道德修养与法律基础》的鲜活性，就在于其从方法论上而言是避免教条主义、经验主义和形式主

义的。课本的编排结构、语句都是直白性的现代语言，因而其贴近生活实际的鲜活性、直观性是不言而喻的，同时由于贴近生活而举的例子可以是古代的，也可以是现实生活中的，所以其直观性成为其一大特点，没有成为师生呆板的教条。同学们既可以通过课堂的讲授了解其道理，同时也可以通过观察现实生活而获得答案。这样就更容易通过这些鲜活、生动、直观的案例，明白其背后蕴含的大道理。习近平指出："思想政治工作从根本上说是做人的工作，必须围绕学生、关照学生、服务学生，不断提高学生思想水平、政治觉悟、道德品质、文化素养，让学生成为德才兼备、全面发展的人才"，这虽然说的是整个思政课，但对于《思想道德修养与法律基础》这门课而言，也有非常深的专门指导意义。

2.《毛泽东思想和中国特色社会主义理论体系概论》

主要从理论上阐述毛泽东思想和中国特色社会主义理论体系的基本内容，使学生从理论上深刻理解和领会毛泽东思想和中国特色社会主义是马克思主义原理和中国实际相结合的两大理论成果。其特点如下：

第一，理论性，即从理论源头上理清毛泽东思想与中国特色社会主义理论体系的形成和发展过程、具体特点、时代意义以及未来走向等。深刻阐述毛泽东思想、邓小平理论、三个代表、科学发展观、新时代中国特色社会主义的重要理论，阐述贯穿这些理论始终的实践观点、人民观点、发展观点、创新观点等原理，对丰富马克思主义理论，对于马克思主义中国化的发展，有着十分重要的意义，从而从理论上阐述培养学生自觉贯彻党的基本理论、路线、纲领以及各项方针政策的理论依据，为大学生积极投身到实现中国梦的伟大实践，有着十分重要的理论指导意义。

第二，历史性。从毛泽东思想这一中国化马克思主义第一个成果算起，一直到习近平新时代中国特色社会主义理论，这些理论都经历了一个一脉相承的历史过程。《实践论》《矛盾论》是毛泽东思想形成的主要标志，为中国共产党人提供了科学的世界观和方法论。从认识论和辩证法两个方面对中国革命的历史经验做出了哲学总结，丰富和发展了马克思主义的认识论和辩证法，邓小平理论是中国特色社会主义理论体系的奠基之作。习近平为核心的党中央，把马克思主义基本原理同新时代中国进一步深化改革和扩大开放的实际相结合，提出了一系列具有原创性的新观点新论断，形成了习近平新时代中国特色社会主义思想。这些理论一脉相承的过程，本科教材都做了历史性和理论性的概括和回顾。

第三，创新性。从毛泽东思想到习近平新时代中国特色社会主义，是一个不断创新的连续的过程。特别是党的十八大以来，随着社会主要矛盾的转化以及社会实践的内容、方式的改变和优秀传统文化价值观的彰显，马克思主义中国化遇到了新的发展机遇，面对着新的发展素材，中国特色社会主义进入了新时代。以习近平为核心的党中央，在认真分析这一形势的基础上，在“坚持和发展什么样的中国特色社会主义、怎样坚持和发展中国特色社会主义”等问题上进行了更加高瞻远瞩的探讨和指导。形成了新时代中国特色社会主义思想的新模式，这是“对马克思列宁主义、毛泽东思想、邓小平理论、‘三个代表’重要思想、科学发展观的继承和发展，是马克思主义中国化的最新成果。”《毛泽东思想和中国特色社会主义理论体系概论》课很好地将这一发展过程连续不断地记录下来，体现了马克思主义理论的创新性和教材结构的创新性。总之，因为这门课叙述的主要是党的思想历程，是几十年来毛泽东等老一辈无产阶级革命家进行民主革命和新时代中国共产党领导人进行社会主义改革开放的思想收获。它是马克思主义中国化的产物，是在半殖民地半封建社会的斗争中磨砺过的理论，体现了一代代革命者对前人理论和经验的总结和发展，也是无产阶级的奋斗史。

3.《马克思主义原理概论》（以下简称《原理》）

马克思主义基本原理由马克思主义哲学、政治经济学与科学社会主义组合而成，辩证唯物主义为马克思主义基本原理的核心思想。马克思主义依托于无产阶级与人类思想解放，为人类解决实际问题提供了思想指导与

方法论。在高校，马克思主义基本原理以概论课为形式，帮助大学生了解原理的基本脉络，认清事物发展的规律。其主要特点有：

第一，丰富的理论性。理论性是指具有系统化、理性化、抽象化特征的知识，它是前人在实践基础上，对实践经验进行概括和总结，得出的具有普遍性的知识。《原理》是以文字符号的形式，对马克思主义的科学原理，即对马克思主义的基本立场、观点和方法的深入把握基础上而最终生成的教材文本。基于教材文本的教材话语具有高度的理论性、思想性、抽象性和现实性的特点。课程容纳马克思主义哲学、马克思主义政治经济学和科学社会主义这三大板块，是有机统一、不可分割的理论体系，有内在的逻辑关系，它具有基础性、学理性、整体性以及真理性与价值性相统一的特点，其根本特征是传播马克思主义的"根源性"理论，从精神上塑造学生的信仰，让学生在探索真理、锻炼素养的过程中受到润物细无声的教化。因为其理论性强的特点，所以它是马克思主义基本原理的最本质的东西，是理解其他理论的基础，包括马克思主义基本原理中最基本的概念、原理和方法论，也是大学生学习其他哲学知识的基础。

第二，鲜明的时代性。马克思主义虽然产生于19世纪40年代，但是其基本原理找到了关于人类、自然、社会关系的一般规律，是对社会结构、社会发展规律与历史主体、资本主义的形成及其本质、资本主义的发展进程、社会主义制度的建立及其发展、共产主义是人类最崇高的社会理想等的最好表达。无论时代如何发展，马克思主义基本原理的正确性是不容置疑的，也就是无论时代如何千差万别、千变万化，马克思主义对社会规律的认识不可能过时。马克思主义基本原理是具有动态感的艺术，其基本原理可以与当时当地的实际相结合，发挥指导性的作用。因而，《原理》课所阐述的基本知识具有一定的实效性和感染力，是大学生认识世界、改造世界的精神武器。"教育者本身一定是受教育的"，教师一定要信仰马列主义，才能适应时代要求，更好地担负起马列主义与党的方针政策的指导者和引路人，从这一点而言，也显现出马克思主义的时代性特征。

第三，强烈的实践性。实践性可以理解为马克思主义本身来自于实践和《原理》课本身的教学实践活动两个方面。马克思主义原理虽然是哲学化的理论知识，但是它是马克思、恩格斯等无产阶级的导师们长期实践经验的总结，是人类对社会、自然认识过程的智慧结晶。所以，这一理论本身来源于实践，具有实践性，而贯穿于《原理》课中的理论，又有指导学生认识社会、认识自然和自身的实践，因而具有指导学生参与现实生活的功能。马克思主义来自于实践，它本身要在实践中被学生消化，教师要按照自身的理论知识和实践经验，按照自己的实践风格，设计精准、对路的教学方法。这本身也体现了马克思主义实践性的一面，也体现了《原理》课本身实践性的特点，教材话语、教学话语以及学生话语之间的相互影响，构成了《原理》课的教学实践活动。

4.《中国近现代史纲要》(以下简称《纲要》)

《纲要》课是高校思想政治理论课的重要组成部分，它将中国近现代历史的基本线索与历史理论结合在一起，在教育学生中国近现代历史知识的同时，对学生进行爱国主义、民族精神与时代精神的培养和教育，使学生能更好地理解中国共产党所肩负的历史使命，从而起到立德树人效果的一门课程。该课程既具有历史课程重视史事和时间的特点，也具有思政课所具有的价值观塑造的特色。是浓缩历史事件与思想教育为一体的课程。一般而言，它具有以下三个特点：

第一，时间跨度大。按照时间顺序共分为从鸦片战争到五四运动前夜、从五四运动到新中国成立、从新中国成立到社会主义现代化建设时期三篇。它在具有历史性的同时，还兼具理论性和实践性。只是三者所表现的侧重点不同。课本从 1840 年鸦片战争算起，到今天 180 年的历史，用几百页的书面语言叙述完毕，时间跨度可谓之大。因为近代史是中华民族最为屈辱的一段时期，历史大事波澜起伏，历史人物层出不穷，用如此少的页码叙述，可见其概括性之强。很多历史事件仅仅用了短短的几行字就叙述过去了，所以其历史跨度是非常大的。

第二，思想教育性强。习近平在纪念马克思诞辰200周年讲话中指出："马克思给我们留下的最有价值、最具影响的精神财富，就是以他的名字命名的科学理论——马克思主义。这一理论犹如壮丽的日出，照亮了人类历史规律和寻求自身解放的道路。"这段话深刻指出史学的理论基础是马克思主义，这也正是该课思想教育性强的重要原因。它使该门课成为具有历史性的思想政治教育课，是要用历史事实证明思想政治教育中的观点，用历史事件达到育人的功能。另外，该门课在思想政治教育性上，体现在其实践性教育，即通过参观历史博物馆、革命遗址，瞻仰红色遗物、图片，举办红色演讲等活动，使学生在肉眼直观的事实中感受中国近现代史中革命斗争的波澜壮阔，达到巩固课堂知识，端正信仰的目的。在这里，历史性是这门课程的基础，政治性是其目标，实践性是其中介，三者统一于引导大学生树立"四个自信"上来，最终帮助大学生树立社会主义核心价值观。

第三，历史教育性强。古人讲，"以史为镜，可以知兴替"。中国近代史正是通过历史上中华民族的屈辱故事来警醒国人，不要再蹈覆辙，要接受经验教训，要引以为戒，要用历史上的英雄事迹鞭策自己的言行，要吸取历史上的教训。历史性主要是指其具有历史学的学科特征，它要用历史事实去阐明中国近现代历史的基本问题和理论观点，就是用历史事实达到思想政治教育的目的。习近平在2019年3月18日召开的学校思想政治理论课教师座谈会上指出："中华民族几千年来形成了博大精深的优秀传统文化，我们党带领人民在革命、建设、改革过程中锻造的革命文化和社会主义先进文化，为思政课建设提供了深厚力量。"这就充分说明革命史融入思想政治课的重要性，也为中华优秀传统文化、革命文化和社会主义先进文化融入思想政治教育理论课提供了重要遵循。"

第四，教学方法的灵活性。《纲要》课是一门历史课，但是又不是单纯的历史专业课，它是将马克思主义历史唯物主义很好贯穿其中的课程。所以在授课时，一方面要采用历史学中的考证方法，对于历史学而言，求真务实是其本来的特征，即用鲜活的历史事件、强大的吸引力和震撼力，吸引学生对课程的兴趣，应该按照历史学的逻辑规律去讲授该课。另一方面，它又是思想政治教育课，我们必须从理论角度阐述其脉络，特别是应用历史唯物主义的原理去解释其中的历史事件，其理论性也是十分明显的。只有这样，才能吸引学生认清思想政治教育的目标。总之，《纲要》课不同于传统意义上的理论知识教育，需采用理论教育与教学实践双向结合加以实现，是用思想政治教育的基本方法和逻辑思路解释历史学科，用历史学的基本方法和逻辑思路去阐述思想政治教育，使历史与思政很好地融合于一体，从而实现提升学生爱国主义情操的目的。

三、红色文化融入思政教学中存在的问题

高校思政课担负着塑造大学生灵魂，端正大学生信仰的重要责任，红色文化的融入无疑对实现这一目标意义非凡，因而受到各高校的高度重视。但是，目前高校思政课中红色文化的融入仍然存在不少问题。

第一，处理不好案例与理论之间的关系。受当前多元文化的影响，当前大学生的思维也出现多元化，他们对所学课程的内容有自己的爱好和选择。因此，如何选取课程中那些有利于吸引学生注意力，又确实能树立学生世界观、人生观、价值观的红色理论和经典案例，这就对思政课教师提出了挑战和要求。思政课教师不但要善于寻找真切生动的案例，而且要善于把握案例与自己所讲授内容之间的关系。四门思政课中，不同课程中采用的理论和案例的比例是不一样的，有时候真可谓“差之毫厘谬以千里”，稍微一点疏忽，就会影响整个课程的形象和效果。一方面，部分教师案例教学重于理论教学。对于《毛泽东思想和中国特色社会主义理论体系概论》和《马克思主义基本原理概论》（以下分别简称《概论》和《原理》）这样的课程就有这样的困惑，这本来是理论性很强的课程，当然要多讲理论，但是过多讲授理论又经常引起学生反感，导致厌学情绪。因此有的教

师就举案例，当然是与之相关的历史案例，可是正是由于讲历史案例把握不适当，讲得过多，最后将理论课讲成了历史课，完全失去了《概论》和《原理》课应有的理论效果。另一方面，理论多于案例。有的思政课，例如:《纲要》课，是一门以历史发展脉络为主，传播爱国主义情怀的课程。相对于以理论阐述为主的《概论》《原理》课而言，《纲要》课侧重于讲授案例，通过案例引出理论和结论。但是，有的教师在授课过程中却把握不好尺度，案例讲授过于简单，而结论和评价过多，理论阐述太多，使这门课变成了单纯空洞的说教课。有的甚至延续老式满堂灌的方式，整个课堂教学变成了教师个人展示自我个人“独特才华”的演练场，完全没有学生自己发挥个性，发表意见的地方。真正成为“空话连篇，言之无物”。总之，或者因为过多灌输理论而使课堂枯燥乏味，或者因为案例讲授过多，甚至不太恰当的案例而冲淡了理论的严肃性，都是当前思政课存在的缺陷。当前的部分高校教师，恰恰在这个问题上走了极端，或者缺乏生动性，枯燥呆板；或者案例太琐碎，影响了理论的正确阐释，将很严肃的理论课变成了专门讲授案例甚至噱头的混混课，真正歪曲了思政课的严肃形象。

第二，处理不好理论教学和实践教学的关系。这一问题主要属于管理阶层的问题。习近平在2019年学校思政课教师座谈会中提出:“推动思政理论课改革，要不断增强思政课的思想性、理论性和亲和力、针对性，要坚持八个统一，其中理论性和实践性相统一是一个重要方面，要用科学理论培养人，重视思政课的实践性，把思政小课堂同社会大课堂结合起来。”所以，处理好理论和实践的关系，是高校思政课教学的最为重要的关系，关系到思政课的教学效果。理论教学是大学生思政课的主阵地，大部分高校给予高度的重视。实践教学是对理论教学的延伸和巩固，很多高校已经认识到其重要性，但是实际监管中，明显处于“缺位”状态。部分高校虽然将理论教学和实践教学区分开来，但是又存在诸如学分不合理、措施不到位、奖励不明显、鼓励不得力、制度不保障等诸多问题，严重影响了高校思政课教师和学生的积极性。一方面，有的高校将理论课与实践课的教学作为流程，写在案头文件中，并未真正贯彻执行。另一方面，部分高校在实行实践教学时，红色景点恰恰成为学生娱乐旅游、玩赏美景的有利时机，学生并未因为参观红色景点而在心灵上产生多少震撼，至多增加了学生生活之余的谈论话题。另外，部分学校实践教学看似有一定的次序，例如：有的学校让学生上交实践报告，甚至让学生登台分享自己参观红色景点的体会，但是因为制度不保障，很多情况下也是流于形式、走走过场，没有任何记录和留存，分享课、展示课成为学生空洞的旅游报告课，并无多少思想性可言，谈不上什么思想上的震撼作用。总之，高校思政课目前存在着两个极端，既有重视理论缺乏实践的纯理论化倾向，又有只重视实践教学而忽视理论的去理论化倾向。这是当前高校思政课红色文化应该融入的重要原因之一。

第三，处理不好显性课程与隐性课程之间的关系。显性课程即高校思想政治理论课（四门必修课 + 形势政策课），是对大学生进行社会主义核心价值观教育中的核心课程，在大学生思想政治教育中发挥价值引领作用。隐性课程包含综合素养课程（即通识教育课、公共基础课等）和专业教育课程（包含哲学社会科学课程和自然科学课程）。前者在思想政治教育中发挥浸润作用，注重在培育人的综合素养过程中根植理想信念；后者发挥深化和拓展作用，在知识传授中强调主流价值引领。二者共同服务于提升高校大学生思想政治水平，真正起到立德树人的作用。但是，在处理红色文化融入显性和隐性思政课的过程中，存在着比例失调的问题。首先，显性思政课中生硬灌输红色文化的现象。1942 年 2 月，毛泽东主席在延安曾做《反对党八股》的讲演，党八股的第二条罪状是“装腔作势，借以吓人”，第四条罪状是“语言无味，像个瘪三”“样子十分难看”。用在某些思政课老师生硬授课十分合适，一方面，有的老师把一些不太合适的高调的例子塞进来，本来十分无趣，装作自己什么都懂似的，其实他未必都懂；另一方面，引入案例的语言十分生硬，学生听着如同嚼蜡，没有采

取灵活多样的语言，也没有采取适当的教学方法，使学生在心理上产生了抵触情绪，破坏了红色文化的形象。其次，是隐性思政中缺乏红色文化的现象。通识选修课、公共基础课、专业文化课等课程虽然不直接宣讲红色文化，但是可以渗透红色文化。但是，部分高校教师却忽视这方面知识，抱一种无所谓的态度，致使课堂纯粹以灌输专业知识为主，导致学生心目中将红色文化与专业知识体系分割开来。再次，显性思政和隐性思政相互冲突的现象，即部分隐性通识选修课等隐性思政课程的教师，认为自己的课程与红色文化无关，他们认为红色文化的讲授是思政课教师的事情，没有必要自己在课堂上穿插，使得红色文化成为一种单一片面的文化形态，没有和其他知识形成为一个统一整体。

四、有分别、有侧重地将红色文化融入思政课的途径

教育应该使得每个受教育者都能借助于青年时代所受的教育，能够形成一种独立自主的、富有批判精神的思想意识，以及培养自己的判断能力，以便由他自己确定在人生的各种不同情况下做他认为应该做的事情。习近平曾强调，要充分利用红色资源开展党的优良传统教育和理想信念教育，这一重要论述为红色资源融入高校思想政治教育指明了方向。思政教育是增强信念、塑造灵魂、培养品质、健全人格的工作，红色文化融入高校思政课是提高学生思想水平，端正其信仰的重要途径，但是如何巧妙地将红色文化融入思政课中，起到巩固理论知识、烘托课堂气氛、夯实信仰根基、提升学生能力的效果。这是一个难点问题，这就要求高校思政课教师能够善于分析各门思政课的不同特点，同时善于理清红色文化的不同类型，有重点、有分别、有侧重地将红色文化融入每一门思政课中，实现思政教育的精准滴灌，这不仅是思政课教师努力的方向，也是他们的执教智慧。

1.《思想道德修养和法律基础》要注重输入红色经典中那些能突出个人品德、素养的案例和精神资源

这门课主要是从个人品德、素养形成角度，对学生进行世界观、人生观的塑造。因此，要选取红色文化资源中那些侧重老一辈革命家道德情操的案例或者经典著作进行案例灌输，以此让学生从思想深处感受到老一辈革命家之所以能做出如此伟大的业绩，与其高尚的道德情操和修养有着密切的关系。一方面，红色文化中老一辈革命家奋斗中表现的忠贞不屈、视死如归、一心为民、前仆后继的革命品质和素养，自力更生艰苦奋斗的优良传统，严于律己、宽以待人的感人情怀等，都是教育和感染大学生最好的精神材料。高校思政工作者要善于从纷繁复杂的案例中，提炼出具有上述品味的材料，在课堂上、在网络群体中、在校园宣传中、在文艺演出中，处处展现红色文化所能表现的精神感召能力。另一方面，马克思主义认为，道德不是超历史、超现实的抽象，本质上是人的一种社会特质，利用现代改革和建设中共产党员的案例，提炼出与革命战争年代一脉相承的精神脉络。今天是过去的未来，今天的现实肯定与过去有着千丝万缕的联系，红色文化是社会主义道德在文化领域里的反映，是一种普遍的行为准则和道德规范。因此，要善于发掘今天现实中过去就有的共产党员的高贵品质，就更能激发大学生的现实感、亲切感，从而强化大学生的道德自律意识，自觉塑造高尚的道德情操。

2.《毛泽东思想和中国特色社会主义理论体系概论》要注重毛泽东理论及中国特色社会主义理论的形成过程

一方面，红色文化融入《概论》课教学的时间探索以马克思主义中国化的历史进程为主线，以毛泽东思想与中国特色社会主义理论体系为重点，按照学生主体教育理论，以学生关注和困惑的问题为起点，紧扣《概论》教材中的重点、难点，在学生关注点和教材重难点的结合点上精心设计问题。教师应该选取红色案例中那些专门反映毛泽东乃至以后中共每一代领导人在中国特色社会主义建立过程中所形成的经典案例进行讲解，让

学生了解这一理论形成过程与中国革命和建设，乃至改革开放的具体实际有着密切的关系，教育学生中国特色社会主义道路乃是中国共产党几代领导人带领中国人民前赴后继、忘我辛劳的探索所取得的成果。选取的案例既要注重毛泽东等个别领导人在这一理论形成过程中的贡献，也要注重中国共产党的每一个党员在这一理论形成中共同作用，说明这一理论是中国共产党人集体智慧的结晶。另一方面，一定要注重理论性。因为《概论》课是理论性较强的课程，所以，如何将理论与精准的红色案例相结合，将理论变成易于接受的思想，改变枯燥的老套子，将学生的内在精神需求与思政课教学目标相统一。必要时可以尝试采取混合式教学模式的方式进行改革，改变传统的单纯的灌输式教学模式。

3.《马克思主义基本原理概论》要侧重融入红色文化中老一辈革命家如何成为马克思主义思想信仰者的故事，才能彰显马克思主义原理的魅力

该门课是一门理论性强、思辨性高的课程，其重要特点是不能仅仅停留在理论教学本身，而必须把理论转化为学生的思想政治素质，这就需要有一个强力转化的助推器，红色文化作为马克思主义与中国具体实际相结合、与中国优秀传统文化相结合的产物，包含了我们党波澜壮阔的革命史、艰苦卓绝的斗争史、可歌可泣的英雄史。其承载的思想之厚度、理论之深度，是经过岁月筛选的。其精神之沉淀，结成一条神圣的链子，把前代的创作给我们保存下来，并传给我们。这就要求我们将红色文化融汇于《原理》课中，在教学方法的呈现上，教学内容的依托上，教材结构的安排上，实现新的策划和谋略。一方面，就《马克思主义基本原理概论》的课程教学目的而言，通过系统地学习马克思主义理论，参以红色文化的理论与案例，特别是要求学生利用各种渠道，自行搜集、整理红色文化资料，结合教材，理解中国共产党的历史，然后在教师的引导之下，归纳和总结出自己人生的前途和理想，从而帮助学生树立正确的世界观、人生观和价值观，学会用马克思主义理论的世界观和方法论观察分析社会问题，为学生确立建设中国特色社会主义的理想信念，为最终实现共产主义事业

而奋斗。这样，既促进了红色文化的传播，红色精神的传承，又促进了大学生对主流意识形态的选择与认同。另一方面，马克思主义基本原理有一些深奥难懂的内容，教师要在学生基本领会每一条原理的基础上，侧重讲解老一辈无产阶级革命家如何在民主革命过程中不屈不挠，不断追求马克思主义的故事；选取相关案例，从这些红色文化资源或载体中，提取出红色文化精神，让这一精神在学生的心灵世界绽放，让学生自觉明白，说明他们选择这一思想信仰的正确性，教育学生自觉抵制当前文化中那些消极腐朽的思想。

4.《中国近现代史纲要》是中国人民近代反抗侵略的历史，其中中国共产党在领导人民摆脱黑暗，走向自由的过程中起着积极而主要的作用

红色文化正是中国共产党人在领导人民进行斗争和改革开放过程中形成的历史遗迹，它既包含实物遗址，也包括精神遗存。这两种红色文化遗存都是高校思想政治课，特别是《纲要》课的优质教学资源。《纲要》如何利用好这一资源，对于提高教学质量、促进教学改革、坚定文化自信、增强课程感染力和有效性、提升大学生的爱国主义教育，都有着十分重要的意义。一方面，注意科研与教学之互动。要利用科研反哺教学。高校既是教学场所，更是科研重阵。教学和科研密不可分，教学要以科研为依托，它依靠科研提高教师的理论素质和教学水平。高校要让教师积极整理红色资源材料，梳理其中的相关知识，找出红色文化各要素之间的关联点，为其融入思政课教学做好准备。另一方面，注意发掘本地红色资源。《纲要》要巧妙利用经典历史案例和红色景点。中国人民抗争帝国主义的历史过程，铸就了中国众多的红色景点，可供学生们进行参观、实习。高校教师要及时掌握学术动态，善于将红色资源融入红色故事的讲解，激发学生的兴趣，丰富学生对本地红色文化的认知，传承红色文化基因，端正其历史观和价值观，增进其爱国主义情感。此外，教师可以通过中国近代史知识竞赛、观摩爱国主义影片，自觉接受红色文化洗礼，加深对红色文化的情感认同，感悟新时代中国特色社会主义的使命，为实现中国梦而奋斗。

小　结

红色文化在高校思政课中的作用越来越明显，大学生对红色文化的认同感也愈来愈深刻。老师必须集中更多的时间和精力去从事那些有效果的、有创造性的活动：互相影响、讨论、激励、了解和鼓舞，激励学生主动从红色文化中汲取精神养料。随着我国人民物质生活水平的提高，红色文化在教育大学生继续发扬艰苦奋斗的优良传统，克服享乐主义的思想，继承红色文化的首创精神，树立中国特色社会主义价值观，认真贯彻习近平新时代中国特色社会主义理论方面，将会起到越来越重要的作用。红色文化融入高校思政课的改革和提升也成为日益紧迫和现实的任务。总之，红色文化融入高校思政课程教学，对思政课提出了更高的要求，作为思政课教师，既要懂理论，又要懂实践，还要学会如何利用心理学管理学生，特别是如何选择典型的红色题材案例，进行维度不同的红色文化教育，确定红色文化融入的程序、程度、成果，特别是教学实践课是巩固四门思政课课堂知识的桥梁。高校要让大学生在适当的时间走出校门，让他们参观红色景点，请专业人员对红色景点中的背景、遗物进行专门讲解，带队的思政课教师应该随时把景点讲解员的讲授与思政课的理论结合起来，以此进行现场教学，最终使学生对红色文化与思政课知识融会贯通。

话题十一：生态文明与大学生思政教育

【话题导引】生态文明是人类文明发展的新阶段，即工业文明之后的文明新形态。如何在大学生思政课教育中真正贯彻实施生态文明？如何面对大学生生态文明观的现状？这是大学生思政教育的一个新课题。本话题正是在分析生态文明观的意义、现状基础上，提出如何构建生态观的建议和对策。

生态文明理念是人类反思工业文明导致的生态危机后，提出的人与自然和谐共存的新文明范式。生态文明建设是习近平新时代中国特色社会主义理论的重要组成部分，是实现可持续发展，实现中国梦的关键环节。作为新时代的大学生，要从认真学习习近平关于生态文明思想的重要论述着手，注重在学习中养成生态文明意识，注重在工作中践行生态文明理论，注重在生活中营造生态文明的文化氛围，使得习近平的生态文明理论入脑、入心，化为实现中国梦的奋斗力量。

习近平曾说："绿水青山，就是金山银山。"说明生态文明观已经上升到思想政治的高度。作为思想政治教育的重阵，高校理应在生态文明建设中把握好思想政治这一关，将生态文明这一概念融入大学生思想政治教育之中。因此，本论题从目前大学生生态文明的现状及其存在的部分不足，探讨生态文明与大学生思政教育的关系。

一、生态文明意识的概念及其现实意义

生态文明是人类反思工业文明导致的生态危机后，提出的人与自然和谐共存的新文明范式。生态文明是人类为维护环境而进行的卓有成效的实践措施，它旨在维护环境，为人类文明作出重要贡献，为子孙后代造福的伟大工程。生态文明意识是指人类对生态环境保护进行理性思考并得出关于其规律性认识的一种理性思维，是保护环境在人们脑海中长期积累后理性升华的集中体现，是人类在面对自然与人类和谐相处问题时自然形成的良性互动意识，它是人类进步的标志之一。当前，随着我国人民逐步走上小康之路，生态文明意识已经成为人们生活中的普遍常识。习近平曾三次阐述过的金山、银山与绿水青山的关系，就是关于生态文明意识养成的最好指南。这三次阐述分别是，一是我们“既要金山银山，又要绿水青山”，二是“宁要绿水青山，不要金山银山”，三是“绿水青山就是金山银山”。这充分说明他对生态环境问题的积极关注及其进一步升华，也从另一种意义上说明生态环境保护与国家前途、民族命运，甚至人类长久生存的密切联系。所以，生态文明建设成为中华民族生生不息、永久发展的大计。

新时代大学生担负着继往开来，实现中国梦的伟大重任，在大学生中牢固树立生态文明观，应该成为高校教育常抓不懈的问题之一。它对于青年人培养积极的人生观，养成乐观面对生活，勇于面对现实的人生态度有着积极的意义。

首先，让青年学生了解生态文明发展的历史。生态文明史是从自然界生物产生以来，生物与自然界互动的历史过程。原始社会时期，生产力水平低下，人们被动适应自然，人类对自然的破坏和影响微乎其微，人受制于自然，是典型的自然中心主义。在原始文明后期，人口增加，生产工具改进，人类对物质的需求逐渐增加，农业文明应运而生，这种新型的文明是适应人的需求而产生的，因而这一文明以不断地改造自然，从自然中获取人类所需要的物质资源为特征，对自然产生一定破坏和影响，但是还没有从根本上危及自然生态系统和水力等再生资源的延续，自然仍然处于主导地位，人类处于从属地位，可以称其为亚人类中心主义。随着生产力的发展，在18世纪以蒸汽机发明和应用为标志的工业革命后，人类进入了工业文明时代，这一文明以短时间内为人类创造巨大的物质财富为特征，但是对自然生态的破坏也是前所未有的，因而造成土地侵蚀、水土流失、土地沙化、森林锐减、洪水泛滥、气候恶化等一系列生态环境的破坏。这样的生态文明发展简史对当今青年人而言，应该成为其比较熟悉的常识。人类发展进程中，人与自然的相处模式从原始时期的被动适应，到农耕时代的开发利用，再到工业时代的贪婪索取，这是人类从利用自然到破坏自然的一段消极的历史发展过程。长期以来，人类并没有充分认识到这一问题的严重性，直到近年来，人们遇到资源枯竭、环境污染的严峻挑战，人们开始懂得保护环境的必然性，了解了可持续发展的重要性，生态文明的价值才开始凸现出来。因此，让青年学子了解人类对生态文明认识的历史，不仅有利于了解人与自然交往的历史，树立自觉的生态文明意识，最终发现人类在经济发展过程中热爱大自然的重要性，而且有利于他们自觉地致力于建设生态地球、美丽家园、和谐中国的伟大事业中，特别是当前全球化发展的关键时期，自然生态环境不仅仅是一个国家一个民族的事情，而是全人类共同面对的事业。懂得生态文明史，就是让青年学子有更加开阔的视野去自己践行保护环境、热爱环境、建设环境的长远事业中去。

其次，让青年学生了解生态文明发展与人类的密切关系。生态文明关系到人类的生存命运，在工业革命之前，人们并未充分认识生态环境与人类生存的联系，不可能理性把握人与自然相互联系、相互依存、相互作用、共同发展的关系，因此就不可能正确把握人与自然、人与社会、人与人和谐共处与共同发展的度量和标准，乃至于到工业文明出现后的较长一段时间，人类对资源的浪费、对环境的破坏超过了自然生态所能约束和承受的

范围，最终造成自然以灾害的形式对人类提出警告。人类从自然灾害的残酷事实面前开始反思自己的行为与周围环境的关系，于是开始了生态文明观念的推行，这一文明与社会生态文明共同构成人类命运共同的重要组成部分，是中国共产党在新时代提出的又一英明决策，是中华民族对人类发展史推进的又一重大贡献。因而，生态文明意识的培养，不仅有利于青少年树立正确的生态观，而且有利于他们正确理解人类自身与生态环境的关系。习近平在十八届中央政治局第六次集体学习时的讲话中指出："人类经历了原始文明、农业文明、工业文明，生态文明是工业文明发展到一定阶段的产物，是实现人与自然和谐发展的新要求。"这一论断充分说明生态文明在实现人与自然关系正常化中的重要意义，是从宏观视野审视生态文明之后得出的深刻见解和科学论断，它再一次说明人类在工业文明不断进步，生产力不断发展之后，人类应该思考的环境问题。这是工业文明发展过程中必然面对的一个重要问题，青年人作为未来的承担者，应该了解先人给他们留下的遗产和如何对待这份遗产才是最重要的道理。因此，让青年学子了解生态文明知识，一方面，让他们在学习中，了解生态文明的正确概念，自觉关注生态文明的底线和人类生存的关系，从而了解人类命运共同体的兴衰决定自然生态文明和社会生态文明的和谐统一。另一方面，青少年在了解了生态文明与大自然的关系之后，自觉参与到维护生态文明的社会实践中去，自觉控制自己的有利于生态文明建设的言行，从而确立生态文明大视角的观点，自觉服务于建设新时代中国特色社会主义建设，以新时代主人翁的姿态，为将来的人类生态环境做出应有的贡献。

再次，认清我国生态文明建设的紧迫性。生态文明既是工业文明自身演进、自我超越的结果，也是人类面向未来、追求持续的明智抉择，它具有整体性、持续性和公平性的特征，是人类共同面对的文明演进形态。生态环境中的每一个要素，例如：山水、动物、植物等都是相互联系的整体，任何一个环节出现问题都可能波及其他生态要素的正常发展，危及整个系统的运行。习近平指出："山水林田湖是一个生命共同体，人的命脉在田，田的命脉在水，水的命脉在山，山的命脉在土，土地命脉在树。”这一论断再一次阐述了马克思主义关于世界万事万物之间是相互联系原理的重要性。然而，我们的生态环境现在仍然存在诸多紧迫的问题需要解决。一方面，人类由于工业化、城市化的发展，普遍存在工业文明畸形发展，自然资源损耗过度、环境破坏严重。自然环境的自我协调能力被破坏，不可再生资源面临枯竭，生态环境危机趋重。另一方面，人类生态危机意识参差不齐，部分国家，特别是工业化较早的国家，由于曾经遭受到的环境恶化，开始重视生态知识宣传；而另外一部分国家对生态危机的认识处于起步阶段，极少数国家仍然没有认识到生态环境的重要性。对于中国而言，近几年生态危机意识明显增强，但是也存在诸多不如意的地方。然而也应该看到，部分国民，即使是在大学生中间，生态环境意识总体水平与社会经济可持续发展的要求尚有较大差距。我国高校的生态文明教育亟待加强。同时，随着中国进入新时代中国特色社会主义阶段，经济建设、政治建设、文化建设、社会建设和生态建设可持续发展的需要也进一步迫切，推动物质文明、精神文明、政治文明、生态文明等的协调发展愈来愈提上议事日程。加强大学生生态文明教育也日益显得重要和迫切。世界是物质的，物质是运动的，运动是有规律的。人类是这一规律链条上的重要环节，各环节之间只有保持协调的联系，人类的生产方式才能健康协调地发展。生态文明意识的树立，有利于大学生从实际出发，理论联系实际，充分认识当前我国生态文明建设形势的急迫性，任务的艰巨性。坚持可持续发展理念，以人民千秋万代的发展为中心理念，本着对子孙后代高度负责任的态度，在学习、生活中认真践行生态环境第一的思维意识，从而为国家、民族，乃至人类做贡献。

二、当前大学生生态文明观的乐观现状

生态文明强调尊重自然、顺应自然、保护自然的生态理念，是实现人

与自然和谐发展的必然要求。生态文明意识是中国青年世界观的重要组成部分，是实现中国梦的重要环节。不过，这一重要的意识在党和国家领导的大力倡导之下，其受重视程度和传播速度出现了更多令人乐观的迹象。2015 年 3 月 6 日，习近平在全国人大三次会议和全国政协十二届三次会议江西代表团审议时说："环境就是民生，青山就是美丽，蓝天也是幸福。要像保护眼睛一样保护生态环境。"因而，在当前大学生的思维意识中，关于生态文明出现了许多令人乐观的迹象。

（1）日常生活之中的环保意识明显增强。环保意识是人们对环境和环境保护的认识水平和认识程度，它是人们在保护环境过程中通过调整自身经济行动和社会行为，协调人与环境、人与自然相互关系的实践活动的自觉性，包括环保理念和环保自觉性等方面。随着物质生活水平的不断提高，大学生的环保意识明显增强，特别是对个人生活中的行为有了自觉的约束性。一方面，日常生活中的环保意识增强。大学校园里绝大部分同学注重环保细节，例如：珍惜水资源、爱护花草、不随地吐痰、不乱扔垃圾等，明晓环保是一种正确的良好生活习惯。另一方面，他们也经常从网络中学习相关的环保知识，例如：臭氧层破坏、温室效应、物种灭绝、资源开发不合理等，增加全球环保问题的力度。同时，他们都能明显意识到自然环境的危机，了解了环境保护对人类生存的意义，特别是他们能把中国的环保问题与国际环保结合起来，部分同学积极利用假期，积极参加学校或者社会组织的各种环保活动，积极参加环保的实践活动，增强节能环保的技能。有的还担任一些社会环保组织的负责人，了解相关企业的环保举措，了解各种环保的设施、方法，对环保知识有一定的了解，能举出各种相关的环保案例，环保理念特别强烈。有的则积极参加社区环保，教育社区民众自觉进行环保实践，确实起到了提高社区整体环保素质的目标。有的学生在校内举办各种培训班，得到学校相关部门的支持，活动办得十分火爆。有的则在家庭中进行环保节能意识的宣传，将家庭纳入到环保意识培育的范畴中来，提高了家长的环保意识，使家庭、学校的环保教育连成一片，使得大学生成为一个完美人格的人。另外，大学生对很多与环保相悖的理念有较为清晰的辨别能力，对整体环境优劣的感知和敏感性增强，具有环境保护价值和关心环境的情感，积极配合各级相关部门进行环境保护的工作，对环境相关问题有一定的经验和了解。

（2）关注生态文明相关信息。随着网络不断普及和应用广泛化，大学生利用网络进行环境保护的意识明显增强，他们对网络所倡导的生态文明较为关注，并积极发表自己的观点。首先，他们积极关心国家有关生态文明的信息，对于开展生态环境治理、构建现代化环境治理体系的方针政策有较为全面的了解，了解相关的政策方针所允许开展的特定的环保活动规章，对各级部门的环保规章也有一定的了解，特别是国家关于重大环保活动的事情，很多学生都了如指掌；自觉遵守党和国家关于环保的规章和纪律，积极了解模范学生在环保方面应该了解的信息，不断提升自己的环保素养，争取成为一个合格的环保宣传员。其次，了解我国生态环境的治理实践活动，对政府生态治理的团队、学者、数据等有初步的了解，特别是一些同学能够结合家乡的生态环境治理实践，将其自觉融入自己的社会实践调查报告之中，形成较有初步研究性质的科研成果，有的同学的实践报告获得不同程度的奖励。再次，有的学生虽然身在学校，但是却能关心国家、社会的生态文明信息。有的大学生积极参加学校的相关社团，组织参与各种相关活动，直接或者间接获得各种信息，成为对生态文明比较了解的小专业队员。有的大学生之中建立自己的微信或者 QQ 群，在群内经常将自己认为重要的生态环境信息发布，让群里的同学相互了解，使同学们对国家发布的很多网络生态文明知识有一定程度的了解；有的同学在生态文明网站发布观点的同时，结合自己的专业实际，发表自己的看法，积极表达自己对生态文明建设的观点和建议；有的学生甚至根据自己掌握的信息，在 CNKI 等学术网站搜寻有关生态文明的学术论文，使自己对生态文明的了解更加理性化、系统化；而个别同学由于经常关注生态文明信息，

相关信息较多，还写出了一些具有初步学术水平的生态文明论文，在学术领域开始展露自己的头角。

（3）自觉践行生态文明理念。科学的理论是从客观实际中抽象出来，又在客观实际中得到了证明的，正确地反映了客观事物本质及其规律的理论。生态文明是人类一切文明的根基，良好的生态环境是人类文明形成和发展的基础和条件，物质文明、政治文明和精神文明都要建立在一定的生态环境基础上。恩格斯曾说："美索不达米亚、希腊、小亚细亚以及其他各地的居民，为了得到耕地，毁灭了森林，但是他们做梦也想不到，这些地方今天竟因此而成为不毛之地。"对此，他深刻指出："我们过分陶醉于我们人类对自然界的胜利。对于每一次这样的胜利，自然界都对我们进行报复。"[①] 当代的大学生，深深懂得环境对于人类的重要性，所以，他们在关注生态环保的同时，也积极将生态文明的理念自觉应用到实践中来。一方面，他们经常进行生态文明的社会调查。经常利用节假日深入社会，设置问卷进行访谈。总结分析、撰写生态文明实践报告，不仅自身了解了很多生态文明知识，同时也向社会传播了保护生态环境的正能量，而且主动参加植树造林、治理沙荒等社会实践活动，在当地环保部门中获得很高的赞誉。另一方面，他们经常在校园进行生态文明宣讲、示范等活动。一些同学利用课余时间进行校园环保宣传，主动收集校园或教室等公共场所的垃圾并及时予以处理，主动劝导在环保问题上认识模糊的同学，使大学生不仅认识到专业课的重要性的同时，更加认识到专业课要想在社会上有用武之地，首先也要以保护好自己的环境为基础和前提。在生态文明的知识、技能、意识等方面，都对大学生进行了一次很好的素质培养。他们也在校园里参加环保社会实践活动，而且结合宣传党和国家的环保政策、方针，说明建设新时代中国特色社会主义仍然离不开生态环境的保护。

① 马克思恩格斯选集（第 3 卷）[M]. 北京：人民出版社，2012.

三、当前大学生生态文明意识的不足之处及成因

金无足赤，人无完人。作为新时代的大学生，在其关注生态文明的同时，其不足也不容忽视。这些问题与他们的学习、工作和生活密切相关，应该引起我们足够的重视。

第一，片面理解生态文明概念。生态文明是指在经济发展过程中，减少对生态环境的破坏，减少生态环境破坏产生的负面影响。它涉及人与人的关系、人与自然的关系、人与社会的关系，也就是说，生态文明涉及人、自然、社会多方面的关系，任何人和集体都不可能脱离这一关系网而独善其身。因而，要从全面的角度理解这一概念，才能准确把握其深刻内涵。而当今大学生之中，对这一概念的把握还存在片面的弊端。首先，部分大学生仅仅将生态文明理解为保护环境这一范畴，没有将其放入中国梦的整个大框架中。他们或者只看到生态文明就是如何既发展经济，又保护好环境的问题；有的同学认为生态文明知识是提高人的生态文明素养问题，没有将这一问题与新时代中国特色社会主义很好地结合起来，其认识不能服务于中国梦这个大的框架。其次，部分大学生在理解生态文明概念时，认识出现偏差，仅仅了解生态文明的理论概念，没有从实践角度对其进行考察，特别是没有将生态文明与中国梦的具体实践相结合，出现了孤立理解生态文明的概念，死记硬背相关名词。这样的理解，往往只是浅层次的剖析，不能将其自觉内化为一种生态文明的心理自觉。部分大学生对生态文明的认识是抓住部分，不见整体；只看局部，未看全局，缺乏对这一系统进行完整的认识和理解。有的学生虽然对生态文明概念有一定理解，但是不够全面，处于浅层次理解，未能从本质上来把握其中心要点，因而在实际生活中，生态文明素养的欠缺很快就能表现出来。再次，把握不住生态文明中心内容。生态文明涉及人、自然、社会三方面的内容，这三者之间是辩证统一的关系，他们之间既有联系，又有区别，其中人是最

具有主观能动性的因素。因此，如何通过调节人的行为，调动人的主观能动性，使人的活动更加有利于生态文明的建设，许多大学生的认识是模糊的，头脑中没有清晰的概念。

第二，对生活中的有关生态文明的事情重视不足。生活是比生存更高层面的一种状态。作为高等动物的人类，其生活不仅仅要满足生存、延续后代等本能性的活动，还要在这一基础上参加社会性的实践活动，要构成人与人的交往。人要有自己的价值追求、目标选择、未来愿景，生态文明就是人在处理人与自然、人与人、人与社会关系时，自觉表现出来的主动调适性，实现人与自然互相摄取，形成一个既有利于人类生存、又不伤害环境生态的良好的互动关系。对于学生而言，在大学期间的一言一行都可以反映其生态文明素养的高低程度，所以部分同学就表现出漠视生态文明的言行。一方面，他们生态意识薄弱，对周围的环保宣传视而不见、听而不闻，对环保知识缺乏足够兴趣，对环保问题怀有一种事不关己高高挂起的态度。另一方面，他们参与环保活动的热情也比较缺乏，即使是自己生活的宿舍、自己上课的教室，他们也不注意环境卫生，认为这是环卫工人的事情，对类似的行为也不进行及时的制止。他们的环保意识常常局限于自己生活的小圈子里面，局限于非常狭隘的环保意识观念。另外，部分大学生认为生态文明是环保部门的事情，高校主要是学习理论知识的地方，没有必要关心这个问题。尤其是部分只爱读书而不关心周边的同学，他们认为学习专业知识才是自己应该注意的事情，而生态建设，那是环保部门重视的事情。生态文明意识不属于高校重视的范围，是环保单位的事业，他们以一种完全功利性的眼光来对待生态文明，以一种旁人的眼光来对待学校和老师在生态文明方面的宣传。所以，无论是在课堂理论学习，或者在日常生活中，他们经常不重视生态文明的相关信息，也不注意自己的举止言行是否符合生态文明的标准。对于学校下发的关于生态文明方面的信息、视频总是抱有睁只眼闭只眼的态度，既不关心，更不发表任何评论，一心只读圣贤书，两耳不闻窗外事。至于生态文明法制、生态文明技能、生态文明素养、生态文明实践等，对于他们而言，最多就是在口头上过过嘴瘾、赶赶时髦、应付人情、装点门面而已。这样的大学生，就不可能指望其在新时代中国特色社会主义建设中，对于生态文明有所成就。

第三，不注重日常生活中的生态文明细节。细节是指事物构成或者发展过程中那些细小的环节或情节。俗话说，细节决定成败。有时候，一件人们认为很不起眼的细节问题，往往会导致事情的成功与否，因此才有细节决定成败这句俗语。生活是最好的课堂，在这个课堂里，每个人的素养、思想以及计划都能在此表现出来。如果我们仔细观察每个人的生活或者学习细节，对于我们了解每个人的情操、素养有很大的帮助。当然，我们也可以通过细节了解和学习到很多东西，生态文明意识亦是如此，大学生可以从生活的每一个细节，学习到生态文明知识。当然，我们从大学生的言行细节中，可以窥测当前大学生在生态文明方面的不足。一方面，对自己的生活环境不予爱护。部分大学生乱扔垃圾，浪费水资源，他们只求自己舒适和方便，从来不考虑他人的感受和环境问题，完全没有大学生应该有的基本生态素养和思维意识。特别是在教室上课时，很多人经常将食品垃圾随便丢弃在上课教室里，显示其对环境的不重视。而另外的部分学生，特别是男生宿舍，宿舍卫生特别差，给学习和生活造成很大的不便。另一方面，不注意从细小处积累生态文明知识。部分大学生对缺乏生态环境知识抱一种无所谓的态度，对学校、院系相关的宣传认为无关紧要，不注意相关知识的点滴积累，认为这些知识是环保专业学生才应该注意的问题，对环保的最基本知识也不了解，他们基本上是环境“盲人”。另外，当一些迫不得已，无可奈何的生态文明事情派到自己头上时，他们常常以一种应付的姿态匆匆完成了事。所以，这样的学生无法把保护环境当作乐趣，而只是当作一种不得不做的苦役。遇到生态文明的事情就感到头疼，完全没有大学生应有的生态文明素养，这是与建设生态文明完全不相适应的。因而，他们更不可能以饱满的热情去学习、工作和完善自我，也不可

能有能力去迎接各方面的竞争与挑战，是高校应该亟待关注的一个群体。

英国哲学家休谟曾说："任何事物只要存在，就有它所以存在的原因。"① 大学生生态文明意识淡漠也是有一定的原因的。

第一，高校生态文明教育资源缺失。生态文明培养需要一个长时间的培育过程，但是我国的高校中，大部分高校明显缺乏该方面的师资力量，更缺乏相关的教材，只有在农林院校才有相关的课程。而其他普通大学则是生态文明知识零星存在于各门功课之中，教学资源没有整合和统一。这相对于中国巨大的大学生资源而言，显然是僧多粥少，满足不了大学生对生态文明知识的需求。同时，生态文明教育的相关学科也相当不完善，基本没有形成系统的教育体系，很多生态文明知识停留在环保宣传的法律和知识之上。另外，仅有的开设农林学科的院校在环保规划以及环保制度等课程，甚至图书馆中环保图书的建设上，也缺乏完善性。大学生既不能保证已有环保学科的高质量进行，也缺乏进一步完善环保学科的后发优势。正因为如此，许多高校的环境忧患意识仅仅是在环境中设置了一些保护环境，爱护花草的标语，至于国际国内环保法律、条令、政策等，就更加缺少。学校也缺乏专门的教育资源应对大学生存在的病态消费、奢侈消费、超前消费等畸形的消费观，所以，部分院校的大学生因为追求享乐、忽视资源节约，对生态环境造成的破坏也没有专门的人来管理。大学生对生态文明的了解，局限于片言只语的口耳相传和少量的社团组织，以及电视里的一些公益广告。

第二，生态文明实践教学缺乏。实践是检验理论正确与否的最重要的方式。生态文明作为一种理论体系，在正式化为学生大脑中知识之前，需要课外实践将其巩固，除少数农林学校外，大部分高校很少将生态文明实践作为一项课外实践活动来抓。很少将学生带到附近的科技馆和博物馆进行生态文明教育，学生在学校获得的生态文明知识没有也不可能在实践

① 休谟．人类理解研究 [M]. 北京：商务印书馆，1999.

中得到巩固。同时，一些高校虽然有相应的生态文明社团，但是这些社团也只是少数人的爱好而已，很多情况下不能得到学校相关部门的大力支持，社团组织的专题活动也比较少，实践活动就更少。另外，在日常生活中，学校虽然强调学生注意自己的细小行为，但是大部分学生还是没有引起足够的重视，一些学生经常将吃剩的零食碎片扔在教室里，也没有老师对此进行专门负责，学生没有形成正确的消费观和道德观。最后，一些学校虽然成立了一些生态文明实践项目、实践基地，但是由于没有规范的管理，这些资源并未能在学生生态实践中发挥到应有的作用。有的实践基地偶尔发挥一些作用，但是相对于其在实践之前的投资而言，实践效果明显滞后，根本谈不上生态文明实践，充其量只是应付上级部门检查的一个摆设而已，形不成一个大的生态文明实践大环境。

第三，监管制度落后。这主要与一些高校行政领导忽视生态文明建设有关，生态文明建设管理涉及人、自然、社会三方面的协调关系，因此常常需要多方的协调才能够取得良好的效果，这就需要主管领导一定能够协调相关职能部门的情况。正因为这种协调的复杂性，导致一些高校不能够将其放在工作的重要议事日程，每每因为各种原因而影响了生态文明建设的管理。一方面，一些高校没有专门的机构管理生态文明建设，类似的管理常常散落于各二级或三级管理者身上，这些职能部门常常因为忙于自己的专业本职工作，疏忽了生态文明的管理。有些学校对此进行管理，也主要局限于应付上级检查，不会从整体上协调工作，生态文明管理相对于其他工作而言十分滞后。另一方面，一些高校虽然有相应的管理机构，但是由于财政等原因，这些机构也基本形同虚设，起不到应有的监督效果。因为没有相应的监督，所以很多高校的生态文明建设根本看不出成效在哪里。一些有成效的高校，其真正体现生态文明的亮点又不多，或者基本没有，完全成为应付上级检查的一种机器。因此生态文明建设在中国的高校中处于一种比较紧缺的状态。大学生在生态文明知识、实践等各个方面都亟待需要加强。

四、解决当前大学生生态文明观问题的途径

生态环境作为人类生存的必然场所，对其正确的认识经历了一个从低级到高级的过程，对其管理也经历了从无到有的艰难历程。如何才能克服我们前面所述问题，提出合理的方法？这是生态文明教育的一件大事。习近平十分关心生态文明制度的建设，他在不同场合多次强调，要实行最严格的生态环境保护制度，完善经济社会发展考核评价体系，建立健全资源生态环境制度。这在一定程度上为我们树立了光辉的榜样。

首先，领导要重视生态文明意识的宣传和培养。近年来，我国已经制定了许多有利于保护生态资源环境的法律、法规、政策等，如《环境保护法》《环境噪声污染防治法》《清洁生产促进法》《循环经济法》《建设项目环境保护管理条例》《环境保护行政处罚办法》《全国生态功能区划》等。这就说明我国开始将环境保护提上国家法律议事日程，这对生态文明的建设是一件好事。因此，这就需要各级领导对生态文明加以重视。高校作为生态文明宣传的重要阵地，各级相关领导一定要对此高度重视。一方面，高校领导要亲自监督。高校要有专门领导亲抓严管，制定相关监管措施；相关部门也要积极推动，明确职责，协调共管，落实到位；每项生态文明工作的具体环节要落实到人，建立相关的问责制度；树立自觉的管理意识，对于生态文明意识要从“要我抓”转变为“我要抓”；相关领导要有全局意识，树立主动作为和敢于担当的意识。另一方面，要加大监管的有效性。建立生态文明信息公开制度、举报制度、民众环境知情权与参与权，要建立环保效果跟踪制度，对校园生态环境中出现的问题要及时处理，并适时进行跟踪检查，防止死灰复燃，使得学校生态文明意识的具体制度落实具有实效性。同时，学校也要通过宣传部、团委等部门的宣传，通过社会风尚、伦理道德等软约束，激发大学生对环境保护的集体认同感，让大学生自觉遵守“垃圾分类回收”的原则，倡导校园环境利用的

“低碳”“绿色”之举，使学生对生态文明的概念有一个普遍的共识，并最终转化为生活中对生态保护的自觉行为。

其次，注重课程教学改革与生态文明的关联，也就是从教学过程入手加强生态文明意识的灌输。一方面，要注重培养生态文明型的专业教师。组织教师参加相关培训活动、进修班或者论坛的交流和培训，提高教师的生态文明素养，增加教师的生态知识理论功底，优化教师知识结构中的生态文明成分，使教师具有言传身教、以身作则的精神和魅力，去潜移默化地感染学生。另一方面，将环保课程设置为必修课程。环保课程在国外是必修课，但在中国，只有农林院校有相关设置，但是并不充分，对于普通院校而言，类似课程更为滞后。因而，没有专业传授生态文明知识的条件和氛围。同时，教师也应该在教学方法上下功夫。生态文明教育相比于传统的思政教育课，案例性、实践性具有不同的特色，更注重亲身感受和观察性，学生只有投入到生态环境中，才能更深切地领悟到环保的重要和紧迫性，才能增强强烈的环保意识和责任感。因此，教师应该带领学生考察林场、草地社区、企业等，既增加学生的知识，也锻炼他们的社会实践能力，还能拓宽他们的环保视野。同时，非专业类教师也应该尽量在课程进行中穿插生态文明知识，或者在课上，或者在课下与同学的交往中，见缝插针、潜移默化、润物细无声地灌输生态文明意识，例如：讲经济发展史时，可以顺便提到资本主义发展初期，漠视生态文明造成的危害，特别是类似伦敦酸雨这样的案例，会给学生以深刻的印象；至于像思想政治理论课这样的教育课，其培养功能就更应该明显。另外，各教学相关职能部门也应该组织专家，编写适应形势的生态文明读本，特别是各个学校要根据本校教育教学和专业知识的特点，编辑适合本校本院的生态文明小读本或者小册子，作为学生课后的业余学习材料，加强学生的生态文明素养。

再次，要注重生态文明大环境的营造。2015 年，联合国环境规划署报告指出，生态文明具有中国特色，是可持续发展的多重途径之一，这就为

全社会形成生态文明大格局创造了条件。一般而言，生态文明大环境要注意两方面的内容：一方面，高校要注重生态文明大氛围的塑造，学校和各院系不仅要组织形式多样、丰富多彩的文化活动，要通过板报、演讲、小话剧、竞赛等学生喜闻乐见的形式，宣传生态文明的重要性；鼓励学生举办以生态文明教育为主题的读书会、社团组织、征文比赛等，促使学生在喜闻乐见的文化氛围中接受生态文明的知识，积累生态文明的涵养，激发大学生对环保意识和情感的共鸣，而且要重视校内生态实践活动，教育大学生要爱护校园里的一草一木，创造优美和谐的校园环境。另一方面，学校也应该教育教师在课堂内外注意如何培养学生的环保意识，以教师的精神魅力去感召学生。例如：有的教师在上下课时，经常友情提醒学生注意课桌、板凳等周围环境卫生的保持与学生生态修养树立的重要性，教师自己经常带头整理讲台周围环境，以自己的言行，躬亲实践，使学生处于生态文明传播的浓厚氛围之中。同时，注意汲取全社会注重生态文明意识的培养氛围。高校要动员学生积极走出校园，参加社会公益活动，参加相关单位组织的节水、节粮、光盘等行动，深入环保做得好的公司、企业，亲自考察和感受人与自然、公司进步与生态环境的关系，激发学生自觉践行生态文明的情感，真正做到生态文明入脑入心。高校还要充分发挥公益广告在塑造生态文明意识方面的重要性，通过名人，特别是全国生态劳模现身公益广告的魅力，培养全社会尊重自然，热爱自然的浓厚氛围；要发动学生在公交、饭店、大型广场张贴与生态文明相关的公益广告，树立自然、活泼、舒适、放松的生态意识环境。要鼓励学生创办生态文明的网站，协助校园生态环境的建设，邀请相关的学术大咖做知识讲座，拓宽生态知识的传播途径，带动学生参与生态文明建设的热情。学校也可以动员学生回去发动家长，搜集生态文明的相关案例，配合学校做好学生的生态文明意识培养，最终形成全社会共同关注生态文明建设的良好氛围。

最后，学校要制定宣传生态文明的政策和措施。习近平在第七十届联合国大会一般性辩论时指出：“建设生态文明关乎人类未来。国际社会应该携手同行，共谋全球生态文明建设之路。”习近平生态文明思想为世界生态与环境保护理论创新贡献了中国智慧，强调人与自然、人与人、不同代际之间的意义。这就要求我们高校要以实际行动抓好生态文明观的宣传这一前瞻性的时代课题。一方面，大学里要专门开展生态文明讲座。在大学传授专题知识的方式中，专题讲座无疑是一个实用且高效的方式。要使举办生态文明讲座成为高校传播生态文明知识的重要工作，举办讲座时，要确定好时间、地点、讲授老师；要注意课件的可用性、普适性；要注重讲座过程中的师生互动带来的轰动效应；特别是在讲座现场，如何以现场的环保作为案例，教授学生如何进行环保意识和行为的培养。另一方面，高校也应该在生态文明宣传组织的架构设置和监管人员安排上，做好统筹规划、分工明确、规划合理、全面协调的工作，建立与国家生态文明法律法规条文和政策相关的校园生态文明规章制度。例如：有的学校制定了校园勤俭节约条例、校园环保公约、校园生态文明细则、大学生校园生态文明公约、大学生生态文明奖惩条例等等，通过这些规章制度来引导、约束师生的日常行为。同时，从学校到基层院系，都要建立对师生进行生态文明考察的标准和考核制度，要经常性地开展对学生的生态环保宣传，必要的时候建立自己的QQ群、微信群，将环保规章纳入学生的价值观、生活方式和行为习惯等方面，使大学生在灵魂深处体会到生态文明对自己的生活、前途的重要性，感受到自己的所作所为对人类所做的贡献。

小　结

党的十九大报告明确指出，“形成绿色发展方式和生活方式，坚定走生产发展、生活富裕、生态良好的文明发展道路”。这就充分说明生态文明与生产力和人民生活的密切关系。在全国生态环境保护大会上，习近平明确了绿色生活方式形成的时间表，即“到本世纪中叶，我国物质文明、

政治文明、精神文明、社会文明、生态文明将全面提升，绿色发展方式和生活方式全面形成”。因此，高校要加强大学生的生态文明教育，不断提高大学生的生态文明素质，也要提高高校生态文明的教学水平，要使生态文明观念深入学生脑海，使生态文明意识成为他们学习和工作的重要内容，为中国特色社会主义建设和“四大文明”全面发展提供合格的人才，使生态文明意识真正成为实现中国梦的重要组成部分。

参考文献

[1] 中共中央马克思恩格斯列宁斯大林著作编译局 . 马克思恩格斯文集 1—10 卷 [M] . 北京：人民出版社，2009.

[2] 马克思恩格斯选集（第 3 卷）[M] . 北京：人民出版社，2012 .

[3] 毛泽东选集（第 2 卷）[M] . 北京：人民出版社，1991.

[4] 毛泽东选集（第 3 卷）[M] . 北京：人民出版社，1991.

[5] 习近平 . 习近平谈治国理政（第 2 卷）[M] . 北京：外文出版社，2017.

[6] 习近平 . 决胜全面建成小康社会　夺取新时代中国特色社会主义伟大胜利 [M] . 北京：人民出版社，2017.

[7] 习近平 . 在全国高校思想政治工作会议上的讲话 [N] . 人民日报，2016-12-09（1）.

[8] 中共党史研究室 . 中国共产党的九十年（改革开放和社会主义现代化建设新时期）[M] . 北京：中共党史出版社，2016.

[9] 骆郁廷 . 高校思想政治理论课程论 [M]. 武汉：武汉大学出版社，2006.

[10] 俞金吾 . 意识形态论 [M] . 北京：人民出版社，2009.

[11] 张耀灿 . 思想政治教育学原理 [M] . 北京：高等教育出版社，2007.

[12] 张泰城 . 红色资源与高校人才培养 [M]. 北京：中国书籍出版社，2015.

[13] 张艳涛，吴美川．“马克思主义基本原理概论”课教学话语体系创新的困境及对策［J］．思想政治教育研究，2019（05）：88-92.

[14] 亚里士多德．政治学［M］．北京：商务印书馆，1996.

[15] 骆郁廷．论思想政治教育主体、客体和相互关系［J］．思想理论教育导刊，2002（4）：34-38.

[16] 丁志刚．全球化对我国政治价值的挑战与对策研究［M］．北京：中国社会科学出版社，2006.

[17] 李东坡，郭佳琪．红色文化基因融入思想政治教育意蕴［J］．毛泽东思想研究，2019（09）：138-146.

[18] 秦再东，高鑫．现代思想政治教育中的注意力资源［J］．学校党建与思想教育，2012（19）：14-16.

[19] 张国启．论思想政治理论课教学供给侧结构性改革中的价值意识［J］．思想政治教育研究，2017（4）：56-60.

[20] 王锐生．马克思主义哲学原理 [M]. 北京：高等教育出版社，1992.